U0901503

湖北省人文社科重点研究基地湖北企业文化研究中心基金资助成果
2019年国家级大学生创新创业训练计划项目成果

中国文化产业创新绩效研究报告

来自上市公司的数据分析

闫宁宁　江明娟　王笑梅◎著

中国·武汉

图书在版编目（CIP）数据

中国文化产业创新绩效研究报告：来自上市公司的数据分析/闫宁宁，江明娟，王笑梅著．—武汉：华中科技大学出版社，2019.8

ISBN 978-7-5680-5543-7

Ⅰ.①中…　Ⅱ.①闫…　②江…　③王…　Ⅲ.①文化产业-上市公司-企业绩效-研究报告-中国　Ⅳ.①G124　②F279.246

中国版本图书馆CIP数据核字（2019）第193118号

中国文化产业创新绩效研究报告
——来自上市公司的数据分析

闫宁宁　江明娟　王笑梅　著

Zhongguo Wenhua Chanye Chuangxin Jixiao Yanjiu Baogao
——Laizi Shangshi Gongsi de Shuju Fenxi

策划编辑：牧　心
责任编辑：唐梦琦
封面设计：孙雅丽
责任校对：李　琴
责任监印：周治超
出版发行：华中科技大学出版社（中国·武汉）　　电话：（027）81321913
武汉市东湖新技术开发区华工科技园　　邮编：430223
录　　排：华中科技大学出版社美编室
印　　刷：武汉市金港彩印有限公司
开　　本：710mm×1000mm　1/16
印　　张：18.25　　插页：1
字　　数：300千字
版　　次：2019年8月第1版第1次印刷
定　　价：89.00元

前　言

我国的文化产业是伴随着改革开放逐步起步的，其概念提出最早见于《中共中央关于制定国民经济和社会发展第十个五年计划的建议》和“十五”计划纲要中，纲要指出：“要完善文化产业政策，加强文化市场建设和管理，推动相关文化产业发展。”此后，党的十六大报告明确提出：“积极发展文化事业和文化产业”，“完善文化产业政策，支持文化产业发展，增强我国文化产业的整体实力和竞争力”。在党的十七大报告中，更进一步提出：“大力发展文化产业，实施重大文化产业项目带动战略，加快文化产业基地和区域性特色文化产业群建设，培育文化产业骨干企业和战略投资者，繁荣文化市场，增强国际竞争力。”党的十八大报告再度强调：“建设社会主义文化强国，关键是增强全民族文化创造活力。”习近平在十九大报告中提出：“坚定文化自信，推动社会主义文化繁荣兴盛。”这为我国文化产业的持续发展指明了方向，对推动我国经济建设和社会发展有着十分重要的意义。

近年来，我国文化产业发展迅速，文化产业规模不断扩大，整体竞争力明显提高。从对国民经济增长的贡献看，2017 年全国文化产业增加值为 34722 亿元，文化产业增加值占 GDP 的比重由 2012 年的 3.48%提高到 2017 年的 4.2%，增长了 0.72 个百分点，占比呈逐年增长的态势。2017 年，全国规模以上文化及相关产业 5.5 万家企业实现营收 91950 亿元，比 2016 年增长 10.8%，增速提高 3.3 个百分点，持续保持较快增长；文化产品和服务进出口总额为 1265.1 亿美元，同比增长 11.1%。2018 年前三季度，全国规模以上文化及相关产业的 6 万家企业实现营收 63591 亿元，比上年同期增长 9.3%。以上数据表明，文化企业已是我国文化产业发展的中坚力量，其中，民营企业 4 万多家，占比 73%，营业额贡献率约占 83%。从宏观经济和文化产业增长来看，近 10 年文化产业的总体增长均明显高于 GDP 的总体增长，我国文化产业发展正进入结构性调整阶段。尽管文化产业的潜力巨大，但是由于种种原因，产业整体的发展还是过于保守，投入产出结构不理想，文化产业依旧面临着不少挑战，包括文化折扣与市场开发风险、规模化不足的产业风险、长周期运营的资本风险、跨文化交流的专业人才需求问题和跨文化的创新管理风险等。

对上市公司的创新绩效评价需要包括两个方面，即财务创新绩效方面的评价和非财务创新绩效方面的评价，分别属于会计信息系统和经营管理系统。财务创新绩效反映的是企业经营的表象以及目前的经营结果，而非财务创新绩效反映的是企业未来的经营状况与发展潜力，对评估企业未来的发展有重大意义。此研究也可看成是一个战略管理系统层面的研究，牵涉的方面比较多，包括平衡上市企业的发展战略、长短期的企业发展目标、非财务同财务创新绩效指标等。因此，本书基于文化产业上市公司的数据，利用数据包络分析法（DEA），从公司创新绩效、运营效率、经营效率、融资效率、研发能力和合作效率等角度对我国文化产业的创新绩效状况进行研究，为推动文化产业结构调整升级和可持续发展贡献一份力量。创新理论、企业能力理论、核心能力理论和动态能力理论、企业知识基础观理论、产业集群理论、委托代理理论等也为本书的研究提供了丰富的理论支持。

本书共分为三大部分，分别为综合报告篇、分项报告篇和专项报告篇。综合报告篇共有 3 个章节，涵盖了理论基础、评价模型选择、文化产业上市公司创新绩效研究等内容；分项报告篇共有 3 个章节，涵盖了文化服务业上市公司运营效率研究、文化传媒类上市公司经营效率研究、文化传媒类上市公司融资效率分析等内容；专项报告篇共有 3 个章节，涵盖了文化产业上市公司研发能力、文化企业产学研研发合作效率、文化产业上市公司投资效率研究等内容。

本书由景德镇陶瓷大学管理与经济学院闫宁宁、王笑梅，以及马鞍山职业技术学院江明娟合著。全书约 29 万字，其中：第 1—5 章及附录由闫宁宁撰写，约 18 万字；第 6—7 章由江明娟撰写，约 6 万字；第 8—9 章由王笑梅撰写，约 5 万字。作为学者，作为高校教师，作为文化产业研究团队，我们的科研方向长期以来既关注学科基础理论研究与学术前沿研究，又关注并服务于地方文化建设的应用研究及其实践研究。

本书参阅了大量的国内外相关学术专著和期刊论文，并在参考文献中尽可能地逐一列出，在此，特向这些文献的作者表示深深的谢意。当然，由于本研究的疏忽，极有可能出现一些遗漏，也敬请见谅。由于本研究水平有限，难免有很多的不足，恳请同行专家、学者、读者不吝赐教。

闫宁宁

2019 年 2 月于景德镇陶瓷大学

目　录

综合报告篇

分项报告篇

专项报告篇

ZONGHE BAOGAO PIAN

综合报告篇

第一章　理论基础

一、创新理论

在1912年出版的《经济发展理论》一书中，奥地利经济学家约瑟夫·熊彼特最先提出了“创新”的概念，书中还对这一概念进行了系统的论述。熊彼特提出的创新概念是建立在基于生产要素与供应函数之上的一种生产函数，在整个生产体系中，该函数体现了某种生产要素与生产条件组合后的运算关系。他认为，创新共包含五个方面的内容，分别为引入新技术、引进新产品、控制新的原材料供应源、开辟新市场，以及建立企业新组织。

对于熊彼特的创新理论，很多学者对其观点表示高度认可，比如理论中关于经济发展的本质规律的论述，认为衡量创新的标准是对新价值的创造。但受作者所处时代的限制，其理论中的某些观点对于当前不太适用，具有一定的时代局限性。比如在创新过程中，过于依重和强调企业家的能力和职责，忽视了企业中其他的创新元素和创新机会。另外，熊彼特所定义的“创新内生于生产过程的创新研发活动”概念，把创新的主体归结为正式的研究部门，此观点很难解释当下社会背景所衍生的很多创新现象。

现有的文献对于创新的认识具有一致性，普遍认为创新不仅是指企业家重新整合企业内部生产要素行为产生的结果，而更侧重考虑在创新活动中的诸多不稳定性和不确定性，因此，创新的内涵以及适用的范围更为宽泛，Morgan对创新的种类和内容进行了总结，他认为，创新既有企业内部的产品创新、过程创新、组织创新，还包括企业的外部环境，如国家或当地政府层面、行业产业部门所带来的社会文化与制度等方面的创新。因此创新一词，也经常会在能够对经济发展产生影响的非正式的社会经济活动中出现。

在20世纪50年代至70年代，学术界提出了基于线性模型的传统创新模式，该模式认为，是需求拉动或技术推动两种线性模式推动了技术创新的进程，在企业内部完成了整个创新过程，其流程是：市场需求—研究与开发—设计与中试—生产—商业化；科学发现—研究与开发—设计与中试—生产—商业。由于这种观点没有充分考虑技术创新外部环境的影响和技术创新过程本身的复杂性，便很快遭到Freeman、Nelson and Winter、Dosi等学者的质疑。在传统创新理论的基础上，Nelson和Winter等人提出了新的观点。他们认为，创新过程不仅仅是简单的线性模式，创新的范围也不仅仅局限于企业内部，而是分布于企业经营的每一个管理环节。因此，伴随着企业的内部创新，企业在与客户、供应商和合作伙伴的交流合作以及与竞争对手的相互竞争等活动中，创新也时刻存在。在传统理论的基础上，Klein和Rosenberg建立了把现有知识技术存量联系起来的创新链环模型，并通过该模型说明了创新链中各个环节之间的相互作用与反馈影响。Camagni认为，这种过程模型从根本上是区别于线性模型的，它反映了创新的连续性以及其增值的过程，这个过程由企业的日常行为以及所处环境对其造成重大影响的社会经济机构所决定。Malecki认为，创新是一个学习的过程，其表现方式是在工作中学习，在实践中学习。从对创新产生影响的因素角度来看，仅凭企业的内部投入无法完全实现整个创新过程，在其创新发展的各个阶段和环节均需来自企业外部的投入，企业家因素只占创新整体因素的一部分。随着时代的发展和经济发展环境的变化，创新活动的复杂性不断增加，根据创新特征的变化，创新的网络模式与创新的并行模式两个新概念又被很多学者提了出来。其中，网络模式是由罗斯韦尔提出的，他在研究中指出：当下的创新过程在很大程度上是通过网络过程来实现的；并行模式是基于日本经济发展过程中，对企业创新过程所表现的特点的归纳和总结，该模式强调在创新过程中企业内部各个部门相互配合，因此，创新活动集成了企业架构中的多项职能。创新企业的所有技术创新活动，是通过其内部各相关组织的管理功能进行平行作业的一体化综合体现，并且在某些过程中，也可以通过对外求取协作或外包的形式与企业外部的供应商或其他战略伙伴实现技术创新上的合作与交融。经济社会不断变化和发展，不断带来新的创新模型的出现，创新的内涵在学者的研究中得以深度挖掘，越来越接近其核心本质。

部分学者的研究成果指出，不同主体间的交互行为在创新过程中的频繁出现，将对创新的成功率产生积极影响。纵观众多创新企业的创新过程，由企业单独进行创新的现象非常少见，实际上，每一个成功的创新活动在其过程中都离不开众多成员的交互参与。在开放的经济发展环境中，创新不再是企业单独的行为，相反，企业对来自外部环境的技术窍门、互补知识等的依赖性越来越大。

以弗里曼、纳尔逊等人为代表的学者属于国家创新系统学派，他们也认为创新不是企业的孤立行为，并从一个全新的角度对创新活动进行了系统分析，在整个创新的各类影响因素中，该学派侧重于国家创新系统推动力。在优化创新资源配置上，国家创新体系由于其特殊地位而发挥着极其重要的作用，其作用是通过制定宏观的发展规划以及颁布相关政策来体现的，以此来影响和激励相关科研机构、经营企业、大学和中介机构之间相互促进，从而实现科技知识的传播与扩散，在经济发展中发挥科技创新的作用。政府在创新中的重要作用是国家创新系统理论的核心内容，但这种政府作用并非政府直接投入的，而是通过宏观政策的指导与调控来优化创新环境，间接为企业的创新活动提供支持。在国家创新体系学派理论提出之后，以库克等人为代表的区域创新系统学派，也对国家创新系统理论的主要观点持支持态度。创新系统理论认为，在经济发展的过程中，人们对创新行为的认识实现了由企业内部向企业外部，再从企业个体向企业网络的转变。从企业网络的角度而言，也不能脱离创新过程中外部环境如国家政策、文化背景等因素的影响。

在创新理论中，其中关于产业的理论的内涵与外延已产生了整合和交互，从相互关系上来看，作为产业理论的重要流派，创新系统理论对创新概念的发展上升到了新的高度。站在产业的角度来分析，产业创新的进程靠企业间的横向分工与纵向分工来实现产业内企业间的资源共享、信息共享、互惠共生、合作共赢，并由此形成企业在产业创新的研究中对创新研究理论的契合，同时，对创新理论的研究所形成的理论成果，也成为产业创新理论的基础。本研究所持的观点，是在充分契合创新理论的发展方向的基础上，侧重于在产业创新活动中企业内部的创新能力的体现，并高度

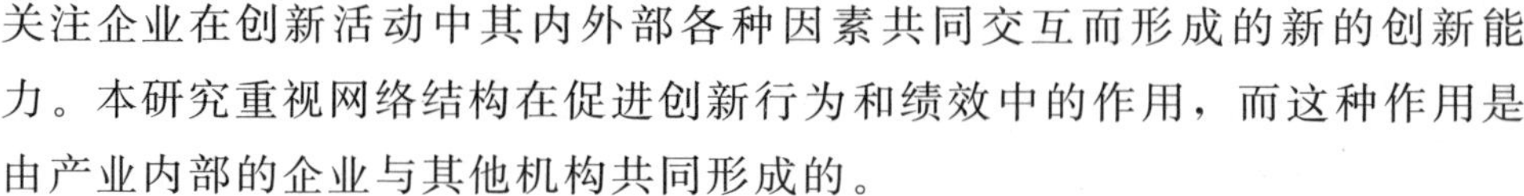

关注企业在创新活动中其内外部各种因素共同交互而形成的新的创新能力。本研究重视网络结构在促进创新行为和绩效中的作用，而这种作用是由产业内部的企业与其他机构共同形成的。

二、企业能力理论

（一）资源基础理论

作为企业能力理论的重要组成部分，资源基础理论（resource-based view，RBV）的理论基础来源于英国学者彭罗斯对于创新研究的贡献。彭罗斯认为，企业既是一个管理性组织，又是一个集各种资源于一体的集合体。其核心论点是，企业所占有的、在管理活动中高效运用所有稀缺且不易模仿或难以替代的异质性价值资源，是企业能够保持竞争优势的核心源动力。这些资源作为有形的或无形的资产永久性地依附于企业，对于企业在制定和执行改进效率措施的工作过程中，能够充分体现其运用资产、能力、信息和知识的管理特征。资源基础理论重点关注通过企业的“异质性”来考查企业调配和运用其内部优势资源的能力，具体过程是通过对企业独特的资源与能力进行配置、识别、澄清以及发展来实现的，由此说明企业的“异质性”与企业保持良好竞争优势的相关性。

从能力理论流派的角度来看，资源基础理论既是研究企业能力的论据支持，又是对集群创新能力进行研究分析的理论支撑。尽管BRV理论是基于对企业内部资源的研究，但毋庸置疑的是，我们无法忽视企业外部自由流动的要素性资源对企业取得持续竞争优势的积极影响。因为在日益开放的外界环境下，企业不能独立于外部环境之外来开展创新活动，所以企业也必须成为一个能与外界接轨的开放系统。但是，企业的竞争优势无法直接从外部获取，只有将外部要素转化为企业的战略性要素之后，企业才能凭其来发挥效力。企业外部要素资源在什么状态下才能呈现出不可流动性特征？对于被集群内部限制而游离在企业外部的资源，集群内企业无法实现对其独自占有，但通过共享该类资源亦可获取竞争优势。所以，集群内企业竞争优势的方式并不是单一的，而是具有较强的变化性和丰富性。据此理论分析，提升集群企业能力的关键因素不仅局限于企业自身所具有的内部资源，还包括能够通过该途径在产业集群中获取提高优势竞争力的资源。另外，对于整个产业集群的发展，是建立在集群内企业占有或共享各类优势资源而获取优势竞争力的基础之上的。

（二）核心能力理论和动态能力理论

动态能力的概念从形成到发展，以及其逐渐成为企业能力理论研究领域新的热点，Winter C 和 Nelson 的演化经济理论功不可没。Teece 等人认为，企业的竞争优势是通过企业自身组织过程、特定资产构成的位势、卓越的管理以及企业演化的路径来实现的，并对上述因素有较强的依赖性，此论点在《动态能力与战略管理》一文中发表，在该研究领域中，也是由 Teece 最早提出了动态能力的概念。在动态能力的概念中，所谓动态性，是指基于与外部商业环境各相关因素匹配的需求，持续对自身能力保持更新状态；所谓能力，指的是企业管理战略中为整合、适应资源和职能、重构内外部组织技能，以及在匹配环境变化的过程中所具备的能力和所发挥的作用。同时，他们还构建了基于动态能力的 3P 模型，动态能力理论认为，当前的资源和活动能力决定了企业在未来发展中的竞争优势。该理论强调管理层的更新能力，更新能力体现在企业对所拥有的资源的组织与调配能力，通过组织与调配获取最佳资源竞争优势的可能性，从而使企业对技术技能以及特定资源的胜任力大幅提升。

核心能力理论和动态能力理论强调企业对拥有资源和自身技能的运用和提高，以及对新知识、新技术的学习和吸收。这两个理论的核心均为强调资源基础，对学术研究人员从事集群创新能力的内涵分析，提供了理论支持。

（三）企业的知识基础观理论

作为创新理论的另一个拓展和分支，企业知识基础观把企业作为一个具有异质性的知识体，而实现企业对知识的学习、存储、创造和应用，是企业取得竞争优势的源泉。Dierickx 也认为，获取持续竞争优势的程度和卓越绩效表现特征，是通过企业拥有的大量的知识存量与流量来决定的。Kogut 基于知识的企业理论研究，强调知识是通过个体持有向组织转化，并对组织之中的人群产生影响作用来执行企业规则的。他认为，正是因为企业创造知识对于路径有较高的依赖性，才导致企业在创新活动中，持续产生对现有知识进行重新组合的行为，只要这种组合的行为是持续的，企业就具有保持长久竞争优势的可能性。Grant 的知识基础观理论明确表示，对各种生产所需的专业化知识的重新整合，即是一个组织所有创新行为的本质，这种整合行为包括新产品的研发和新服务的提供，从企业管理的层面，也可将企业这种重新整合的行为视为对管理制度的重新修订和执行。Grant 的理论对于网络在企业知识整合中发挥的作用较为依重，他认为，网络作为一种新的传播介质，对于各种有利于企业创新活动开展的信息与知识进行跨组织传递，具有不可磨灭的功效。他认为，企业战略性资源区别于其他一般资源的特征，就是战略性资源的知识具有难以模仿性、模糊性和难以转移性三个特点，这与他提出的更可能成为企业竞争优势的知识是隐性知识的论点相契合。

综上所述，可以对以上理论的核心论点做出总结，即企业的竞争优势来自其独有的知识体系，并且这个知识体系对路径有高度的依赖性，其竞争对手无法获取和模仿；企业竞争优势来自对隐性知识的掌握和运用。

关于企业能力理论的演进路径，各派学者所提出的核心能力理论、资源基础理论、动态能力理论以及知识基础观理论，均有不同的观点和解释。资源基础理论把资源认同为企业能力的基础；核心能力和动态能力理论认为，企业能力形成的关键除了资源以外，还体现在企业独特的学习能力与组织管理能力上，特别是动态能力理论以动态的观点，将企业能力定义为企业在发展过程中，根据外界环境的变化而进行自身动态调整的能力；知识基础观理论的核心是知识体系论，认为企业能力来源于企业所拥有的以隐含性知识为主要内容的知识体系。另外，企业能力理论以独特的视角，解释了企业竞争优势的来源。本研究则是主要根据企业能力理论，认为集群竞争优势以及集群绩效主要是靠集群能力体现出来的，在体现的过程中，集群内部企业的所有创新活动、集群所拥有的资源及形成的集群能力以及集群内部对知识的获取与交流，使得各种因素之间发生密切的相互影响和作用关系。

三、产业集群理论

纵观学术界各种关于产业集群研究理论的形成与发展过程，各学派之间虽然视角不同，得出的结论各成系统，但其论点之间呈现出多学科交叉的特点。从 Marshall C 的分析开始，直到 20 世纪 90 年代，以及之后关于区域创新环境理论的拓展，学术界对产业集群演进过程的研究越来越深入，也越来越接近核心本质。尤其是对于知识扩散机制、集群网络互动、学习行为和集群创新行为等方面的研究，使各学派关于产业集群理念核心本质认识趋于一致性的走向更为明朗。

（一）马歇尔的“产业区”理论

《经济学原理》是马歇尔出版的一部理论巨著，其伟大之处在于该著作提出了著名的“产业区”理论，该理论把专业化产业集聚的特定区域定义为产业区，并将产业集聚带来的技术外部性和金融外部性归结为产业实现空间集聚的条件和基础。

技术外部性通过技术外溢而在集聚内企业外部形成的产业环境来体现。在整个产业区内，集聚企业可以对商业秘密实现共享，技术扩散与信息交流形成了产业区内整体统一的创新技术环境，从而有利于产业集群的整体发展。金融外部性主要通过中间品供给与劳动力供给效率来体现，其表现的区域集中在中间品市场和专业劳动力市场，正是由于产业的空间集聚，加快了中间品市场与劳动力市场形成的速度。作为多种理论流派的学术思想的渊源，马歇尔“集聚经济性”的发现非常具有学术代表性。

（二）经济地理学派的产业集群理论

以韦伯、佩鲁、克鲁格曼等学者为代表的经济地理学派，是侧重于研究产业集群相关问题的重要学派。该学说的特点是从地理学的角度，对产业集群的发展展开研究与分析。韦伯在其发表的《工业区位理论》与《论工业区位》中，提出工厂可以通过增大规模来实现成本节约和增加收益，如果在增大规模的基础上，再将多个工厂集聚在一起，形成基于技术资源和政策资源共享的产业集聚区，则节约成本和增加收益的能力就会大大提高。进入 20 世纪 50 年代至 70 年代，该学派研究开始致力于区域政策对区域经济发展影响方面的研究，并形成了很多颇具影响力的战略模式和区域发展理论。在这些理论中，佩鲁提出的增长极理论最具代表性，其中提出了“增长极”概念，所谓“增长极”是指资本的集中和输出、技术的创新和扩散、规模经济效益等影响因素，对刺激区域经济的发展所产生的扩散效应和集聚效应，此双重效应会随着产业的集聚而增强，在产业经济发展过程中，增长极的两个效应是相互转化、相辅相成的。

克鲁格曼是后新经济地理学的代表人物，他建立了在不完全竞争市场的结构下的规模报酬递增模型，通过该模型，把空间问题纳入主流经济学的范围进行研究，他的这个创举从另一个角度对之前的新经济地理学理论进行了补充。克鲁格曼认为，能够最后对产业集聚效果产生巨大影响的因素有路径依赖、产业初步集聚之后的前后关联关系以及偶发因素。并且，这些因素一旦在产业集聚区内产生累积，就会持续增强并难以扼制。因此，传统的比较优势不再成为构成某些产业在产业区形成资源禀赋优势的必要因素。基于该理由，Fujita 认为，产业自然形成的绝对优势、比较优势，有可能促成产业空间集聚的形成；还有一种可能就是，偶发的动态因素成为产业集聚的一个诱因，并促进产业集聚的初步形成。此时，产业内部的各种关联关系加上对路径的高度依赖性，极大程度地促进集聚效应的形成，并在此形成基础上以裂变的方式产生倍增效应。

（三）社会经济网络理论的分析

产业集聚的本地根植性一经形成，就有难以复制的特性。从社会网络的角度来看，不管在企业内部还是在企业之间，社会关系一方面可以降低管理费用，另一方面又可以提高企业的创新能力，同时，社会网络使企业之间的边界变得模糊，从而有利于促进企业之间的合作。因此，社会网络和社会资本等的研究也认为，随着产业的空间集聚，企业、大学、专业代理和创新个体之间都形成了强烈的网络联系。

（四）新产业区理论的相关论述

全球化的产业迁移从 1970 年逐渐开始，表现为发达国家中原本比较发达的制造业开始出现衰退，导致大批工人被迫下岗，东南亚这些新兴国家的制造业发展速度反而加快。不过，也有学者表示，不是所有西方国家的经济都在衰退，有少数几个地区的经济保持平衡的发展状态，有些甚至是增长的状态。观察显示，这几个地方呈现出这样的状况：中小企业聚集，彼此间是竞争和合作的关系，有些甚至存在一些非正式的交流与沟通，这样一个合作、竞争、共生的体系，促成了当地经济的发展局面。这样的经济发展区被学者称为“新产业区”。“新产业区”概念的第一提出者是 Bacattini，这个概念是他通过详细分析意大利毛织品产业区的情况而得出的。在他看来，新产业区包含三个方面的内容：第一，局限于某一特定的自然地域；第二，该地区人们以及企业拥有的社会背景是相同的；第三，这是一个社会地域生产的综合体。此外，他认为，产业区的企业之间之所以存在交流与互动，多数是社会文化所驱使的。之后，对这一理论进行拓展与延伸的是赛伯和皮埃尔。他们不仅系统性地分析和探究“第三意大利”产业区的情况，而且延伸到对其他国家的研究，比如对德国巴登-符腾堡的研究，并且他们发现，从 20 世纪 70 年代至今，原先的大批量生产时代也许已经进一步发展，迈向了弹性专精的生产时代。在王缉慈看来，新产业区的典型特征主要是弹性的生产方式，这些产业区也追求技术创新，并拥有技术创新的土壤。事实上，新产业区理论启发了后续一系列的理论，之后学者对这一理论进一步研究，基于自己的研究提出了各自的观点。比如，Capello 认为，在新产业区内十分注重互动与集体学习，推动了区域的创新发展，营造了创新的氛围，为企业不断创新与持续发展提供了源动力；而 Harrison 认为，这一互动网络的形成需要当地相应的社会文化环境作为支持。

许多研究新产业区的文献，高度认可某一特定区域内集中的中小企业、这些企业所体现出的精神以及当地的社会文化环境，加之在这一区域内形成的创新互动体系，都对该地区的经济发展产生重要的影响。不过，不同领域的专家对新产业理论的研究与解释也会存在不同，此间出现了诸多学派，比如产业集群学派等，不同学派所带来的不同观点，提供了诸多可供后人对这一理论进行再研究的思路。

四、中国上市公司中的委托代理分析

我国的证券市场发展时间不长，与此相应，上市公司的发展时间也比较短，因此，在研究我国上市公司相关课题时，难以避免需要借用西方在这方面的相关研究与理论，例如比较重要的理论——委托代理理论等。早期的委托代理理论的提出者是 Jensen、Fama、Coase、Jensen 和 Meckling，后续则是诸多经济学家不断对该理论进行拓展与延伸。现今，对公司进行分析的主要理论便是委托代理理论。

我国上市公司的特点同西方发达国家有比较高的相似性。企业也被看成为一个契约性的组织，根据企业契约理论，企业要想实现不断发展，需要满足企业效率高于市场效率的必要条件，也就是说，企业需要不断地节约交易成本。在科斯看来，市场同企业之间存在着不同之处，但是两者间又存在相互替代的关系。市场在运行时也需要消耗成本，而企业可以尽可能减少交易成本，进而替代市场机制，帮助市场资源来实现更优的合理配置。市场与企业的差别之处是：市场具有自发调节功能，而企业的调节是通过协调来实现的。企业在进行协调时，也需要消耗成本，而这个成本与市场交易所需的费用间的平衡状态便决定了企业与市场谁占据优势的地位。所以，为了最大限度地降低交易成本，即允许市场与企业同时存在。如此，企业的效率便受到企业内部激励以及委托代理等的影响。

研究企业的委托代理理论发现，企业内部包括与企业利益相关的各个主体，这其中有企业外部的利益主体，也有企业内部的利益主体，企业是这些利益主体通过契约而联结在一起的共同组织。不过，各个利益主体间存在不对称的利益，这多是由于信息的不对称性以及契约不具有完备性等因素的影响，这些利益主体间经常存在着利益冲突。所以，如果认为企业是一个通过契约而联结在一起的集体，那么企业便是内部各个利益集体出于为实现各自的目的而达成的一种均衡，并不能简单地认为其是一个单一的主体。

企业是经契约关系而缔结在一起的共同组织，这种契约关系即是委托代理关系。如果其中一个或者多个经济主体为实现某一目的，那么这一个或多个经济主体可通过委托其他经济主体的方式，最终实现自身的目的，在这两者间的关系可称之为委托代理关系。委托他人的主体称作委托人，接受委托的主体称作代理人。这种关系的一个特点是：代理人和委托人之间的目标是不相同的。这种不相同，导致两者所希望的结果不相同，所以比较容易引发矛盾与冲突。

以上提及的这种冲突，其形成原因主要是两者间信息存在不对称性，契约之间也不具备完备性。信息的不对称，导致代理人有可能出于自身利益的考量，而做出不利于委托人的事情。而委托人这一方，显然对代理人的行为无法进行全面的观察与监督，往往只有等到最终结果出现时，他才能据此判断代理人的行为是否符合自身的利益，是否为自己实现了利益。

不过，他对此做出的判断，没有必要的信息为其提供依据与支持。比如，假使代理人并没有为委托人实现利益，这也无法说明是代理人的责任，因为无法证明造成这种结果是代理人的过错。即便在结果出现之后，委托人可以观察到代理人不负责任的行为，不过因为契约具有不完备性，所以无法据此来断定是代理人的责任。因为委托代理关系的契约在制定时，就决定了代理人具有一定的相机决策的权力，即代理人存在满足自身利益的可能。所以，为尽量避免上述情况的发生，委托人需要对代理人的行为进行一定的规范，可以通过采取这些措施来实现：监督委托人的行为；制定一个契约，对代理人进行激励与约束，前提是保证代理人的保留效用；需要代理人做出保证，即保证不对委托人的利益造成损害，或者当这种情况出现时，必须对委托人进行补偿。

在采取以上这些措施时，需要委托人付出一定的成本，即代理成本，这些成本既包括在对代理人进行约束以及监督时，在设计契约以及履行过程中需要付出的成本，也包括当执行契约后，成本高于所得利益而造成的剩余损失。所以，代理成本是监督成本、约束成本和剩余损失的总和，其中，剩余损失包括缔结契约的费用和执行契约的费用。委托代理理论需要解决的一个问题便是最大限度地降低企业在代理时所需要付出的成本。

在企业诸多委托代理契约中，同企业融资相关联的委托代理契约主要有以下两个方面的契约：第一，企业经营管理者与股东的委托代理关系；第二，债权人和股东的委托代理关系。一旦确立这两方面的代理关系，那么企业内部就会存在这两方面的利益冲突与矛盾，即企业经营管理者和股东、企业外部债权人和股东。

上述两方面委托代理关系的存在，使得企业内部存在与此相关的各种代理费用。这些费用主要是：经营管理者非生产性的消费以及过度投资，这主要是由经营管理者以及股东间的委托代理关系造成的代理成本；投资金额不满足要求以及资产的替代，这主要是由于债权人和股东间的委托代理关系造成的代理成本；由于新股东与旧股东在进行投资时，可能存在信息的不对称性，所以导致投资金额不满足实际要求；过度清算以及企业破产，这主要是由债权人以及股东间的委托代理关系而造成的。

我国上市公司比较容易出现以下两种情况：第一，“股东主体缺位、内部人控制”现象。这种现象主要出现在国有控股上市企业中，主要是由企业经营者与外部股东间的委托代理关系形成的。第二，“大股东控制”现象。这种现象是由于信息的不对称造成的，主要是新旧股东之间、大股东与中小股东之间的信息不对称，此问题比较严重的是民营上市企业。

五、上市公司绩效分析以及影响因素

通过分析上市公司融资结构，以及公司上市的过程可发现，上市公司绩效评价的特别之处是，他们的资金主体是中小股东，其中以流通股东为主。国有控股上市公司“内部人”控制现象往往比较严重，而民营上市企业“大股东控制”问题比较严重，但不论是哪一种，都会对中小股东的利益造成极大的损害，因此也会严重影响上市公司的绩效。所以，为维护大多数中小股东的利益，上市公司需要加强对自身制度的调整，完善公司制度与结构。

绩效评价一般是财务评价，因此绩效也就意味着企业财务的业绩情况。虽然企业的经营状况以及发展情况可以用财务业绩进行直接反映，但是财务业绩这一指标具有一定的局限，同时也缺乏全面性，所以对上市公司绩效的反映，财务绩效只是其中的一个方面。对财务绩效的评价，当前主要采用的是对上市公司的现金流进行分析与评价，通过对此进行分析，可以评价和分析公司的财务绩效。当前，越来越多的企业都认可现金流的作用。一个企业要想实现长久、持续的发展，一个重要基础便是拥有不断增多的现金流。

上市公司由于有着更多的利益主体，因此企业经营者更应当加强对企业的经营管理，需要对企业内、外部发生的环境变化迅速反应，并做出应对，同时，也要不断加强企业的竞争力，最大限度地使股东的资金得到投资回报。所以，在对上市公司的绩效进行评价时，也需要特别注重对其战略绩效的评价。好的发展战略，才能带领企业实现更大的发展突破，获得稳步上升的企业收益，这样，企业的竞争力便会不断加强，企业的财务绩效也会随之上升。

投资者对上市公司进行股权融资是通过证券市场来实现的。在证券市场，上市公司也可以借此整合资源，这也是上市公司的特点之一，即借助资本平台进行兼并或者收购，同时也可以对资本进行运营操作。其资源整合表现在诸多方面：第一，借助无形资产进行资源整合。无形资产包括品牌等，品牌对公众而言具有一定的权威，所以通过对其进行整合，可以帮助企业获得更多的市场份额与支持。第二，进行战略联盟。战略联盟可以有效提高企业在市场上的竞争力，快速提高企业的发展速度。第三，对供应链进行加强管理。供应链的加强管理可以帮助企业对资源进行整合，使企业各个产业链更加密切地合作与互利。所以，上市公司能否有效地对资源进行整合，影响其能否获得更加显著的资本运营效果，对这一能力的绩效评价，也在很大程度上影响了公司绩效评价的结果。

公司的上市，意味着公司要将财务业绩以及经营情况公之于众。对公司的利益主体以及公司的竞争者来说，这无疑是有利的。但对于企业自身，由于信息的公布与透明，使企业的发展需要应对更多的竞争与挑战。所以，为了不断地适应新的变化与挑战，企业需要根据环境以及需要不断对经营策略进行合理地调整，不断提高企业的创新能力，促进企业持续、稳定的发展。所以，对上市公司企业的创新绩效进行评价，可以体现企业的竞争力，对于公司的绩效也有很好地反映。

除此之外，对上市企业内部的文化建设、风险管控能力以及内部组织的管理能力等方面的评估，也能体现出公司的绩效。不过，本研究认为，当前对我国上市企业进行绩效评价的核心领域便是上文提及的五个方面。将这五个方面进行细分，可分为两大方面，即传统的财务领域的绩效评价和非财务领域的绩效评价，除了现金流因素的绩效评价之外，其余四个方面皆属于非财务领域的绩效评价。这两大方面的绩效评价，可以更好地反映上市企业的经营情况以及发展状况，同时也与现今企业绩效评价理论的发展走向相吻合。

对现金流因素进行财务绩效评价，反映的是上市企业当前的经营状况，并不能预测企业未来的发展潜力与趋势，所以，在上述五项评估指标中，它只是一项基础性的评价。只强调企业的财务绩效，可能会使得企业为了避免更多风险，而保守地进行企业经营，这对企业的未来发展不利。实际上，有数据显示，现金流绩效评价良好的上市企业，其中一部分的综合能力没有得到显著提升，一部分原因便是企业保守经营，不敢承担风险，不敢创新。在证券市场，投资者并不太愿意对这类企业进行投资。

相较于传统的财务绩效评价，非财务绩效评价反映的是企业未来的发展潜力以及发展趋势，对这类绩效的评价，可以有效地帮助企业认识自身，帮助其及时进行企业经营的调整。详细而言，即对企业的战略进行绩效评价，可以对企业是否将战略付诸行动及取得的成效进行反映。如果企业拥有不错的战略绩效，那么便意味着投资者的资金可以得到有效、科学的应用，并且优秀的企业战略，也对企业的运营具有指导作用。如果一个企业想要在其他绩效评价方面取得不错的结果，就要首先实现战略绩效评价为优秀的目标。

上市公司是企业组织形式的其中一种，其包含了复杂的利益主体。当前，我国的股权结构仍需完善，在这种情况下，如果企业想实现可持续、稳定的发展，那么公司的治理绩效就是其制度保障。同时，对治理绩效的评价也是保证其他绩效评价得以进行的前提。最后两个方面的绩效评价，即资源整合绩效评价以及创新绩效评价，则是对上市公司执行力以及未来发展可持续性的反映。

非财务方面的绩效评价也难免会存在不足之处。第一，这些指标并不是直接与利润挂钩，它们之间的关系也很难用货币来进行估量。第二，这些指标间的关系比较复杂，可能是相互冲突的关系，某方面指标的改善与进步可能需要其他指标进行妥协，所以，部门与部门间难免会出现矛盾，导致领导在决策上可能会出现失误。

综上可知，对上市公司的绩效评价需要包括两大方面，即财务绩效方面的评价以及非财务绩效方面的评价。实际上，这两大方面的绩效评估系统是不一样的，一个属于会计信息系统，一个属于经营管理系统。财务绩效反映的是企业经营的表象以及目前的经营结果，而非财务绩效反映的则是企业未来的经营状况与发展潜力，对评估企业未来的发展有重大意义。随着信息技术的飞跃发展，如今想要构建非财务评价系统是可能实现的。所以，绩效指标包含了非财务与财务绩效这两大方面，并且彼此之间层次分明。本研究也可看作一个战略管理系统层面的研究，牵涉的方面比较多，包括平衡上市企业的发展战略、长短期的企业发展目标、非财务与财务绩效指标等。

第二章　文化产业上市公司综合评价模型选择

一、超效率 SBM 模型

在构建 DEA（Date Envelopment Analysis，以下简称 DEA）模型对面板数据进行效率评价时，若有效 DMU（Decision Making Unit，以下简称 DMU）比较多，有效 DMU 的效率值相同，且均为 1，便无法进行排序，Tone Kaoru（2002）提出的基于超效率 SBM（Slack-Based Measure，以下简称 SBM）模型很好地解决了这个问题。此外，投入导向和产出导向的超效率 SBM 模型可能会出现无可行性解的问题，为此，本研究选择了非导向的超效率 SBM 模型。其非导向 CRS 超效率 SBM 模型表示为：

$$\theta = \min\rho_{SE} = \frac{1+\frac{1}{m}\sum_{i=1}^{m}\frac{S_i^-}{x_{ik}}}{1-\frac{1}{S}\sum_{r=1}^{s}\frac{S_r^+}{y_{rk}}}$$

$$\text{s. t.}\ \sum_{j=1,\ j\neq k}^{n} x_{ij}\lambda_j - S_i^- \leqslant x_{ik}$$

$$\sum_{j=1,\ j\neq k}^{n} y_{ij}\lambda_j + S_r^+ \geqslant y_{rk}$$

$$\lambda,\ S^-,\ S^+ \geqslant 0$$

$$i=1,\ 2,\ \cdots,\ m;\ r=1,\ 2,\ \cdots,\ q;\ j=1,\ 1,\ \cdots,\ n(j\neq k) \quad (1)$$

非导向 VRS 超效率模型是在此基础上增加约束 $\sum_{j=1,\ j\neq k}^{n}\lambda_j=1$。

式（1）中，θ 为决策单元的效率值，X_{ij} 和 Y_{rj} 分别为第 j 个决策单元的投入量和产出量，X_{ik} 和Y_{rk} 表示被评价单元的投入量和产出量，λ 是一个权重向量，S^-，S^+ 分别为第 i 种投入和第 r 种产出的松弛变量。

二、超效率 EBM 模型

EBM（Epsilon-Based Measure，以下简称EBM）模型是由 Tone 和 Tsutsui（2010）提出的一种包含径向与非径向两类距离函数的模型，即混合距离函数模型。EBM 模型兼备了经典 DEA 模型中的非径向模型和能够区分期望与非期望产出模型的优点，不但可以测算实际值和目标值之间的改进比例，还可以计算出各项投入产出非径向的数值，并找出实际值和目标值之间的差距，因此，EBM 模型可以更准确地计算出研究对象的效率值。

选择以投入为导向的 EBM 模型，并结合超效率 DEA 模型的优点，综合成为超效率 EBM 模型。超效率 EBM 模型算出来的评价结果能够较为准确地反映出时期内文化传媒类上市公司融资的有效性，在产出既定的条件下，各投入量根据同比例减少的水平来测度文化传媒类上市公司融资效率的静态状况，为各投入产出指标给出较为准确的改进比例，对文化传媒类上市公司具有较大的指导意义。

三、三阶段 DEA 模型

第一阶段，BCC（Banker Charnes Cooper，以下简称 BCC）模型。第一阶段基于原始投入和产出数据，对文化传媒类上市公司进行经营效率的评价，在不考虑环境误差和随机误差影响的情况下，通过运行以投入为导向、基于规模报酬可变的 BCC 模型得到关于技术效率、纯技术效率以及规模效率的评价指数，三个指数之间的逻辑关系为：技术效率 ＝ 纯技术效率×规模效率。

第二阶段，随机前沿分析（Stochastic Frontier Analysis，以下简称 SFA）模型。由第一阶段 DEA-BCC 模型的操作，得到的效率值会受到环境因素、随机噪声和管理无效率的影响，没有把各 DMU 的冗余值进行区别，而是将影响外部环境与随机噪声的要素与 DMU 无效率地联系起来。为增强 DEA 效率值评价的估计信度，需要把环境因素和随机噪声的影响进行消除，为此第二阶段分析 SFA 模型，分解第一阶段的松弛变量，从而得出仅由管理无效率而导致的决策单元产出的不足。假设有 I 个决策单元，每个决策单元有 N 种投入、M 种产出，将松弛变量分解，表达式如下：

$$S_{ni}=f^{n}(Z_{i};\ \beta^{n})+V_{ni}+U_{ni}$$

S_{ni} 表示第 i 个 DMU 在第 n 种投入上的松弛值。在上述公式中，第一项表示的是环境因素对 S_{ni} 的影响，第一项计算公式为：

$$f^{n}(Z_{i};\ \beta^{n})=\beta^{0}+Z_{1}\beta^{1}+Z_{2}\beta^{2}+\cdots+Z_{i}\beta^{n}$$

将联合误差设为 ε，则 $\varepsilon=V_{ni}+U_{ni}$，其中 V_{ni} 服从正态分布，U_{ni} 呈截断正态分布，二者互相独立不相关。分离管理无效率项 U_{ni} 的公式为：

$$E(\mu\mid\varepsilon)=\sigma\times\left[\frac{\varphi\left(\lambda\ \dfrac{\varepsilon}{\sigma}\right)}{\varphi\left(\dfrac{\lambda\varepsilon}{\sigma}\right)}+\frac{\lambda\varepsilon}{\sigma}\right]$$

基于最有效 DMU 投入量为基准，根据如下公式调整其他 DMU 投入量：

$$x_{ni}^{A}=x_{ni}+[\max\{Z_{i}\beta^{n}\}-Z_{i}\beta^{n}]+[\max\{V_{ni}\}-V_{ni}],$$
$$n=1,\ 2,\ \cdots,\ N;\ i=1,\ 2,\ \cdots,\ I$$

公式中 x_{ni}^{A} 和 x_{ni} 分别代表调整前后 DMU 的调整数量。

经过调整后，各 DMU 便可以拥有相同的外部条件。

第三阶段，修正后的 DEA-BCC 模型。将修正后的投入值代替原始数据，再次按照第一阶段的模型运行，得出新的效率结果。第三阶段得出的效率结果利用松弛变量所隐藏的信息，剔除了在第一阶段归为管理无效率的环境因素和随机噪声对评价结果的干扰，是我国文化传媒类上市公司实际经营效率高低的客观呈现。

四、基于 SBM 修正的三阶段模型

第一阶段：首先运用 SBM 模型对影响文化产业上市公司的研发能力的投入产出指标进行考虑非期望产出与不考虑期望产出的对比，根据测算结果选择是否考虑非期望产出的 SBM 模型。

第二阶段：通过 SFA 方法对第一阶段计算出来的松弛量使用可观测的环境变量以及随机误差项进行回归，用以区别管理无效率和统计噪声。SFA 方法可将所有的决策单元调整为相同的环境条件，同时考虑随机误差干扰的影响。

第三阶段：将第二阶段处理得到的经调整的投入数据替代原始的投入数据，产出仍保持为原始产出数据，运用 SBM 模型进行效率评估，这样就可以得到各决策单元剔除了环境和随机误差因素影响后的真实效率值。

五、Hybrid 模型

Hybrid（Hybrid Distance）模型是由 Tone（2007）提出的，在该模型中可同时包含多种距离函数类型，当投入或产出要素较多时，将部分投入和产出指标采用径向距离运算，使其保持相对固定的改进比例，而其余投入和产出指标互相之间具有可替代性，则采用 SBM 距离。在此情况下，该模型可以将投入（产出）要素分为两种类型：一种为径向指标，另一种为非径向指标。Hybrid 模型可以找出各无效率决策单元投入产出指标的实际值和目标值之间的差距，并且测算出二者之间的改进比例和非径向的投入产出指标。相比较传统的 DEA 模型，Hybrid 模型为学者们对效率的评价研究提供了更为精确的测算，其模型规划式为：

$$\min\rho=\frac{1-\dfrac{m_1}{m}(1-\theta)-\dfrac{1}{m}\sum_{i=1}^{m_2}s_i^{N-}/x_{ik}^{N}}{1-\dfrac{q_1}{q}(\varphi-1)+\dfrac{1}{q}\sum_{r=1}^{q_2}s_r^{N+}/y_{rk}^{N}}$$

$$\text{s. t.}\begin{cases}X^R\lambda+s^{R-}-\theta x_k^R=0\\X^N\lambda+s^{N-}=x_k^N\\Y^R\lambda-s^{R+}-\varphi y_k^R=0\\Y^N\lambda-s^{N+}=y_k^N\\\lambda,\ s^-,\ s^+\geqslant 0\end{cases}$$

Hybrid 模型的无效率值可分解为投入径向无效率、投入非径向无效率、产出径向无效率和产出非径向无效率。

$$\text{投入径向无效率}=\frac{m_1}{m}(1-\theta)$$

$$\text{投入非径向无效率}=\frac{1}{m}\sum_{i=1}^{m_2}s_i^{NR-}/x_{ik}^{NR}$$

$$\text{产出径向无效率}=\frac{q_1}{q}(\varphi-1)$$

$$产出非径向无效率=\frac{1}{q}\sum_{r=1}^{q_2} s_r^{NR+}/y_{rk}^{NR}$$

六、Malmquist 指数模型

为更好地了解文化产业上市公司投资效率的动态变化趋势，本研究结合 Malmquist 指数模型对投资效率增长率的变动进行分析和评价。Malmquist 指数方法最早由 R. Färe 等人采用。其表达式为：

$$M_O(x_t, y_t, x_{t+1}, y_{t+1})=\sqrt{\frac{D_O^t(x_{t+1}, y_{t+1})}{D_O^t(x_t, y_t)}\frac{D_O^{t+1}(x_{t+1}, y_{t+1})}{D_O^{t+1}(x_t, y_t)}} \quad (2)$$

式（2）中，$D_O^t(x_t, y_t)$ 和 $D_O^{t+1}(x_{t+1}, y_{t+1})$ 分别为 D 从第 t 期到第 $t+1$ 期这两个时期的技术效率值，Malmquist 指数又被称为“全要素生产率指数”，可分解为技术效率变化指数与技术进步变化指数。技术效率变化指数又能够分解为纯技术效率变动指数与规模效率变化指数。分解公式如下：

$$M_O(x_t, y_t, x_{t+1}, y_{t+1})=\frac{S_O^t(x_t, y_t)}{S_O^t(x_{t+1}, y_{t+1})}\frac{D_O^t(x_{t+1}, y_{t+1})}{D_O^t(x_t, y_t)} \times\sqrt{\frac{D_O^t(x_{t+1}, y_{t+1})}{D_O^{t+1}(x_{t+1}, y_{t+1})}\frac{D_O^t(x_t, y_t)}{D_O^{t+1}(x_t, y_t)}} \quad (3)$$

式（3）中，$M_O(x_t, y_t, x_{t+1}, y_{t+1})$ 为 Malmquist 全要素生产率指数，$\frac{S_O^t(x_t, y_t)}{S_O^t(x_{t+1}, y_{t+1})}$ 为规模效率变化指数，$\frac{D_O^t(x_{t+1}, y_{t+1})}{D_O^t(x_t, y_t)}$ 为纯技术效率变动指数，$\frac{S_O^t(x_t, y_t)}{S_O^t(x_{t+1}, y_{t+1})}\frac{D_O^t(x_{t+1}, y_{t+1})}{D_O^t(x_t, y_t)}$ 为技术效率变化指数 。其中，技术变化指数的波动代表了企业技术发展是在进步还是在退步，规模效率变化指数的波动是指投入增加对全要素生产率指数的扰动，纯技术效率变化指数是指生产环节技术更新换代的速度和技术推广的成效。所以，从长期增长的动态分析中，研究文化产业融资效率的变动趋势与规律，意义明显。

第三章　文化产业上市公司创新绩效研究

——基于超效率 SBM 模型与 Malmquist-Luenberger 模型

本研究在对我国文化产业上市公司财务创新绩效进行数据测量的基础上，采用考虑非期望产出的超效率 SBM 模型和 Malmquist-Luenberger（以下简称为 ML）指数方法从静态和动态的角度全面评价和分析我国文化产业上市公司的财务创新绩效。研究结果表明：2013—2017 年，我国文化产业上市公司基于规模报酬不变模型下的综合效率值①呈现两极分化状态；考虑应收账款（非期望产出）的效率值更加贴合文化产业企业的实际运营情况；从松弛值指标来看，部分文化产业上市公司过于追求速度与规模，存在不同程度的投入冗余和产出不足；技术变化是我国文化产业上市公司财务创新绩效改善的主要因素。根据实证分析结果，提出以下政策建议：了解行业政策，从公司实际出发，扬长避短，发挥自身优势；控制应收账款，提高企业财务创新绩效；加大企业研发投入，提升技术效率；强化风险管控，提升经营质量；构建专业人才发展管理体系，打通管理和专业技术双向发展渠道。

一、引言

“十三五”时期，我国国民经济发展进入了新常态，经济发展方式转型和经济结构调整进行了实质性启动，文化产业得到消费环境的改善、创业环境的改善、科技环境的改善以及新型城镇化的推动，获得了前所未有的发展动力。

---

① 基于规模报酬不变模型下的综合效率值即 CRS。

从行业发展的相关情况来看，结构调整步伐加快，新兴业态发展迅猛。互联网时代的到来颠覆和重构了文化产业的内容和形式，仅仅靠传统发展模式生存的文化产业已然不能适应转型升级的新要求，随着“互联网＋传统行业”的发展模式在各领域的持续发酵，文化产业新业态层出不穷，各行业间交互和融合更加深入。

文化产业上市公司应该了解行业政策，十九大报告将“中国特色社会主义文化”置于前所未有的战略高度，在十九大报告中，习总书记强调要加强文化建设，将我国建设成文化强国，明确了文化产业的地位，这为文化事业的发展和文化产业的创新提供了新一轮的动力和深入改革的政策红利。

二、文献综述

作为战略性新兴产业，文化产业近年来的发展优势和成长态势越来越凸显出其重要地位。同时，近年来针对文化产业上市公司运营效率评价研究建立评价体系已成为国内外学术界研究的热点之一，研究的成果也较多，早期就有很多学者通过 DEA 模型对我国文化产业进行效率评估分析，Ma Xiaolong，Chris Ryan，Bao Jigang（2008）通过应用数据包络分析技术，对 136 个国家公园的数据进行研究，以提高其资源的利用效率。王家庭，张容（2009）利用 DEA 三阶段模型对 2004 年我国 31 个省（区、市）文化产业进行了效率评估分析。张仁寿、黄小军、王朋（2011）运用 DEA 的 CCR 模型和超效率模型分析广东等 13 个省（区、市）的产业创新绩效。蒋萍、王勇（2011）运用三阶段模型与超效率模型相结合的方式分析 31 个省（区、市）的投入产出效率。

随着“十二五”“十三五”将文化产业提上国家战略性产业的重要位置后，近年来研究文化产业效率的文献大量涌现，韩学周、马萱（2012）从技术效率和纯技术效率的角度出发，研究中国 2000—2009 年的 10 年间，文化产业分类行业的发展效率，研究结果对于中国进一步发展文化产业、提升国际竞争力具有重要的理论和现实意义。Li Shusheng（2012）运用 logistic 增长模型对天津文化产业生命周期阶段进行检测，得出天津文化产业正处于快速发展阶段。Hamed Taheri，Sina Ansari（2013）通过

DEA模型评估伊朗首都德黑兰地区博物馆系统的技术效率，指出技术效率在资源利用中的重要作用。徐文燕和张玉兰（2013）通过分析江苏2004—2010年的文化产业投入产出数据，指出技术进步对于文化产业提高效率的重要性。肖卫国和刘杰（2014）认为，提高证券市场发展水平和教育水平是提升中部地区文化产业资源配置效率的重要因素。郭淑芬等人（2014）运用超效率DEA模型和Malmquist指数法对我国文化产业上市公司进行了创新绩效研究。陈敦亮（2014）通过DEA模型对我国31个省（区、市）的文化产业投入产出效率进行了研究。赵琼和姜惠宸（2014）通过构建DEA的CCR和BCC模型，并结合Malmquist生产率指数，结合Tobit回归方法对效率的影响因素进行分析，指出智力成果比重和营销相对规模是技术效率的重要影响因素。黄永兴等人（2014）采用Bootstrap-DEA方法和空间计量模型指出文化消费、文化企业集聚、交通通信、政府政策等对文化产业效率有一定的影响。王凡一（2015）基于DEA模型与Malmquist指数的考察，对我国文化产业进行动态的评估。王学军（2015）运用三阶段模型对甘肃省面板数据进行了分析，并指出，提高效率是提升甘肃省文化产业效率的关键路径。张桂玲（2016）选取地方国有文化企业为样本，运用DEA模型实证研究了中国文化产业投资与融资效率。杨祖义运用DEA-Malmquist指数法测度了东中西部地区文化产业效率，然后利用Sys-GMM对2000—2013年省级动态面板数据进行了实证研究。Amar Oukil，Nabil Channouf，Asma Al-Zaidi（2016）运用两阶段DEA方法评估阿曼苏丹国酒店业的创新绩效，提出酒店行业的改进方向。郭淑芬和裴耀琳（2016）的研究对于文化产业的持续、创新发展均具有重要意义。杨晓琳（2017）利用三阶段DEA模型和超效率模型对2014年我国31省（区、市）的文化产业投入产出进行分析，得出规模效率低下是影响文化产业综合效率的主要原因。项玉卿等人（2017）运用BCC模型和Malmquist指数分析河北省的文化产业效率。

当前文化产业创新绩效研究的文献中较多地从径向角度分析文化产业的效率，当存在投入冗余或者产出不足时，径向模型有可能高估评价对象的效率。当投入产出指标较多时，有效DMU也会较多，DMU模型得出的效率值最大为1，有效DMU效率值相同，无法进行排序，Tone Kaoru

(2001) 提出的基于超效率 SBM 模型很好地解决了这个问题，Chung 等人 (1997) 将包含非期望产出的方向距离函数应用于 Malmquist 模型中，并将得出的 Malmquist 指数称为 Malmquist-Luenberger 生产率指数，此模型已经被很多学者应用到创新绩效评价中。如杨博等人 (2018)、王白雪等人 (2018)、Tao Xueping 等人 (2016)、H. Ebrahimzadeh 等人 (2016)、Huang Jianhuan (2014) 等人。

基于此，本研究首先运用超效率 SBM 模型对 2013—2017 年我国 68 家文化产业上市公司的财务数据进行分析，得出每年文化产业上市公司运营效率的静态值，了解到样本内的文化产业上市公司的创新绩效现状。其次，运用超效率 SBM 模型对 2017 年数据进行考虑非期望产出与不考虑非期望产出的测试，并将结果进行对比分析。再次，考虑松弛变量，为各变量提出提高效率的建议。最后，运用 Malmquist 模型对面板数据从动态分析角度来分析我国 68 家文化产业上市公司财务创新绩效的变动趋势。

三、变量选择和数据说明

(一) 变量选择

1. 投入产出指标选取和说明

在投入产出效率评价模型中，投入产出指标的确定会直接影响 DEA 模型评价结果是否可靠，因此指标的选取对于 DEA 模型的判定至关重要，投入指标与产出指标的选取需具有较好的代表性。本研究在充分借鉴之前学者对文化产业上市公司研究文献的基础上，根据数据的可获得性和有效性来确定本研究的指标选取。

基于 DEA 效率评价模型对于应收账款等非期望产出的处理有多种方法，“非期望产出视同投入法”是主要处理思路之一。这种安排符合 DEA 对投入变量的要求，即投入最小和期望产出越大，意味着技术越有效。应收账款表示企业在销售过程中被购买单位所占用的资金，企业应及时收回应收账款，以弥补企业在生产经营过程中的各种耗费，保证企业持续经营。因此，在本研究的效率评价中，我们希望销售收入均能及时收回，应收账款越少越好。因此，本研究也采取这种处理方法，将应收账款作为模型的投入指标。此外，本研究以营业收入和净利润作为产出变量，以营业成本、总资产和应付职工薪酬作为其他投入变量。这些指标具有很好的代表性，能分别反映投入产出的各个方面。如表 3-1 所示。

表 3-1　投入和产出指标汇总

指标类型	指标名称	指标说明
投入指标	营业成本	是为获得营业收入而耗费的资源的价值体现，也是维持公司经营的必须投入，是公司的运营基础
	总资产	是企业得以正常运营的物质基础，是企业拥有或控制的、能够带来经济利益的全部资产，反映资本的投入量。总资产的规模不仅衡量一个企业的规模大小，对企业的效率也有重要影响
	应付职工薪酬	是企业为获得所有职工提供的服务而给予的各种形式的报酬及相关性支出，它能更好地反映文化企业在人力上的真实投入及人力资源的配置情况
期望产出指标	营业收入	是企业从事业务活动所取得的收入，是衡量企业获利能力指标
	净利润	指会计期间用总利润减去所得税后的净收入，是衡量企业获利能力指标
非期望产出指标	应收账款	表示企业在销售过程中被购买单位所占用的资金。企业应及时收回应收账款，以弥补企业在生产经营过程中的各种耗费，保证企业持续经营

其中总资产、应付职工薪酬、应收账款来自资产负债表。营业成本、营业收入、净利润来自利润表。

根据和讯网上的 68 家企业的原始数据计算得出各年投入产出指标的描述性统计结果，如表 3-2 所示。

表 3-2　2013—2017 年投入产出指标的统计性描述

（单位：元）

年份		应收账款	营业成本	总资产	应付职工薪酬	营业收入	净利润
2013 年	最大值	11073814546.03	15145030828.26	17852634834.99	908450066.50	18414283897.34	1587994151.14
	最小值	1673831.73	8523292.10	81771926.49	44045.20	16792186.93	−107257246.25
	平均值	624366258.76	1898441841.08	4393134563.90	67178350.53	2664931486.42	295904734.36
	标准差	1633052558.67	3024178319.34	4070667686.67	123459420.57	3745883993.00	335994522.18
2014 年	最大值	14842517478.07	16875334290.27	21707795061.03	1057100559.92	20688595925.55	1898247121.48
	最小值	1059050.83	5694384.40	120938448.43	75509.89	22400850.38	−448718956.45
	平均值	905028427.31	2266775795.60	5491279879.28	81839019.90	3204842656.76	353448369.68
	标准差	2287742496.61	3353828653.75	4842833126.99	146154103.96	4201993803.36	421184756.34
2015 年	最大值	16642100939.80	16089511872.50	35278981149.11	982914426.79	21291878165.47	3090305459.11
	最小值	2053450.67	11704716.83	367993667.70	828376.99	88326691.05	−445678149.49
	平均值	1106789228.50	2773845761.75	7610525841.34	99550582.24	3908611855.84	434445936.85
	标准差	2524033340.39	3761108815.73	6985392752.05	150839750.67	4728105597.73	557881104.99
2016 年	最大值	17849141329.13	18229220564.66	36796554224.63	951496667.04	22389793667.35	3196303206.44
	最小值	2069541.55	29067050.46	372665942.69	2712381.93	96919585.70	−1760110055.15
	平均值	1338245456.89	3222555321.61	8958132879.27	117312403.71	4448897359.15	445694708.21
	标准差	2916518425.80	4333073324.10	7854907523.80	169144789.01	5410807799.95	637900926.06
2017 年	最大值	18024477086.74	19848025108.04	41844755125.95	1085193069.43	28282286665.72	2934550221.64
	最小值	2449806.55	34531178.49	606993946.24	1228870.12	100510607.42	−18184307477.13
	平均值	1345499803.09	3287532599.01	9639740089.73	131780947.62	4501567217.04	193282361.15
	标准差	2807113800.05	4279909443.57	8419216319.75	200298609.76	5386355862.59	2323418949.20

2. Pearson 相关性检验

DEA 模型各投入项和产出项之间必须符合“同向性”假设，即随着投入的增加，产出不得减少。本研究采用 Pearson 相关性检验法对其进行检测，计算结果见表 3-3。

表 3-3 Pearson 相关性检验

项目	应收账款	营业成本	总资产	应付职工薪酬	营业收入	净利润
应收账款	1	0.7414906	0.5643473	0.6637239	0.7126604	0.6052013
营业成本	0.7414906	1	0.7948257	0.7178594	0.9935759	0.8331167
总资产	0.5643473	0.7948257	1	0.7030145	0.8343533	0.8678103
应付职工薪酬	0.6637239	0.7178594	0.7030145	1	0.7342421	0.7441265
营业收入	0.7126604	0.9935759	0.8343533	0.7342421	1	0.8772203
净利润	0.6052013	0.8331167	0.8678103	0.7441265	0.8772203	1

由表 3-3 可以看出，样本公司投入、产出指标间的 Pearson 相关系数均大于 0，说明投入变量和产出变量之间确实存在着显著的正相关关系，且符合“同向性”原则，具有合理性。

（二）数据来源

本研究根据《文化及相关产业分类（2018）》的标准，选取 2013 年以前上市的文化产业核心领域的上市公司，为了增加公司之间的可比性，又能够体现文化产业上市公司的特点，为创新绩效评价结果提供更多有用的信息，对备选 DMU 进行筛选，其标准包括：一是 DMU 单元的数量应大于投入与产出指标数量的乘积，且大于指标数量之和的 2 倍以上。二是剔除已经退市的公司。三是通过在和讯网查询每家公司的主营收入，选取这 5 年一直主营与文化产业相关的公司，且文化产业主营收入占比大于 50%的企业。因此，根据 DEA 方法的基本要求，并结合本研究的研究目的，最终选取了我国沪深证券交易所共 68 家文化产业上市公司作为研究对象，根据公司的所有制性质进行了排名，见表 3-4。

表 3-4　68 家文化产业上市公司

序号	股票代码	企业名称	所有制性质	注册地址	上市时间
1	600551	时代出版	国有企业	安徽省	2002 年
2	600088	中视传媒	国有企业	上海市	1997 年
3	002181	粤传媒	国有企业	广东省	2007 年
4	600373	中文传媒	国有企业	江西省	2002 年
5	600825	新华传媒	国有企业	上海市	1994 年
6	601999	出版传媒	国有企业	辽宁省	2007 年
7	000917	电广传媒	国有企业	湖南省	1999 年
8	002238	天威视讯	国有企业	广东省	2008 年
9	600037	歌华有线	国有企业	北京市	2001 年
10	600831	广电网络	国有企业	陕西省	1994 年
11	600386	北巴传媒	国有企业	北京市	2001 年
12	600880	博瑞传播	国有企业	四川省	1995 年
13	000793	华闻传媒	国有企业	海南省	1997 年
14	600637	东方明珠	国有企业	上海市	1993 年
15	600640	号百控股	国有企业	上海市	1993 年
16	000430	张家界	国有企业	湖南省	1996 年
17	000610	西安旅游	国有企业	陕西省	1996 年
18	000888	峨眉山 A	国有企业	四川省	1997 年
19	000978	桂林旅游	国有企业	广西壮族自治区	2000 年
20	002033	丽江旅游	国有企业	云南省	2004 年
21	002059	云南旅游	国有企业	云南省	2006 年
22	600054	黄山旅游	国有企业	安徽省	1996 年
23	600138	中青旅	国有企业	北京市	1997 年
24	600593	大连圣亚	国有企业	辽宁省	2002 年
25	000719	中原传媒	国有企业	河南省	1997 年
26	600633	浙数文化	国有企业	浙江省	1993 年
27	600757	长江传媒	国有企业	湖北省	1996 年

续表

序号	股票代码	企业名称	所有制性质	注册地址	上市时间
28	601098	中南传媒	国有企业	湖南省	2010 年
29	601801	皖新传媒	国有企业	安徽省	2009 年
30	601928	凤凰传媒	国有企业	江苏省	2011 年
31	000156	华数传媒	国有企业	浙江省	2000 年
32	000665	湖北广电	国有企业	湖北省	1996 年
33	601929	吉视传媒	国有企业	吉林省	2011 年
34	002400	省广集团	国有企业	广东省	2010 年
35	603000	人民网	国有企业	北京市	2012 年
36	600706	曲江文旅	国有企业	陕西省	1996 年
37	601888	中国国旅	国有企业	北京市	2009 年
38	000802	北京文化	民营企业	北京市	1998 年
39	002159	三特索道	民营企业	湖北省	2007 年
40	002230	科大讯飞	民营企业	安徽省	2008 年
41	000673	当代东方	民营企业	山西省	1997 年
42	300027	华谊兄弟	民营企业	浙江省	2009 年
43	300133	华策影视	民营企业	浙江省	2010 年
44	300251	光线传媒	民营企业	北京市	2011 年
45	300336	新文化	民营企业	上海市	2012 年
46	300148	天舟文化	民营企业	湖南省	2010 年
47	300167	迪威讯	民营企业	广东省	2011 年
48	300182	捷成股份	民营企业	北京市	2011 年
49	300058	蓝色光标	民营企业	北京市	2010 年
50	300071	华谊嘉信	民营企业	北京市	2010 年
51	002467	二六三	民营企业	北京市	2010 年
52	300059	东方财富	民营企业	上海市	2010 年
53	300104	乐视网	民营企业	北京市	2010 年
54	300113	顺网科技	民营企业	浙江省	2010 年
55	300315	掌趣科技	民营企业	北京市	2012 年

续表

序号	股票代码	企业名称	所有制性质	注册地址	上市时间
56	601519	大智慧	民营企业	上海市	2010 年
57	002375	亚厦股份	民营企业	浙江省	2010 年
58	002482	广田集团	民营企业	广东省	2010 年
59	300144	宋城演艺	民营企业	浙江省	2010 年
60	002292	奥飞娱乐	民营企业	广东省	2009 年
61	300010	立思辰	民营企业	北京市	2009 年
62	300052	中青宝	民营企业	广东省	2010 年
63	300235	方直科技	民营企业	广东省	2011 年
64	002699	美盛文化	民营企业	浙江省	2012 年
65	002081	金螳螂	民营相对控股企业	江苏省	2006 年
66	600358	国旅联合	民营相对控股企业	江苏省	2000 年
67	300291	华录百纳	民营相对控股企业	北京市	2012 年
68	002405	四维图新	民营相对控股企业	北京市	2010 年

四、数据分析

（一）数据测算

通过 MaxDEA7.0 软件对模型的数据进行处理和分析。由于投入指标和产出指标都具有可调节性，所以本研究选择非导向型模型，即同时考虑投入和产出对效率的影响。得出结果如表 3-5 至表 3-7 所示，表 3-5 反映了 2013—2017 年各文化产业上市公司基于规模报酬不变模型情况下的综合效率值、平均值和排名，表 3-6 反映的是 2013—2017 年各文化产业上市公司的规模报酬可变模型情况下的技术效率值①、平均值和排名，表 3-7 则是 2013—2017 年各文化产业上市公司的规模效率值、平均值和规模收益状态。表 3-8 至表 3-10 是对 68 家文化产业上市公司 2017 年数据的分析，反映文化产业行业创新绩效的现行特点，并且得出各变量的松弛量，从而分析决策单元效率低下的原因，并根据指标提出改进建议。

① 规模报酬可变模型情况下的技术效率值即 VRS。

表 3-5　2013—2017 年在规模报酬不变模型情况下的综合效率值、效率平均值及排名

序号	DMU	2013 年		2014 年		2015 年		2016 年		2017 年		平均值
		Score	Rank	Score	Rank	Score	Rank	Score	Rank	Score	Rank	
1	宋城演艺	2.504	1	2.845	2	2.561	1	2.471	1	2.454	1	2.567
2	北巴传媒	1.651	3	1.938	4	1.368	4	1.492	4	1.505	4	1.591
3	捷成股份	1.028	12	1.068	10	1.949	2	1.548	3	1.029	13	1.324
4	张家界	1.514	4	1.466	5	1.196	9	1.017	14	1.353	5	1.309
5	新文化	2.005	2	2.147	3	0.580	29	0.674	21	0.603	16	1.202
6	顺网科技	1.047	10	1.159	6	1.247	8	1.256	5	1.134	8	1.169
7	丽江旅游	1.210	6	1.086	8	1.119	11	1.125	8	1.055	10	1.119
8	中国国旅	1.082	9	1.053	11	1.127	10	1.117	9	1.181	7	1.112
9	乐视网	0.400	49	0.243	50	1.301	5	1.658	2	1.828	2	1.086
10	吉视传媒	0.560	26	3.778	1	0.358	46	0.322	45	0.264	43	1.056
11	光线传媒	1.376	5	0.735	19	0.663	21	0.777	17	1.675	3	1.045
12	大连圣亚	0.767	19	1.027	14	1.051	13	1.017	15	1.126	9	0.998
13	方直科技	1.037	11	1.051	12	0.590	28	1.033	12	1.007	14	0.944
14	四维图新	1.002	17	1.043	13	0.377	43	1.018	13	1.054	11	0.899
15	东方财富	0.034	65	1.016	16	1.678	3	1.130	7	0.340	37	0.839
16	国旅联合	1.162	7	1.127	7	1.298	6	0.035	64	0.437	28	0.812
17	华谊兄弟	1.009	15	1.017	15	0.613	27	0.610	24	0.692	15	0.788
18	省广集团	1.095	8	0.434	35	1.072	12	1.049	10	0.011	66	0.732
19	东方明珠	1.009	16	0.538	23	0.854	17	0.620	23	0.436	29	0.691
20	浙数文化	0.450	44	0.477	30	0.617	25	0.468	32	1.316	6	0.666
21	人民网	0.832	18	0.753	18	1.040	14	0.390	40	0.230	47	0.649
22	长江传媒	0.469	40	0.186	57	1.023	16	1.034	11	0.424	30	0.627
23	皖新传媒	0.737	20	0.424	36	0.736	18	0.678	20	0.534	17	0.622
24	中南传媒	0.607	25	0.507	25	0.644	22	0.593	25	0.447	26	0.560
25	时代出版	0.496	33	0.375	43	0.707	19	0.724	18	0.474	24	0.555
26	大智慧	0.004	67	0.472	32	1.256	7	0.003	68	1.034	12	0.554

续表

序号	DMU	2013 年		2014 年		2015 年		2016 年		2017 年		平均值
		Score	Rank	Score	Rank	Score	Rank	Score	Rank	Score	Rank	
27	峨眉山 A	0.512	32	0.699	20	0.548	33	0.463	33	0.477	23	0.540
28	华策影视	1.019	14	0.443	34	0.469	39	0.390	41	0.334	38	0.531
29	中原传媒	0.654	22	0.385	41	0.627	24	0.532	28	0.445	27	0.528
30	黄山旅游	0.462	41	0.565	22	0.631	23	0.447	35	0.521	18	0.525
31	奥飞娱乐	0.618	24	0.508	24	1.025	15	0.398	38	0.069	61	0.524
32	华闻传媒	1.022	13	0.482	29	0.491	36	0.391	39	0.197	52	0.517
33	凤凰传媒	0.548	27	0.488	27	0.613	26	0.513	29	0.418	31	0.516
34	北京文化	0.306	56	0.483	28	0.156	61	1.137	6	0.483	21	0.513
35	天威视讯	0.520	31	0.497	26	0.566	31	0.546	27	0.403	34	0.506
36	西安旅游	0.190	63	1.069	9	0.099	65	1.012	16	0.035	63	0.481
37	美盛文化	0.384	50	0.595	21	0.575	30	0.478	31	0.353	35	0.477
38	中青旅	0.542	28	0.246	49	0.556	32	0.569	26	0.472	25	0.477
39	中文传媒	0.526	30	0.355	46	0.486	37	0.480	30	0.412	32	0.452
40	华录百纳	0.647	23	0.263	48	0.518	35	0.623	22	0.198	51	0.450
41	当代东方	0.194	62	0.359	45	0.523	34	0.722	19	0.407	33	0.441
42	天舟文化	0.356	51	0.415	37	0.693	20	0.460	34	0.256	45	0.436
43	二六三	0.717	21	1.001	17	0.242	57	0.015	67	0.090	60	0.413
44	掌趣科技	0.440	45	0.472	31	0.485	38	0.401	37	0.259	44	0.411
45	广田集团	0.434	46	0.414	38	0.296	51	0.344	44	0.479	22	0.393
46	金螳螂	0.487	37	0.181	59	0.404	42	0.366	42	0.343	36	0.356
47	科大讯飞	0.455	43	0.413	39	0.374	44	0.280	49	0.236	46	0.352
48	立思辰	0.426	47	0.311	47	0.432	40	0.316	46	0.202	50	0.337
49	亚厦股份	0.489	36	0.453	33	0.319	48	0.177	54	0.158	55	0.319
50	华数传媒	0.345	53	0.385	42	0.282	53	0.276	50	0.269	42	0.311
51	湖北广电	0.457	42	0.237	52	0.365	45	0.236	51	0.230	48	0.305
52	蓝色光标	0.493	34	0.371	44	0.058	67	0.408	36	0.185	53	0.303

续表

序号	DMU	2013年		2014年		2015年		2016年		2017年		平均值
		Score	Rank	Score	Rank	Score	Rank	Score	Rank	Score	Rank	
53	中视传媒	0.475	38	0.234	53	0.174	60	0.034	65	0.520	19	0.287
54	出版传媒	0.250	59	0.185	58	0.313	49	0.312	47	0.328	39	0.278
55	华谊嘉信	0.492	35	0.115	61	0.412	41	0.345	43	0.007	67	0.274
56	歌华有线	0.246	60	0.226	54	0.294	52	0.285	48	0.280	41	0.266
57	号百控股	0.272	58	0.186	56	0.270	54	0.074	61	0.497	20	0.260
58	博瑞传播	0.540	29	0.405	40	0.126	64	0.102	59	0.049	62	0.244
59	曲江文旅	0.414	48	0.086	63	0.248	56	0.218	53	0.212	49	0.235
60	广电网络	0.314	55	0.241	51	0.235	58	0.152	57	0.165	54	0.221
61	中青宝	0.354	52	0.041	66	0.346	47	0.049	62	0.312	40	0.221
62	云南旅游	0.301	57	0.142	60	0.253	55	0.154	56	0.150	56	0.200
63	电广传媒	0.341	54	0.226	55	0.224	59	0.150	58	0.001	68	0.188
64	粤传媒	0.470	39	0.005	68	0.016	68	0.223	52	0.095	59	0.162
65	三特索道	0.241	61	0.031	67	0.311	50	0.040	63	0.030	64	0.131
66	新华传媒	0.112	64	0.087	62	0.139	62	0.094	60	0.096	58	0.106
67	迪威讯	0.025	66	0.049	65	0.128	63	0.156	55	0.029	65	0.077
68	桂林旅游	0.004	68	0.072	64	0.062	66	0.028	66	0.103	57	0.054
	平均值	0.635		0.623		0.624		0.563		0.507		0.590

图3-1反映了各文化产业上市公司2013—2017年CRS在不同区间内的分布图，其中横坐标表示区间范围，纵坐标表示在各区间范围内公司的数量。

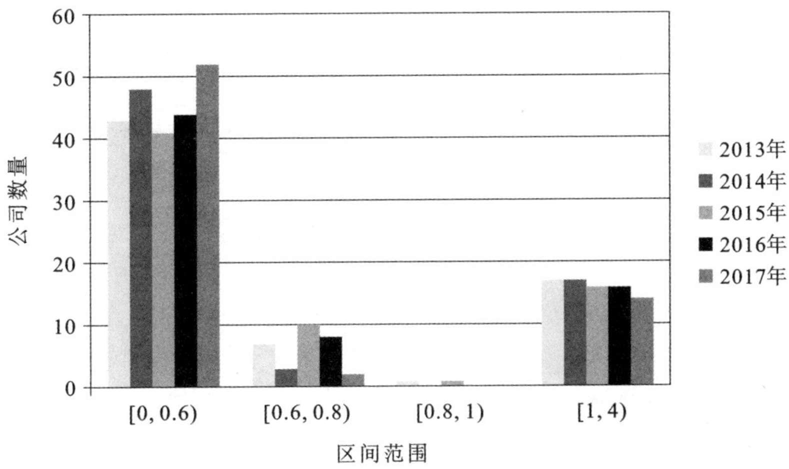

图 3-1 2013—2017 年的 CRS 分布

表 3-6 2013—2017 年在规模报酬可变模型情况下的技术效率值、平均值及排名

序号	DMU	2013 年		2014 年		2015 年		2016 年		2017 年		平均值
		Score	Rank	Score	Rank	Score	Rank	Score	Rank	Score	Rank	
1	宋城演艺	3.023	3	3.588	4	3.320	1	3.090	2	2.456	2	3.095
2	方直科技	2.157	4	1.726	6	1.335	11	3.143	1	2.891	1	2.250
3	新文化	4.005	1	4.304	1	0.600	37	0.740	26	0.671	25	2.064
4	当代东方	3.228	2	3.977	2	0.637	34	0.827	24	0.471	35	1.828
5	中国国旅	1.816	5	1.610	8	1.407	9	1.542	8	2.116	4	1.698
6	北巴传媒	1.660	7	1.949	5	1.391	10	1.565	6	1.542	7	1.622
7	大连圣亚	1.104	16	1.075	21	1.767	5	2.145	3	1.733	6	1.565
8	乐视网	0.533	49	1.304	11	1.632	6	1.700	4	2.308	3	1.495
9	张家界	1.679	6	1.719	7	1.330	12	1.030	17	1.435	8	1.439
10	捷成股份	1.028	25	1.151	15	2.092	3	1.683	5	1.199	10	1.431
11	国旅联合	1.387	11	1.175	12	1.899	4	0.999	22	1.092	15	1.310
12	东方明珠	1.026	26	0.855	31	1.584	8	1.562	7	1.107	14	1.227
13	华谊兄弟	1.438	9	1.465	9	1.209	14	1.007	21	1.009	21	1.226
14	吉视传媒	1.020	27	3.975	3	0.452	43	0.322	49	0.264	49	1.207

续表

序号	DMU	2013 年		2014 年		2015 年		2016 年		2017 年		平均值
		Score	Rank	Score	Rank	Score	Rank	Score	Rank	Score	Rank	
15	顺网科技	1.050	22	1.163	13	1.286	13	1.264	9	1.135	12	1.180
16	丽江旅游	1.214	12	1.087	17	1.121	16	1.189	10	1.070	18	1.136
17	光线传媒	1.415	10	1.052	24	0.682	30	0.781	25	1.750	5	1.136
18	省广集团	1.109	15	1.020	26	1.134	15	1.149	13	1.123	13	1.107
19	四维图新	1.089	17	1.158	14	1.054	18	1.018	19	1.082	16	1.080
20	中南传媒	1.063	19	1.133	16	1.079	17	1.063	14	1.009	20	1.069
21	凤凰传媒	1.067	18	1.046	25	1.021	22	1.027	18	1.004	22	1.033
22	东方财富	0.039	66	1.060	22	2.405	2	1.158	11	0.340	43	1.001
23	浙数文化	0.835	32	0.793	33	1.015	23	0.590	31	1.425	9	0.932
24	大智慧	1.050	23	0.475	47	1.595	7	0.004	68	1.080	17	0.841
25	广田集团	0.829	33	1.054	23	0.409	48	0.477	37	1.156	11	0.785
26	中文传媒	0.560	46	0.613	39	0.652	33	1.010	20	1.002	23	0.768
27	亚厦股份	1.544	8	1.380	10	0.401	51	0.237	54	0.272	48	0.767
28	人民网	0.931	31	1.016	27	1.042	21	0.411	43	0.263	50	0.733
29	华闻传媒	1.159	13	1.076	20	0.654	32	0.541	34	0.219	54	0.730
30	北京文化	1.055	21	0.549	41	0.193	60	1.153	12	0.519	31	0.694
31	金螳螂	1.062	20	1.085	18	0.459	42	0.461	40	0.397	40	0.693
32	时代出版	0.651	41	0.671	34	0.777	27	0.858	23	0.480	33	0.688
33	皖新传媒	0.766	34	0.651	37	0.737	29	0.715	27	0.548	27	0.683
34	黄山旅游	0.564	44	1.007	28	0.770	28	0.472	38	0.539	29	0.670
35	长江传媒	0.491	52	0.302	55	1.052	19	1.039	15	0.425	37	0.662
36	西安旅游	1.000	30	1.082	19	0.103	65	1.036	16	0.042	66	0.653
37	峨眉山 A	0.643	42	0.839	32	0.609	36	0.579	32	0.514	32	0.637
38	奥飞娱乐	0.671	37	0.962	30	1.044	20	0.418	42	0.069	63	0.633
39	美盛文化	0.482	53	0.670	35	0.839	25	0.596	30	0.390	41	0.595
40	中原传媒	0.656	38	0.637	38	0.627	35	0.532	35	0.445	36	0.579

续表

序号	DMU	2013 年		2014 年		2015 年		2016 年		2017 年		平均值
		Score	Rank	Score	Rank	Score	Rank	Score	Rank	Score	Rank	
41	天威视讯	0.575	43	0.601	40	0.676	31	0.613	29	0.410	38	0.575
42	华策影视	1.019	28	0.481	46	0.509	40	0.460	41	0.402	39	0.574
43	科大讯飞	0.516	50	0.504	45	0.402	50	0.329	47	1.018	19	0.554
44	中青旅	0.556	48	0.540	43	0.563	38	0.570	33	0.474	34	0.540
45	天舟文化	0.449	56	0.457	52	0.815	26	0.504	36	0.280	46	0.501
46	华谊嘉信	1.005	29	0.115	62	1.007	24	0.360	45	0.007	67	0.499
47	湖北广电	1.038	24	0.474	49	0.447	44	0.236	55	0.230	52	0.485
48	电广传媒	1.112	14	0.532	44	0.426	46	0.327	48	0.003	68	0.480
49	华录百纳	0.761	36	0.263	56	0.522	39	0.639	28	0.203	55	0.478
50	二六三	0.764	35	1.002	29	0.252	58	0.016	67	0.131	59	0.433
51	蓝色光标	0.652	40	0.660	36	0.065	67	0.461	39	0.304	44	0.429
52	掌趣科技	0.476	55	0.474	48	0.491	41	0.406	44	0.260	51	0.421
53	歌华有线	0.562	45	0.546	42	0.398	52	0.287	52	0.280	47	0.415
54	华数传媒	0.444	57	0.471	50	0.398	53	0.316	50	0.284	45	0.382
55	三特索道	0.293	62	0.036	67	0.419	47	0.078	63	0.999	24	0.365
56	立思辰	0.443	58	0.320	53	0.447	45	0.316	51	0.203	56	0.346
57	中视传媒	0.482	54	0.246	57	0.192	61	0.060	65	0.563	26	0.309
58	出版传媒	0.250	64	0.191	59	0.329	54	0.336	46	0.366	42	0.295
59	广电网络	0.558	47	0.305	54	0.270	56	0.154	59	0.168	57	0.291
60	中青宝	0.377	60	0.044	66	0.404	49	0.062	64	0.546	28	0.287
61	号百控股	0.285	63	0.236	58	0.278	55	0.078	62	0.534	30	0.282
62	博瑞传播	0.654	39	0.464	51	0.127	64	0.106	60	0.054	64	0.281
63	曲江文旅	0.418	59	0.088	63	0.250	59	0.237	53	0.224	53	0.243
64	云南旅游	0.312	61	0.143	60	0.258	57	0.163	58	0.162	58	0.208
65	粤传媒	0.507	51	0.005	68	0.016	68	0.230	56	0.103	62	0.172
66	新华传媒	0.175	65	0.136	61	0.139	63	0.106	61	0.111	61	0.134

续表

序号	DMU	2013 年		2014 年		2015 年		2016 年		2017 年		平均值
		Score	Rank	Score	Rank	Score	Rank	Score	Rank	Score	Rank	
67	迪威讯	0.028	67	0.055	65	0.148	62	0.190	57	0.047	65	0.094
68	桂林旅游	0.004	68	0.073	64	0.067	66	0.036	66	0.128	60	0.061
	平均值	0.924		0.925		0.790		0.718		0.692		0.810

图 3-2 反映了各文化产业上市公司 2013—2017 年在规模报酬可变模型情况下的技术效率值在不同区间内的分布图，其中横坐标表示区间范围，纵坐标表示在各区间范围内公司的数量。

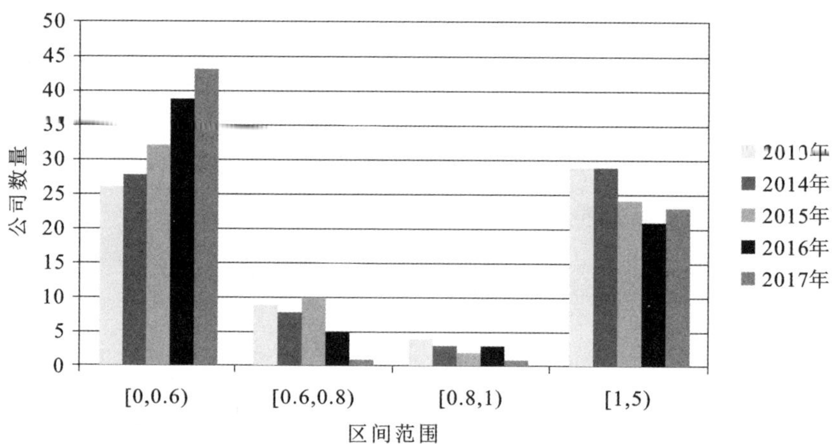

图 3-2 2013—2017 年在规模报酬可变模型情况下的技术效率值分布

表 3-7 2013—2017 年的规模效应值及规模收益

序号	DMU	2013 年		2014 年		2015 年		2016 年		2017 年	
		规模效应	RTS	规模效应	RTS	规模效应	RTS	规模效应	RTS	规模效应	RTS
1	新华传媒	0.903	递减	0.855	递减	0.977	递减	0.992	递增	0.985	递增
2	时代出版	0.957	递减	0.825	递减	0.982	递减	0.909	递减	0.999	递增
3	出版传媒	0.999	递减	0.994	不变	0.998	递增	0.995	递增	0.975	递增
4	中文传媒	0.985	递减	0.778	递减	0.869	递减	0.882	递减	0.852	递减

续表

序号	DMU	2013 年		2014 年		2015 年		2016 年		2017 年	
		规模效应	RTS	规模效应	RTS	规模效应	RTS	规模效应	RTS	规模效应	RTS
5	粤传媒	0.929	递减	0.915	递减	0.989	递减	0.990	递增	0.959	递增
6	中视传媒	0.994	递增	0.992	递增	0.998	不变	0.963	递增	0.978	递增
7	广电网络	0.816	递减	0.848	递减	0.901	递减	1.000	递增	0.994	递增
8	中青旅	0.989	递减	0.761	递减	0.991	递减	1.000	递增	0.999	递增
9	国旅联合	1.000	不变	1.000	不变	1.000	不变	0.822	递增	0.761	递增
10	云南旅游	1.000	递增	0.970	不变	0.998	递增	0.994	递增	0.977	递增
11	黄山旅游	0.927	递减	0.892	递减	0.927	递减	0.991	递增	0.998	递增
12	桂林旅游	0.996	不变	0.979	不变	0.999	递增	0.984	不变	0.955	递增
13	峨眉山 A	0.865	递减	0.921	递减	0.906	递减	0.976	递增	0.997	递增
14	西安旅游	0.994	递增	1.000	不变	0.999	不变	1.000	不变	0.857	递增
15	丽江旅游	1.000	不变	1.000	不变	1.000	不变	1.000	不变	1.000	不变
16	大连圣亚	0.999	递增	1.000	不变	1.000	不变	1.000	不变	1.000	不变
17	张家界	1.000	不变	1.000	不变	1.000	不变	1.000	不变	1.000	不变
18	北京文化	0.662	递增	0.993	递增	0.992	递增	1.000	不变	0.974	递增
19	三特索道	0.996	递增	0.982	递增	0.971	递增	0.822	递增	0.760	递增
20	博瑞传播	0.853	递减	0.875	递减	0.996	递减	0.988	递增	0.949	递增
21	北巴传媒	1.000	不变	1.000	不变	1.000	不变	1.000	不变	1.000	不变
22	金螳螂	0.884	递减	0.567	递减	0.851	递减	0.883	递减	0.919	递减
23	科大讯飞	0.881	递减	0.851	递减	0.914	递减	0.768	递减	0.788	递减
24	华闻传媒	1.000	不变	0.685	递减	0.862	递减	0.919	递减	0.875	递减
25	电广传媒	0.775	递减	0.708	递减	0.824	递减	0.862	递减	0.881	递减
26	歌华有线	0.629	递减	0.539	递减	0.909	递减	0.899	递减	0.968	递减
27	天威视讯	0.996	递增	0.893	递减	0.893	递减	0.987	递增	0.997	递增
28	东方明珠	1.000	不变	0.823	递减	0.970	递减	0.868	递减	0.768	递减
29	号百控股	0.967	递减	0.918	递减	0.973	递增	0.999	递增	0.990	递减
30	当代东方	0.526	递增	0.870	递增	0.924	递增	0.937	递增	0.946	递增

续表

序号	DMU	2013年		2014年		2015年		2016年		2017年	
		规模效应	RTS	规模效应	RTS	规模效应	RTS	规模效应	RTS	规模效应	RTS
31	华谊兄弟	1.000	不变	1.000	不变	0.822	递减	0.900	递减	0.998	递减
32	华策影视	1.000	不变	0.930	递减	0.944	递减	0.984	递减	0.991	递减
33	光线传媒	1.000	不变	0.872	递减	0.978	递增	0.933	不变	1.000	不变
34	华录百纳	0.994	递增	0.985	不变	0.999	递增	0.995	递增	0.986	递增
35	新文化	1.000	不变	1.000	不变	0.996	递增	0.968	递增	0.945	递增
36	中原传媒	0.999	不变	0.776	递减	0.974	递减	1.000	递减	0.997	不变
37	天舟文化	0.999	不变	0.996	递增	0.957	递增	0.999	不变	0.994	不变
38	浙数文化	0.759	递减	0.770	递减	0.837	递减	0.814	递减	1.000	不变
39	长江传媒	0.956	递减	0.826	递减	1.000	不变	1.000	不变	0.985	不变
40	中南传媒	0.918	递减	0.769	递减	0.865	递减	0.854	递减	0.798	递减
41	皖新传媒	0.954	递减	0.784	递减	0.988	递减	1.000	递增	0.999	不变
42	凤凰传媒	0.835	递减	0.776	递减	0.921	递减	0.932	递减	0.865	递减
43	华数传媒	0.885	递减	0.827	递减	0.827	递减	0.749	递减	0.863	递减
44	迪威讯	0.993	不变	0.975	不变	0.998	递增	0.963	递增	0.904	递增
45	捷成股份	1.000	不变	1.000	不变	1.000	不变	1.000	不变	1.000	不变
46	湖北广电	0.745	递减	0.682	递减	0.811	递减	0.999	递增	1.000	递增
47	吉视传媒	0.879	递减	1.000	不变	0.960	递减	0.995	不变	0.995	不变
48	省广集团	1.000	不变	0.785	递减	1.000	不变	1.000	不变	0.980	递减
49	蓝色光标	0.904	递减	0.745	递减	0.905	递减	0.965	递减	0.920	递减
50	华谊嘉信	0.969	递增	0.992	递减	0.929	递增	0.993	递增	0.988	递增
51	四维图新	1.000	不变	1.000	不变	0.925	递减	1.000	不变	1.000	不变
52	二六三	0.997	递增	1.000	不变	0.997	递增	0.986	不变	0.950	递增
53	东方财富	0.972	递减	1.000	不变	1.000	不变	1.000	不变	0.988	递增
54	乐视网	0.956	递减	0.848	递减	1.000	不变	1.000	不变	1.000	不变
55	顺网科技	1.000	不变	1.000	不变	1.000	不变	1.000	不变	1.000	不变
56	掌趣科技	0.980	递增	0.989	不变	0.993	递增	0.972	不变	0.996	不变

续表

序号	DMU	2013 年		2014 年		2015 年		2016 年		2017 年	
		规模效应	RTS	规模效应	RTS	规模效应	RTS	规模效应	RTS	规模效应	RTS
57	大智慧	0.974	递减	0.999	不变	1.000	不变	0.797	递增	1.000	不变
58	人民网	0.968	递减	0.990	递减	1.000	不变	0.993	递增	0.966	递增
59	亚厦股份	0.887	递减	0.797	递减	0.865	递减	0.933	递减	0.889	递减
60	广田集团	0.905	递减	0.835	递减	0.889	递减	0.946	递减	0.860	递减
61	宋城演艺	1.000	不变	1.000	不变	1.000	不变	1.000	不变	1.000	不变
62	曲江文旅	0.999	递增	0.991	不变	0.982	不变	0.980	递增	0.955	递增
63	中国国旅	1.000	不变	1.000	不变	1.000	不变	1.000	不变	1.000	不变
64	奥飞娱乐	0.948	递减	0.832	递减	1.000	不变	0.981	递减	0.988	不变
65	立思辰	0.987	递增	0.984	不变	0.999	递增	0.997	递增	0.990	递增
66	中青宝	0.998	不变	0.975	不变	0.998	递增	1.000	不变	0.872	递增
67	方直科技	1.000	不变	1.000	不变	0.991	递增	1.000	不变	1.000	不变
68	美盛文化	1.000	不变	0.986	递增	0.918	递增	0.862	递增	0.954	递增
	平均值	0.939		0.899		0.954		0.955		0.952	

为了更好地展示 2013—2017 年文化产业上市公司静态效率值的走向，整理出 CRS、VRS 和 SE（scale efficiency，即规模效率值），画成折线图，如图 3-3 所示。

为了分析文化产业创新绩效的现行特点，用软件对 2017 年数据分别做了考虑非期望产出和不考虑非期望值产出的实验。得出结果如表 3-8 至表 3-10 所示。表 3-8 反映了 2017 年各文化产业上市公司基于规模报酬不变模型情况下的综合效率值和排名，表 3-9 反映的是 2017 年各文化产业上市公司基于规模报酬可变模型情况下的技术效率值和排名，表 3-10 则是 2017 年各文化产业上市公司的规模效应值和规模收益状态。

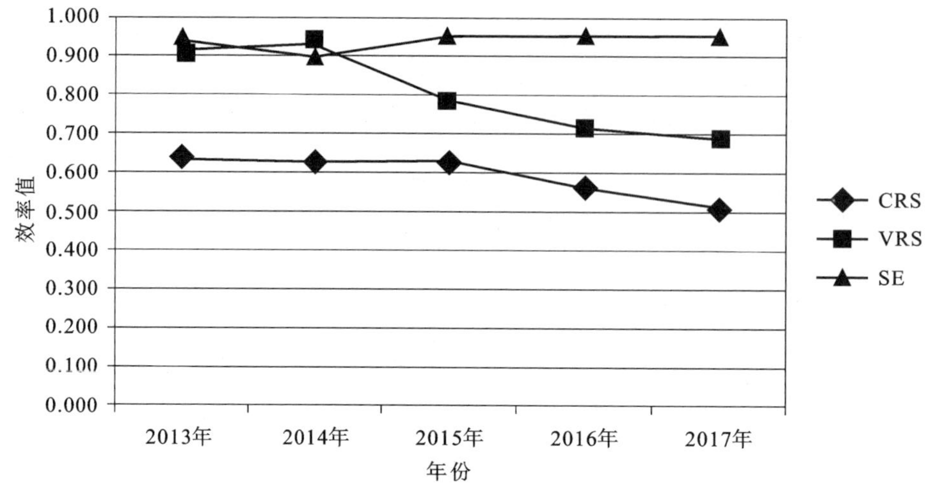

图 3-3 超效率 SBM 模型下文化产业的静态效率值走向图

表 3-8 2017 年在规模报酬不变模型情况下的综合效率值及排名

序号	DMU	2017 年（考虑非期望产值）		2017 年（不考虑非期望产值）	
		Score	Rank	Score	Rank
1	宋城演艺	2.454	1	1.303	5
2	乐视网	1.828	2	1.828	1
3	光线传媒	1.675	3	1.437	2
4	北巴传媒	1.505	4	1.398	3
5	张家界	1.353	5	0.658	15
6	浙数文化	1.316	6	1.318	4
7	中国国旅	1.181	7	1.213	6
8	顺网科技	1.134	8	1.138	7
9	大连圣亚	1.126	9	0.371	40
10	丽江旅游	1.055	10	0.816	12
11	四维图新	1.054	11	1.072	8
12	大智慧	1.034	12	1.045	9
13	捷成股份	1.029	13	1.036	10

续表

序号	DMU	2017 年（考虑非期望产值）		2017 年（不考虑非期望产值）	
		Score	Rank	Score	Rank
14	方直科技	1.007	14	1.010	11
15	华谊兄弟	0.692	15	0.788	13
16	新文化	0.603	16	0.739	14
17	皖新传媒	0.534	17	0.629	17
18	黄山旅游	0.521	18	0.586	21
19	中视传媒	0.520	19	0.446	33
20	号百控股	0.497	20	0.628	18
21	北京文化	0.483	21	0.639	16
22	广田集团	0.479	22	0.621	19
23	峨眉山 A	0.477	23	0.471	29
24	时代出版	0.474	24	0.567	23
25	中青旅	0.472	25	0.589	20
26	中南传媒	0.447	26	0.546	25
27	中原传媒	0.445	27	0.548	24
28	国旅联合	0.437	28	0.576	22
29	东方明珠	0.436	29	0.537	27
30	长江传媒	0.424	30	0.460	31
31	凤凰传媒	0.418	31	0.499	28
32	中文传媒	0.412	32	0.450	32
33	当代东方	0.407	33	0.539	26
34	天威视讯	0.403	34	0.436	36
35	美盛文化	0.353	35	0.461	30
36	金螳螂	0.343	36	0.446	34

续表

序号	DMU	2017 年（考虑非期望产值）		2017 年（不考虑非期望产值）	
		Score	Rank	Score	Rank
37	东方财富	0.340	37	0.383	39
38	华策影视	0.334	38	0.439	35
39	出版传媒	0.328	39	0.406	38
40	中青宝	0.312	40	0.408	37
41	歌华有线	0.280	41	0.345	41
42	华数传媒	0.269	42	0.319	44
43	吉视传媒	0.264	43	0.335	42
44	掌趣科技	0.259	44	0.296	47
45	天舟文化	0.256	45	0.333	43
46	科大讯飞	0.236	46	0.298	46
47	人民网	0.230	47	0.299	45
48	湖北广电	0.230	48	0.240	51
49	曲江文旅	0.212	49	0.267	48
50	立思辰	0.202	50	0.266	49
51	华录百纳	0.198	51	0.255	50
52	华闻传媒	0.197	52	0.237	53
53	蓝色光标	0.185	53	0.239	52
54	广电网络	0.165	54	0.208	55
55	亚厦股份	0.158	55	0.209	54
56	云南旅游	0.150	56	0.194	56
57	桂林旅游	0.103	57	0.117	57
58	新华传媒	0.096	58	0.104	60
59	粤传媒	0.095	59	0.113	58

续表

序号	DMU	2017 年（考虑非期望产值）		2017 年（不考虑非期望产值）	
		Score	Rank	Score	Rank
60	二六三	0.090	60	0.106	59
61	奥飞娱乐	0.069	61	0.088	61
62	博瑞传播	0.049	62	0.059	62
63	西安旅游	0.035	63	0.031	64
64	三特索道	0.030	64	0.028	65
65	迪威讯	0.029	65	0.038	63
66	省广集团	0.011	66	0.013	66
67	华谊嘉信	0.007	67	0.009	67
68	电广传媒	0.001	68	0.002	68
	平均值	0.507		0.508	

表 3-9　2017 年在规模报酬可变模型情况下的技术效率值及排名

序号	DMU	2017 年（考虑非期望产值）		2017 年（不考虑非期望产值）	
		Score	Rank	Score	Rank
1	方直科技	2.891	1	2.726	1
2	宋城演艺	2.456	2	1.306	7
3	乐视网	2.308	3	2.420	2
4	中国国旅	2.116	4	1.743	3
5	光线传媒	1.750	5	1.546	4
6	大连圣亚	1.733	6	0.534	34
7	北巴传媒	1.542	7	1.446	5
8	张家界	1.435	8	1.198	9
9	浙数文化	1.425	9	1.425	6
10	捷成股份	1.199	10	1.223	8

续表

序号	DMU	2017 年（考虑非期望产值）		2017 年（不考虑非期望产值）	
		Score	Rank	Score	Rank
11	广田集团	1.156	11	1.156	10
12	顺网科技	1.135	12	1.142	12
13	省广集团	1.123	13	1.086	16
14	东方明珠	1.107	14	1.143	11
15	国旅联合	1.092	15	1.122	13
16	四维图新	1.082	16	1.095	15
17	大智慧	1.080	17	1.097	14
18	丽江旅游	1.070	18	1.003	21
19	科大讯飞	1.018	19	1.023	17
20	中南传媒	1.009	20	1.012	18
21	华谊兄弟	1.009	21	1.008	19
22	凤凰传媒	1.004	22	1.004	20
23	中文传媒	1.002	23	1.002	22
24	三特索道	0.999	24	0.033	66
25	新文化	0.671	25	0.812	23
26	中视传媒	0.563	26	0.543	33
27	皖新传媒	0.548	27	0.636	26
28	中青宝	0.546	28	0.618	27
29	黄山旅游	0.539	29	0.617	28
30	号百控股	0.534	30	0.646	25
31	北京文化	0.519	31	0.673	24
32	峨眉山 A	0.514	32	0.483	38
33	时代出版	0.480	33	0.572	31

续表

序号	DMU	2017 年（考虑非期望产值）		2017 年（不考虑非期望产值）	
		Score	Rank	Score	Rank
34	中青旅	0.474	34	0.589	30
35	当代东方	0.471	35	0.597	29
36	中原传媒	0.445	36	0.549	32
37	长江传媒	0.425	37	0.461	39
38	天威视讯	0.410	38	0.454	40
39	华策影视	0.402	39	0.529	35
40	金螳螂	0.397	40	0.517	36
41	美盛文化	0.390	41	0.492	37
42	出版传媒	0.366	42	0.441	41
43	东方财富	0.340	43	0.387	42
44	蓝色光标	0.304	44	0.314	49
45	华数传媒	0.284	45	0.362	43
46	天舟文化	0.280	46	0.351	44
47	歌华有线	0.280	47	0.345	45
48	亚厦股份	0.272	48	0.343	46
49	吉视传媒	0.264	49	0.335	47
50	人民网	0.263	50	0.327	48
51	掌趣科技	0.260	51	0.296	50
52	湖北广电	0.230	52	0.250	55
53	曲江文旅	0.224	53	0.284	51
54	华闻传媒	0.219	54	0.279	52
55	华录百纳	0.203	55	0.264	54
56	立思辰	0.203	56	0.267	53

续表

序号	DMU	2017 年（考虑非期望产值）		2017 年（不考虑非期望产值）	
		Score	Rank	Score	Rank
57	广电网络	0.168	57	0.211	56
58	云南旅游	0.162	58	0.205	57
59	二六三	0.131	59	0.124	59
60	桂林旅游	0.128	60	0.131	58
61	新华传媒	0.111	61	0.115	61
62	粤传媒	0.103	62	0.117	60
63	奥飞娱乐	0.069	63	0.088	62
64	博瑞传播	0.054	64	0.062	63
65	迪威讯	0.047	65	0.055	64
66	西安旅游	0.042	66	0.039	65
67	华谊嘉信	0.007	67	0.009	67
68	电广传媒	0.003	68	0.003	68
	平均值	0.692		0.666	

表 3-10　2017 年的规模效率值及规模收益

序号	DMU	2017 年（考虑非期望产值）		2017 年（不考虑非期望产值）	
		规模效应	RTS	规模效应	RTS
1	丽江旅游	1.000	不变	0.994	递增
2	大连圣亚	1.000	不变	0.906	递增
3	张家界	1.000	不变	0.911	递增
4	北巴传媒	1.000	不变	1.000	不变
5	光线传媒	1.000	不变	1.000	不变
6	浙数文化	1.000	不变	1.000	不变
7	捷成股份	1.000	不变	1.000	不变

续表

序号	DMU	2017 年（考虑非期望产值）		2017 年（不考虑非期望产值）	
		规模效应	RTS	规模效应	RTS
8	四维图新	1.000	不变	1.000	不变
9	乐视网	1.000	不变	1.000	不变
10	顺网科技	1.000	不变	1.000	不变
11	大智慧	1.000	不变	1.000	不变
12	宋城演艺	1.000	不变	1.000	不变
13	中国国旅	1.000	不变	1.000	不变
14	方直科技	1.000	不变	1.000	不变
15	湖北广电	1.000	递增	0.855	不变
16	中青旅	0.999	递增	0.999	递增
17	时代出版	0.999	递增	0.999	递增
18	皖新传媒	0.999	不变	0.999	不变
19	黄山旅游	0.998	递增	0.987	递增
20	华谊兄弟	0.998	递减	0.998	递减
21	天威视讯	0.997	递增	0.981	递增
22	中原传媒	0.997	不变	0.997	不变
23	峨眉山 A	0.997	递增	0.958	递增
24	掌趣科技	0.996	不变	0.985	不变
25	吉视传媒	0.995	不变	0.993	不变
26	广电网络	0.994	递增	0.994	递增
27	天舟文化	0.994	不变	0.994	不变
28	华策影视	0.991	递减	0.991	递减
29	号百控股	0.990	递减	0.990	递减
30	立思辰	0.990	递增	0.990	递增

续表

序号	DMU	2017年（考虑非期望产值）		2017年（不考虑非期望产值）	
		规模效应	RTS	规模效应	RTS
31	华谊嘉信	0.988	递增	0.988	递增
32	奥飞娱乐	0.988	不变	0.988	不变
33	东方财富	0.988	递增	0.988	递增
34	华录百纳	0.986	递增	0.986	递增
35	长江传媒	0.985	不变	0.985	递增
36	新华传媒	0.985	递增	0.972	递增
37	省广集团	0.980	递减	0.980	递减
38	中视传媒	0.978	递增	0.917	递增
39	云南旅游	0.977	递增	0.977	递增
40	出版传媒	0.975	递增	0.975	递增
41	北京文化	0.974	递增	0.974	递增
42	歌华有线	0.968	递减	0.968	递减
43	人民网	0.966	递增	0.966	递增
44	粤传媒	0.959	递增	0.959	递增
45	桂林旅游	0.955	递增	0.986	递增
46	曲江文旅	0.955	递增	0.955	递增
47	美盛文化	0.954	递增	0.954	递增
48	二六三	0.950	递增	0.969	递增
49	博瑞传播	0.949	递增	0.949	递增
50	当代东方	0.946	递增	0.946	递增
51	新文化	0.945	递增	0.945	递增
52	蓝色光标	0.920	递减	0.920	递减
53	金螳螂	0.919	递减	0.919	递减

续表

序号	DMU	2017 年（考虑非期望产值）		2017 年（不考虑非期望产值）	
		规模效应	RTS	规模效应	RTS
54	迪威讯	0.904	递增	0.904	递增
55	亚厦股份	0.889	递减	0.889	递减
56	电广传媒	0.881	递减	0.881	递减
57	华闻传媒	0.875	递减	0.876	递减
58	中青宝	0.872	递增	0.872	递增
59	凤凰传媒	0.865	递减	0.865	递减
60	华数传媒	0.863	递减	0.866	递减
61	广田集团	0.860	递减	0.860	递减
62	西安旅游	0.857	递增	0.914	递增
63	中文传媒	0.852	递减	0.852	递减
64	中南传媒	0.798	递减	0.798	递减
65	科大讯飞	0.788	递减	0.788	递减
66	东方明珠	0.768	递减	0.768	递减
67	国旅联合	0.761	递增	0.761	递增
68	三特索道	0.760	递增	0.997	不变
	平均值	0.952		0.950	

表 3-8 至表 3-10 展示了 68 家文化产业上市公司各效率值，从效率值可以判断出文化产业上市公司是否处于 DEA 有效状态。由于本研究运用的是超效率 SBM 模型，还可以得出各变量的松弛量，从而分析决策单元效率低下的原因，并根据指标提出改进建议。对于无效 DMU，改进方法是减少投入或增加产出。由于文化产业上市企业在规模上有明显差异，在规模报酬可变模型情况下的技术效率值更能反映出规模因素以外的问题，因此，本研究主要研究规模报酬可变模型情况下的技术效率值的结果。以 2017 年文化产业上市企业数据为例，整理出 DMU 所有变量的松弛量，如表 3-11 所示。

表 3-11　超效率 SBM 模型下 2017 年文化产业的松弛变量

序号	DMU	Score	投入指标				产出指标	
			应收账款/元	营业成本/元	总资产/元	应付职工薪酬/元	营业收入/元	净利润/元
1	新华传媒	0.111	25994801.81	320324863.20	0.00	13562669.95	0.00	403577080.15
2	时代出版	0.480	522574843.13	1222744997.14	0.00	0.00	0.00	379819481.54
3	出版传媒	0.366	228294224.30	454099557.06	0.00	10462777.20	0.00	254388108.62
4	中文传媒	1.002	0.00	51198345.96	0.00	0.00	0.00	0.00
5	粤传媒	0.103	145892090.24	290552041.31	0.00	37693689.60	0.00	695581635.17
6	中视传媒	0.563	4848402.17	65825539.09	0.00	3028761.46	75338915.28	77111960.67
7	广电网络	0.168	374386275.23	740441350.01	0.00	73914483.45	0.00	711027709.20
8	中青旅	0.474	1467522127.02	1045945168.87	0.00	22928586.13	0.00	971272879.40
9	国旅联合	1.092	0.00	0.00	320547306.21	0.00	0.00	0.00
10	云南旅游	0.162	367521680.19	533774961.68	0.00	36018256.15	0.00	442032638.36
11	黄山旅游	0.539	43584754.37	151041987.97	0.00	46503756.69	0.00	134105649.22
12	桂林旅游	0.128	24697288.69	86664651.47	0.00	12599629.63	0.00	391741756.54
13	峨眉山 A	0.514	9772173.37	51565474.27	0.00	46222251.95	106061103.65	127246062.67
14	西安旅游	0.042	7753279.86	278410919.25	0.00	0.00	0.00	173206921.95

续表

序号	DMU	Score	投入指标				产出指标	
			应收账款/元	营业成本/元	总资产/元	应付职工薪酬/元	营业收入/元	净利润/元
15	丽江旅游	1.070	0.00	57469559.80	0.00	0.00	0.00	0.00
16	大连圣亚	1.733	1685267.19	240569559.72	0.00	8725477.60	0.00	0.00
17	张家界	1.435	0.00	0.00	654993791.29	0.00	126482055.10	0.00
18	北京文化	0.519	687199759.92	185352968.70	1528159445.21	0.00	0.00	133933223.92
19	三特索道	0.999	0.00	0.00	0.00	0.00	0.00	6511.66
20	博瑞传播	0.054	90367558.75	314755276.15	0.00	0.00	47708934.80	594602027.51
21	北巴传媒	1.542	0.00	0.00	0.00	0.00	2875139999.08	0.00
22	金螳螂	0.397	17295077491.25	2874205321.66	10271450547.49	667398478.10	0.00	678835752.12
23	科大讯飞	1.018	0.00	185324866.13	0.00	0.00	0.00	0.00
24	华闻传媒	0.219	623065123.59	617958999.71	6905434712.50	104540409.43	0.00	675327807.32
25	电广传媒	0.003	861646937.05	1463880927.12	10913349868.68	28821836.33	0.00	2288165070.42
26	歌华有线	0.280	278528126.80	843075687.87	6572106321.26	133637057.07	325648417.91	307969026.57
27	天威视讯	0.410	39067425.48	277687507.33	0.00	54064944.28	0.00	221079301.38
28	东方明珠	1.107	0.00	0.00	0.00	89099194.17	0.00	5711812.55

续表

序号	DMU	Score	投入指标				产出指标	
			应收账款/元	营业成本/元	总资产/元	应付职工薪酬/元	营业收入/元	净利润/元
29	号百控股	0.534	1089590581.94	142003348.70	0.00	0.00	0.00	267085314.97
30	当代东方	0.471	424637313.14	51703938.46	0.00	0.00	94887633.99	170887564.53
31	华谊兄弟	1.009	0.00	76689136.91	0.00	0.00	0.00	0.00
32	华策影视	0.402	3911098977.88	1090710275.93	2713078993.96	13315817.57	0.00	597432331.40
33	光线传媒	1.750	0.00	0.00	0.00	5026924.47	0.00	439695728.46
34	华录百纳	0.203	2378870434.08	531489630.29	0.00	0.00	0.00	538598805.37
35	新文化	0.671	637469521.83	0.00	0.00	0.00	0.00	101202190.94
36	中原传媒	0.445	878757394.60	781676768.83	0.00	69053118.30	0.00	724320398.15
37	天舟文化	0.280	239830525.35	0.00	1106004421.60	12258542.40	262258204.62	269303179.35
38	浙数文化	1.425	0.00	0.00	0.00	0.00	0.00	1031881376.64
39	长江传媒	0.425	355350458.35	1809394527.98	0.00	199576745.47	0.00	863015715.44
40	中南传媒	1.009	0.00	232054546.02	0.00	0.00	0.00	0.00
41	皖新传媒	0.548	534096412.93	1783515766.80	792121235.46	108493158.24	0.00	354926138.20
42	凤凰传媒	1.004	0.00	114624001.41	0.00	0.00	0.00	0.00

续表

序号	DMU	Score	投入指标				产出指标	
			应收账款/元	营业成本/元	总资产/元	应付职工薪酬/元	营业收入/元	净利润/元
43	华数传媒	0.284	584809713.53	525565877.33	5576192049.01	179561593.85	0.00	441777410.09
44	迪威讯	0.047	226880321.22	104981127.16	0.00	0.00	0.00	145572243.89
45	捷成股份	1.199	0.00	0.00	4817606517.28	2993231.44	47654322.58	109725051.57
46	湖北广电	0.230	128468283.81	290229925.72	704570967.04	276469558.73	411444452.73	737880634.29
47	吉视传媒	0.264	276727161.47	0.00	2884645394.60	39312296.02	956051680.43	685213152.15
48	省广集团	1.123	0.00	0.00	0.00	0.00	2479882980.71	0.00
49	蓝色光标	0.304	907246003.22	526242114.60	0.00	0.00	0.00	1059610754.20
50	华谊嘉信	0.007	1559602757.45	515128642.61	0.00	37601305.02	0.00	861260233.93
51	四维图新	1.082	0.00	173948940.79	0.00	0.00	0.00	0.00
52	二六三	0.131	0.00	0.00	0.00	0.00	0.00	285657159.20
53	东方财富	0.340	253272633.19	0.00	35878160378.31	169551775.93	0.00	273097974.84
54	乐视网	2.308	0.00	0.00	0.00	837568.60	6924706199.91	0.00
55	顺网科技	1.135	0.00	0.00	309616531.47	0.00	368850027.19	0.00
56	掌趣科技	0.260	141391780.93	24013016.26	171733072.91	0.00	72821018.29	1336890656.42

续表

序号	DMU	Score	投入指标				产出指标	
			应收账款/元	营业成本/元	总资产/元	应付职工薪酬/元	营业收入/元	净利润/元
57	大智慧	1.080	0.00	0.00	641736396.48	0.00	0.00	0.00
58	人民网	0.263	357527771.80	264766581.65	0.00	8384694.34	0.00	274918336.98
59	亚厦股份	0.272	10464427169.11	1962085142.54	4256312407.00	0.00	0.00	1085699835.35
60	广田集团	1.156	0.00	0.00	0.00	0.00	3380763783.56	0.00
61	宋城演艺	2.456	87558257.78	0.00	0.00	44437587.28	954959843.63	0.00
62	曲江文旅	0.224	412797928.96	148481663.59	0.00	11645863.20	0.00	260550410.61
63	中国国旅	2.116	6224011.61	0.00	0.00	0.00	20765750051.15	935592983.62
64	奥飞娱乐	0.069	675717729.30	409213223.53	0.00	80736574.68	0.00	983659026.18
65	立思辰	0.203	1025971850.51	231010032.68	0.00	10719845.44	683188443.10	802825147.98
66	中青宝	0.546	54054601.96	14818872.66	0.00	3663290.82	0.00	28744955.85
67	方直科技	2.891	83402145.57	155464167.76	26675845[illegible].06	490972.52	0.00	0.00
68	美盛文化	0.390	207582792.07	98642075.39	940843071.80	0.00	278644073.29	222604241.00

注:表中“0.00”表示该决策单元的该项指标无松弛值。

（二）数据分析

将 2013—2017 年各文化产业上市公司的静态数据结果进行综合对比，可以看出以下三点。

（1）从假设被评价的 DMU 处于规模报酬不变模型阶段得出的综合效率值来看，观察表 3-5和图 3-1 可以看出，综合效率值呈现两极分化状态，处在［0.8，1）区间仅有 2013 年的人民网和 2015 年的东方明珠。68 家文化产业上市公司 5 年综合效率平均值，2013 年到 2014 年呈下降趋势，2015 年稍稍回升，2016 年后又迅速下滑，2017 年达到这 5 年来最低值 0.507，表明我国 68 家文化产业上市公司中大部分效率值呈下降趋势。从数据结果来看，68 家文化产业上市公司在研究期间的效率明显有一定差距，根据样本期间内的文化产业上市公司综合效率平均值，将这 5 年的平均值分为四类。

第一类是在［0，0.6）低效率的区间范围，如中青旅、博瑞传播、中文传媒、天威视讯、蓝色光标、华谊嘉信、亚厦股份、金螳螂、中视传媒、粤传媒、湖北广电、科大讯飞、掌趣科技、广田集团、立思辰、曲江文旅、美盛文化、中青宝、华数传媒、电广传媒、广电网络、云南旅游、号百控股、出版传媒、歌华有线、三特索道、新华传媒、迪威讯、桂林旅游这 29 家上市公司在 2013—2017 年期间内效率值一直处在［0，0.6）区间范围内，从各家公司 5 年的平均值来看，有 45 家上市公司处在［0，0.6）区间范围内，属于低效率企业，这些公司在运营效率方面应当受到重视，应考虑增加企业创新绩效。

第二类是在［0.6，0.8）的中低效率区间范围，表 3-5显示，在这5 年内没有一家公司综合效率值均处在［0.6，0.8）之间，同时，由图 3-1 所示，2013 年有 7 家公司，2014 年有 3 家公司，2015 年有 10 家公司，2016 年有 8 家公司，2017 年有 2 家公司，从各家公司 5 年的平均值来看，有 7 家公司综合效率值处在［0.6，0.8）范围内，这 7 家公司应当归属到第二类中低效率区间范围内，属于中低效率企业。由此可以表明，这类文化产业上市公司在这 5 年中综合效率很不稳定。

第三类是在［0.8，1）区间范围内的中高效率企业，以每年的综合效率值分别来看，仅 2013 年的人民网综合效率值为 0.832，2015 年的东方明珠综合效率值为 0.854 处在第三类，东方明珠只有 2013 年的综合效率值为1.009，2015年综合效率值为0.854，其他3年均低于0.8，甚至有2年低于0.6，人民网也只有2015年的综合效率值为1.040，2013年为0.832，其他3年均低于0.8，甚至有2年低于0.6，由这两家公司的数据可以看出，这两家公司在这5年内综合效率值很不稳定，说明企业在综合效率值上还有很大的提升空间。从各公司5年的平均值来看，有国旅联合、东方财富、四维图新、方直科技、大连圣亚这5家公司在［0.8，1）区间范围内，属于中高企业。

第四类企业为高效率企业，如宋城演艺、北巴传媒、捷成股份、张家界、顺网科技、丽江旅游、中国国旅这7家文化产业上市公司5年的综合效率值均大于1，对于这类企业，企业创新绩效的管理导向就是保持并引导企业按照目前的趋势继续发展。从各公司5年的平均值来看，新文化、乐视网、吉视传媒、光线传媒这4家企业虽然5年的综合效率值大于1，属于高效率企业，但是新文化只有在2013年和2014年效率值超过2，2015年后就直线下滑，乐视网这5年的综合效率值呈上升趋势，吉视传媒在2014年综合效率很高，超过3，但在其他年份的综合效率值却很低，光线传媒在2013年和2017年综合效率值超过1，其他年份在［0.6，0.8）范围内，说明这几家公司虽然均值大于1，但总体综合效率值波动比较大，企业应该调整管理，尽量减少不必要支出，采取措施，将应收账款早日收回，以减轻企业财务周转压力。

（2）从规模报酬可变模型情况下得出的技术效率值来看，观察表3-6和图3-2看出，技术效率值在区间分布上也显示出两极分化的状态，从各公司5年的技术效率值来看，处在区间［0.8，1）的企业数量很少，只有浙数文化和大智慧两家企业；处在区间［0.6，0.8）的企业有14家，总体来看技术效率值大于1的企业数量分布比在CRS情况下综合效率值大于1的分布好，有22家企业技术效率值大于1。通过68家上市公司的每年整体的技术效率值可以看出，2013—2017年技术效率值分别为0.924、0.925、0.790、0.718和0.692。2013—2017年的技术效率值均大于1的有宋城演艺、方直科技、中国国旅、北巴传媒、大连圣亚、张家界、捷成股份、华谊兄弟、顺网科技、丽江旅游、省广集团、四维图新、中南传媒、凤凰传媒这14家企业，占企业总数量的20.6%。

（3）从规模效应和规模收益状态角度来看，如表3-7和图3-3所示，在2013—2017年规模效应值平均值呈现向上的“一”型，围绕在0.9附近平稳地发展。到 2016 年平均值最高为 0.955，因为超效率模型分析得出的效率值可以大于 1，所以会出现总体有效但规模效应值小于 1 的情况。2013—2017 年规模收益状态处于递增的分别是 14 家、6 家、19 家、26 家和 30 家。说明从 2014—2017 年增加企业规模的公司在逐年增多，这与政府大力鼓励发展文化产业的社会大环境有关。

由于本研究主要研究的是我国文化产业上市公司创新绩效的现状，所以以 2017 年的数据分析为例，得出以下几点结论。

（1）观察表 3-8，参考图 3-1，2017 年这 68 家文化产业上市公司考虑非期望产出的综合效率值在 0.01 到 2.454 之间，不考虑非期望产出的综合效率值在 0.02 到 1.828 之间。考虑非期望产出的综合效率值的平均值 0.507，分析最大值、最小值和平均值可以得到：样本企业之间的综合效率整体差异较大，这表明文化产业的整体创新绩效出现了两极分化的现象。有 14 家文化产业企业的综合效率值达到了 1 及其以上，即达到了 DEA 有效，如宋城演艺、乐视网、光线传媒、北巴传媒、张家界、浙数文化、中国国旅、顺网科技、大连圣亚、丽江旅游、四维图新、大智慧、捷成股份、方直科技。综合效率值高说明这几家文化产业企业的创新绩效水平较高，管理策略很好地适应了外部经济、社会环境的变化。另外，由表 3-8 可以看出，剩余的企业中，除了华谊兄弟、新文化这两家公司处于中间水平外，其他 52 家企业综合效率值均低于 0.6，占比 76.5%。说明文化产业的创新绩效水平两极分化很严重，且低效率企业很多。这些文化产业上市公司在规模和技术方面都需要很大的改进。同时，不考虑非期望产值的效率均值结果与考虑非期望产值的效率均值很接近，但从总体分析来看，考虑非期望产值的效率更符合实际。

（2）从表 3-9 可以看出，2017 年基于规模报酬可变模型情况下的技术效率值依旧可见选定的 68 家样本公司在整体创新绩效上两极分化严重，在考虑非期望产值的情况下，有 23 家文化产业上市公司技术效率值超过 1，同时从 2017 年技术效率平均值可以得出，无论是否考虑非期望产出，文化产业上市公司的技术效率整体都不算高，文化产业上市公司技术效率的平均值为 0.6 左右，与有效的效率水平还有一定的差距。这主要因为处于低效率阶段的企业偏多，有 43 家企业属于低效率状态。所以效率的提高还需要各企业顺应经济、社会、环境的变化提高现有资源的利用率，从而达到投入产出最有效状态，增强自身的竞争力。

(3) 分析表 3-9，乐视网、顺网科技、东方明珠、国旅联合、四维图新等大部分文化产业上市公司的规模效率值在不考虑非期望产出后有所上升，可以看出非期望产出对这些文化产业上市公司整体效率值的影响较大，应收账款造成了它们整体效率值的降低。在生产经营过程中，销售资金被应收单位所占用，使得本企业的整体规模效率降低。方直科技、宋城演艺、中国国旅、光线传媒、大连圣亚、北巴传媒、张家界等文化产业上市公司的规模效率值在不考虑非期望产出后均有所下降，说明这几家文化产业上市公司的应收账款数值与其他公司相比较小，导致其在考虑非期望产出的效率评价中具有相对优势。

(4) 分析表 3-10，从规模收益状态来看，在考虑非期望产出时，规模收益处于不变状态的有 21 家，规模收益处于递减状态有 17 家公司，规模收益处于递增状态有 30 家公司。在不考虑非期望产出时，有 19 家样本公司规模收益处于不变状态，有 17 家公司规模收益处于递减状态，有 32 家公司规模收益处于递增状态。通过以上的分析可以看出，非期望产出的存在对文化产业上市公司的效率值有一定影响，不考虑非期望产出时的效率评价是不符合实际的，所以运用考虑非期望产出的 SBM 模型对文化产业上市公司的效率进行评价的结果更加准确，更加符合文化产业上市公司的实际运营情况。规模收益递减的企业数量占总样本数量的 25%，处于规模收益递减的企业有华谊兄弟、华策影视、号百控股、省广集团、歌华有线、蓝色光标、金螳螂、亚厦股份、电广传媒、华闻传媒、凤凰传媒、华数传媒、广田集团、中文传媒、中南传媒、科大讯飞、东方明珠，这些企业造成规模收益递减的原因是盲目扩大生产而不重视产出效率的提高，导致资源浪费严重，所以企业应当重新审视对现有资源的利用现状，设法提高对现有资源的利用率，从而达到投入产出的最优状态；处于规模收益递增的企业有湖北广电、中青旅、时代出版、黄山旅游、天威视讯、峨眉山A、广电网络等，说明这些企业规模收益状态有所改善，资源分配对效率的改善起到了好的作用，应该继续保持。

(5) 从表 3-11 中样本企业的松弛变量可分析出效率较低的样本企业各指标的改进方向。比如电广传媒，它的效率值只有 0.003，它需要在应收账款上减少 8.6 亿元，需要采取措施将销售收入尽快收回，用以保证公司的顺利有效运行，在营业成本上减少 14.6 亿元，在总资产上减少 109 亿元，应付职工薪酬上减少近 0.29 亿元，净利润增加近 22.9 亿元。华谊嘉信，它需要在应收账款上减少近 15.6 亿元，在营业成本上减少 5.2 亿元，在应付职工薪酬上减少 0.38 亿元，在净利润上增加 8.6 亿元等。对松弛变量的分析为文化产业企业的管理者提供了具有针对性的提高企业创新绩效的参考基础。

五、基于 Malmquist-Luenberger 模型的分析

本研究上部分对我国 68 家文化产业上市公司创新绩效效率进行了全面分析，虽然考察的时间范围是 2013—2017 年的 5 个时间段，但都是按照截面形式分段进行分析的，属于静态分析。从动态分析的角度来分析我国 68 家文化产业上市公司创新绩效效率的变动趋势是评价其创新绩效的一个重要考虑因素。基于动态分析的角度，本研究结合运用基于 DEA 的考虑非期望产出的 Malmquist 指数法对我国 68 家文化产业上市公司创新绩效效率进行动态分析和评价。

（一）Malmquist 指数测算结果

本研究使用 MaxDEA7.0 计算我国 68 家文化产业上市公司财务创新绩效的投入、产出指标数据的 ML 指数及其分解，并尝试分析财务创新绩效的效率的 ML 指数变化的根源，具体数据如表 3-12 所示。

表 3-12 文化产业上市公司财务创新绩效动态分解

年份	ML	EC	TC	SEC	PEC
2013—2014 年	1.072	0.974	1.103	0.960	1.012
2014—2015 年	0.994	1.012	0.986	1.080	0.934
2015—2016 年	0.957	0.995	0.963	1.003	0.991
2016—2017 年	1.013	0.986	1.026	0.997	0.989

ML 为考虑非期望产出的 Malmquist 值，EC 为技术效率变化指数，TC 为技术变化指数，SEC 为规模效率变化指数，PEC 为纯技术效率变化指数。纯技术效率与规模效率提高的主要动力是管理和研发的投入，研发的投入能使人员的工作效率和资源的利用效率得到提高，同时，通过资源的重组优化配置，提高资源配置资源效率，进而提高企业的财务创新绩效，使企业效率更接近于生产前沿面，并产生规模效益；经营生产中技术

进步源于公司人员研发能力的提升和资源利用的改善；纯技术效率、规模效率和技术进步变动产生交互效应，导致整体生产率的变化。

从表 3-12 中可以看出，2013—2014 年的技术变化为 110.3%，技术效率变化呈负增长，增长率为−2.6%，其中，纯技术效率年增长率为 1.2%，规模效率年增长率为−4%。而 2014—2015 年的技术变化为 98.6%，技术效率变化呈负增长，增长率−1.4%，其中，纯技术效率增长率为−6.6%，规模效率增长率为 8%。2015—2016 年的技术变化为 96.3%，技术效率变化呈负增长，增长率为−0.5%，其中，纯技术效率增长率为−0.9%，规模效率增长率为 0.3%。而 2016—2017 年的技术变化为 102.6%，技术效率变化呈负增长，增长率为−1.4%，其中，纯技术效率增长率为−1.1%，规模效率增长率为−0.3%。根据 ML＝EC×TC 对 ML 指数进行分解，如图 3-4 所示。根据 EC＝SEC×PEC 对 EC 进行分解，如图 3-5 所示。

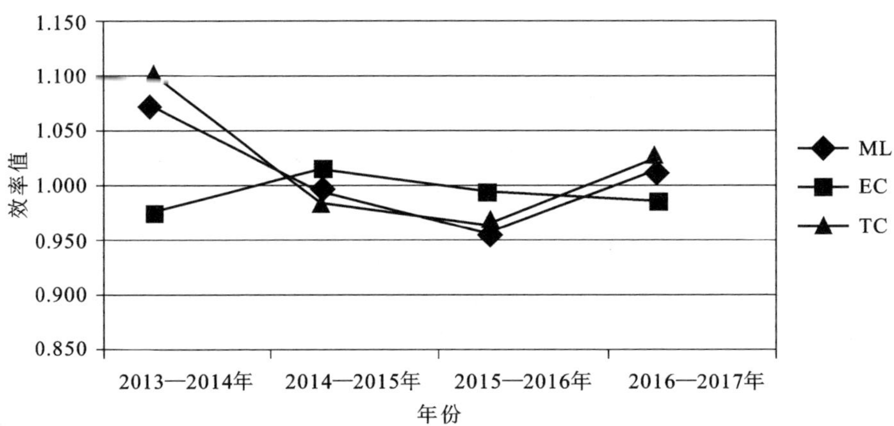

图 3-4　ML 指数分解

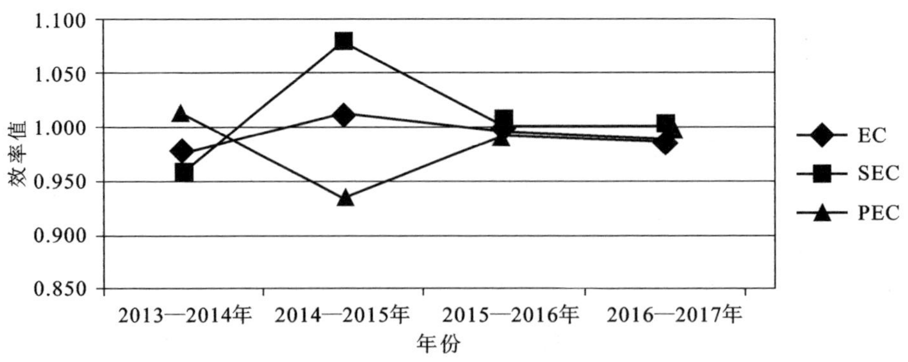

图 3-5　EC 分解

2013—2014 年动态财务创新绩效 ML 值为 1.072，ML 值大于 1 且为 2013—2017 年内最高值，说明整体财务创新绩效较好，主要由技术变化所影响。此外，也是由文化产业上市公司纯技术效率变化和规模效率变化共同作用的结果，而影响 ML 值的最主要的原因是这些文化产业上市公司的技术变化。2014—2015 年 ML 值开始下降，小于 1，主要因为技术变化有明显的下降，虽然技术效率变化、规模效率变化有所提升，但纯技术效率变化、技术变化较 2013—2014 年都有所下降，所以导致了 ML 值出现了下降，同样，2015—2016 年 ML 值继续下降。到 2016—2017 年，ML 值又继续回升，ML 值大于 1，为 1.013。在这一时间段，虽然技术效率变化、纯技术效率变化、规模效率变化与上一阶段相比都有所下降，但技术变化对 ML 值的提升贡献最大，表示财务创新绩效提高。关于 2016—2017 年财务创新绩效动态值大于 1 的原因，本研究认为，2016 年是“十三五”规划的开局之年，也是供给侧结构性改革的深化之年。文化产业企业在财务上进行了相应的投入和改善。

（二）DMU 的生产率指数变动分析

2013—2017 年的 ML 指数均值及分解如表 3-13 所示。

表 3-13　68 家文化产业上市公司财务创新绩效动态分解

序号	DMU	ML	EC	TC	SEC	PEC
1	吉视传媒	1.589	0.903	1.654	1.035	0.874
2	乐视网	1.416	1.029	1.362	1.017	0.775
3	大智慧	1.328	1.031	1.160	1.016	1.035
4	浙数文化	1.316	1.003	1.299	1.077	0.936
5	当代东方	1.244	0.965	1.230	1.187	0.661
6	东方财富	1.184	1.098	1.081	1.014	1.077
7	捷成股份	1.127	1.000	1.127	1.000	0.750
8	中国国旅	1.116	1.000	1.116	1.000	1.000
9	东方明珠	1.114	1.000	1.107	0.946	1.074
10	科大讯飞	1.106	1.043	1.061	0.981	1.076
11	光线传媒	1.086	1.005	1.089	1.005	1.016

续表

序号	DMU	ML	EC	TC	SEC	PEC
12	中南传媒	1.081	1.000	1.081	0.971	1.041
13	四维图新	1.063	1.000	1.063	1.002	1.002
14	迪威讯	1.059	1.081	0.980	0.979	1.105
15	张家界	1.055	1.000	1.055	1.000	1.000
16	号百控股	1.053	1.054	1.004	1.010	1.042
17	顺网科技	1.049	1.000	1.049	1.000	1.000
18	中文传媒	1.049	1.038	1.010	0.972	1.081
19	金螳螂	1.041	0.955	1.089	1.051	1.002
20	歌华有线	1.040	0.934	1.163	1.134	0.931
21	掌趣科技	1.039	1.025	1.032	1.003	1.024
22	中原传媒	1.038	0.995	1.043	1.013	1.015
23	长江传媒	1.028	0.988	1.036	1.016	0.977
24	蓝色光标	1.026	1.008	1.018	1.015	1.016
25	华数传媒	1.023	0.977	1.051	0.980	1.008
26	中视传媒	1.022	1.034	1.028	1.000	1.039
27	天威视讯	1.018	1.002	1.018	1.003	1.009
28	黄山旅游	1.014	0.989	1.028	1.022	0.972
29	湖北广电	1.013	0.925	1.100	1.076	0.879
30	奥飞娱乐	1.013	0.970	1.042	1.013	0.970
31	中青宝	1.009	1.055	0.953	0.971	1.093
32	新华传媒	1.006	0.979	1.029	1.031	0.956
33	华谊嘉信	1.001	1.032	1.074	1.006	1.030
34	出版传媒	1.000	1.008	1.010	0.999	1.006
35	凤凰传媒	1.000	1.000	1.000	1.014	0.996
36	峨眉山 A	0.998	0.976	1.024	1.041	0.938
37	时代出版	0.998	1.002	0.997	1.020	1.005
38	中青旅	0.996	0.985	1.012	1.020	0.999
39	皖新传媒	0.995	0.958	1.041	1.022	0.955

续表

序号	DMU	ML	EC	TC	SEC	PEC
40	云南旅游	0.994	1.009	0.992	0.996	1.010
41	桂林旅游	0.984	0.996	0.988	0.995	1.002
42	三特索道	0.983	1.092	0.907	0.936	1.175
43	华谊兄弟	0.981	1.000	0.981	1.007	1.008
44	美盛文化	0.977	1.012	0.987	0.993	1.030
45	二六三	0.976	0.995	0.980	0.988	1.008
46	立思辰	0.972	0.958	1.027	1.001	0.956
47	曲江文旅	0.964	0.984	1.010	0.991	0.993
48	丽江旅游	0.963	1.000	0.963	1.000	1.000
49	华闻传媒	0.962	0.929	1.037	0.967	1.016
50	华策影视	0.960	0.946	1.017	0.993	0.950
51	宋城演艺	0.960	1.000	0.960	1.000	1.000
52	人民网	0.952	0.952	0.999	1.001	0.951
53	华录百纳	0.952	1.004	0.943	0.998	1.003
54	广电网络	0.951	0.923	1.030	1.053	0.880
55	广田集团	0.950	1.013	0.942	0.990	1.034
56	省广集团	0.932	1.000	0.932	1.010	1.020
57	亚厦股份	0.919	0.955	0.963	0.998	0.968
58	北京文化	0.919	0.968	0.944	1.121	0.899
59	电广传媒	0.914	0.932	0.983	1.029	0.913
60	西安旅游	0.910	0.974	0.938	0.971	1.002
61	博瑞传播	0.910	0.883	1.031	1.038	0.859
62	天舟文化	0.904	0.985	0.929	0.999	0.991
63	粤传媒	0.894	0.881	1.018	1.020	0.868
64	北巴传媒	0.868	1.000	0.868	1.000	1.000
65	新文化	0.803	0.996	0.768	0.986	0.791
66	大连圣亚	0.760	1.000	0.760	1.000	1.000
67	国旅联合	0.713	1.000	0.713	0.937	0.770

续表

序号	DMU	ML	EC	TC	SEC	PEC
68	方直科技	0.514	1.000	0.514	1.000	1.000
	平均值	1.012	0.992	1.021	1.010	0.977

由表 3-13 可以看到，在 68 家文化产业上市公司财务创新绩效的动态分析结果指标中，均值较好的是技术变化 TC、规模效率变化 SEC 和 ML 指数，而技术效率变化 EC、纯技术效率变化 PEC 也都接近于 1。观察 2013—2017 年动态财务创新绩效 ML 指数可知，ML 指数大于 1 的有 35 家企业，约占 51.4%，其他也都是略小于 1 且大于 0.9，只有粤传媒、北巴传媒、新文化、大连圣亚、国旅联合、方直科技的 ML 值小于 0.9，说明财务创新绩效整体得到改善。

在研究期间内，技术变化是我国文化产业上市公司财务创新绩效改善的主要因素，因为 2013—2017 年的 EC、TC、SEC、PEC 的平均值结果分别为 0.992、1.021、1.010、0.977。TC 值大于 1 的公司有 43 家，占比 63.2%；EC 值大于 1 的公司有 38 家，且余下的 30 家公司的 EC 值都在 0.9 附近，接近于1；PEC 值大于 1 的公司有 40 家，占比 58.8%；SEC 值大于 1 的公司有 45 家，EC=PEC×SEC。而 ML 值大于 1 的公司有 35 家，进一步说明，技术变化及技术效率变化在 2013—2017 年是引起文化产业财务创新绩效改善的非常重要的因素。TC 均值大于 1 表示技术进步，虽然 EC 值小于 TC 值，但 EC 均值接近于 1，表示技术的提升，所以，在两者共同作用下，文化产业企业财务创新绩效在 2013—2017 年期间有所提升。

六、结论与建议

（一）结论

本研究在对我国文化产业上市公司财务创新绩效数据测量的基础上，采用考虑非期望产出的超效率 SBM 模型和 Malmquist 指数方法，从静态和动态的角度全面评价和分析我国文化产业上市公司的财务创新绩效。静态分析角度是在 SBM 模型的基础上，构建了两种模型：超效率 SBM 模型和考虑非期望产出 SBM 超效率模型，对我国文化产业上市公司进行了评价并得出结论。动态分析角度运用基于 DEA 的 Malmquist 指数方法对我国文化产业上市公司财务创新绩效进行动态分析和评价。

（1）从评价结果可以看出，2017 年我国文化产业上市公司基于规模报酬不变模型情况下的综合效率值呈现两极分化状态，说明部分文化产业上市公司的经营管理模式较好，资源配置效率高，文化产业上市公司的经营管理和资源配置都处于比较好的状态，但也有一部分公司则相反。在 2013—2017 年区间内，2013 年到 2014 年呈下降趋势，2015 年稍稍回升，2016 年后又迅速下滑，2017 年达到这 5 年来的最低值 0.507，表明这 68 家文化产业上市公司中大部分效率值呈下降趋势。说明大部分文化产业上市公司未能充分利用资源，资源浪费情况比较严重，导致财务创新绩效状况不佳。

（2）本研究构建了超效率 SBM 模型，对我国 68 家文化产业上市公司 2017 年的运营数据进行计算，分析了我国文化产业上市公司的效率现状。由于 SBM 模型在评价时会同时存在多个 DMU 效率值为 1 而无法进一步比较的情况，超效率 SBM 模型则解决了这个问题。同时，考虑到文化产业上市公司在实际运营过程中难免有大量销售收入不能及时收回，大量资金被占有，会导致本企业无法充分有效地利用收入资源，所以本研究将考虑应收账款得出的结果与不考虑应收账款得出的结果进行对比，结果显示考虑应收账款（非期望产出）的效率值更加贴合文化产业企业的实际运营情况。

（3）本研究中运用超效率 SBM 模型对数据进行分析，得出了文化产业样本公司各变量的松弛量，从松弛值指标来看，部分文化产业上市公司过于追求速度与规模，存在不同程度的投入冗余和产出不足的情况，同时对各变量如何进行相应的改进提供了方向，为文化产业公司的管理人员对具体松弛量的改进提供了路径（减少投入或增加产出）。

（4）本研究运用基于 DEA 模型的考虑非期望产出的 ML 指数方法对文化产业上市公司 2013—2017 年的数据进行动态分析和评价。结果表明，在研究期间内，技术变化及技术效率变化是影响我国文化产业上市公司财务创新绩效的主要因素。

（二）建议

根据以上研究结论，为提高我国文化产业上市公司的财务创新绩效，本研究提出以下几点建议。

（1）了解行业政策，从公司实际出发，扬长避短，发挥自身优势

文化产业上市公司应该了解行业政策，党的十九大报告将“中国特色社会主义文化”置于前所未有的战略高度，在党的十九大报告中，习总书记强调要加强文化建设，将我国建设成文化强国，明确了文化产业的地位，这对文化事业的发展和文化产业的创新提供了新一轮的动力和深入改革的政策红利。从文中数据我们可以看出，在选定的样本公司中，这5年的财务创新绩效出现了两极分化的情况，对于创新绩效发展好的企业要继续在维持的基础上利用政策朝自身有利的方向发展，对于效率低的企业要找到自身的优势项目，充分利用国家的供给侧改革发展机遇，促进企业的转型升级，优化资源配置。因此，文化产业上市企业要抓住这样的机遇，了解国家政策，从自身的优势出发，明确自身的市场定位，利用公司自身优势提高财务创新绩效。

（2）控制应收账款，提高企业财务创新绩效

本研究对比了2017年考虑应收账款和没有考虑应收账款的效率测度对比，可以看出，考虑应收账款后文化产业上市公司的效率值有一定的变动，说明应收账款对文化产业上市公司的效率有一定的影响，更符合实际，在实际运营中是不能忽略的。同时，应收账款是企业一项重要的流动资产，也是一项风险较大的资产。如果企业的应收账款管理不到位，就会给企业带来致命的危机，增加企业的相应成本，造成企业的流动性风险。因此，企业应该完善应收账款管理机制，通过提高客户审核制度、关注客户资产状况、及时跟踪等措施来加快应收账款的回收。因此，企业应该采取措施，控制应收账款，充分利用资源，优化资源配置，尽量减少应收账款的资金占有率，对提高企业的财务创新绩效具有重要意义。

（3）加大企业研发投入，提升技术效率

从文中数据可知，技术变化及技术效率变化在2013—2017年是引起文化产业财务创新绩效改善的非常重要的因素，也凸显了核心技术在企业发展中的重要地位，因此，研发新的产品，掌握核心技术，是文化产业企业发展的重要途径，也是文化产业企业提高财务创新绩效的有效方法。随着互联网技术的发展，“文化＋”与相关产业的携手联姻已经成了必然趋势，许多新兴领域尤其是数字文化产业领域的发展势如破竹。文化科技融

合是新时期国家推动数字文化产业发展的主要政策抓手，全面对接国家“互联网＋”战略，全面创新网络文学、网络音乐、网络电影等新型业态，对国家文化产业发展形成“双轮驱动”之势。在这样的环境下，文化产业企业只有跟上时代的潮流，加大企业研发投入，提升技术效率，将产品的生产与创新相结合，改善或创造产品，节约资源，降低成本，进一步满足顾客需求，才能提高市场竞争力，最终提高自身的经营业绩。

（4）强化风险管控，提升经营质量

随着持续的市场增长及消费升级，众多行业领先企业已经开启多元化发展道路，文化产业企业应当运用资本手段迅速扩展产业链布局，不断进行跨界探索，提升企业的竞争力。当然，这对行业参与者在客户积累与运营、技术创新运用、供应链持续优化、用户体验持续提升等方面提出了更高的要求。同时，对公司的经营模式和管理水平提出了较大的挑战，并可能进一步影响整个文化产业的发展格局。文化产业企业要坚决贯彻“防控风险、稳健发展”经营思路，努力提升经营质量。对旗下子公司要围绕防控风险进行排查和梳理，有效堵塞风险漏洞；创新和坚持股权投资报告制度，强化风险意识和投资管理；同时要进一步明确下属单位投资额度和权限管理，形成既灵活又稳健的管控模式。

（5）构建专业人才发展管理体系，打通管理和专业技术双向发展渠道

未来企业的竞争力在于人才的竞争，文化产业企业要优化存量，优选“增量”，通过有针对性、专业化的行业内交流加大力度培养和储备专业技术人才，保证在企业管理输出、技术输出的专业人才方面的梯队建设，以人才的流动促进产业的融合发展，形成“一盘棋”；构建适合企业发展需要的管理组织架构，通过实践不断进行检验和优化，搭建科学完整、体系健全、符合实际需要的管理体系和人才队伍，进一步促进管理全面提升，为企业长远发展夯实基础；同时，企业要加大人才培养激励力度。通过加强人才培训教育，强化实践锻炼，调动各方面、各层级人才的积极性，对员工薪酬体系进行改革，按绩取酬、高效公平，兼顾激励保障的薪酬制度。通过优化与岗位关键业绩指标挂钩考核，实现创新绩效管理的系统化、整体性及全面化。加强对员工专业技术的重视和促进，并为公司持续发展和员工成长提供科学合理的动力源泉和制度保障。

FENXIANG BAOGAO PIAN

分项报告篇

第四章　基于非径向SBM模型的文化服务业上市公司运营效率研究

党的十九大报告将“中国特色社会主义文化”置于前所未有的战略高度，文化服务业上市公司的运营效率影响我国文化行业的发展和整个国民经济的健康发展，本研究运用SBM模型对我国32家文化服务业上市公司2008—2017年年报数据进行分析，结果发现：文化服务业上市公司中约28%的企业相对效率最优，但整体运营效率仍亟待提高；32家上市公司中平均每年有7家保持DEA有效，其中丽江旅游在2008—2017年间一直保持DEA最优，多数企业对资源价值挖掘不足，效率水平不高；从松弛值指标来看，部分文化服务业上市公司过于追求速度与规模，存在不同程度的投入冗余和产出不足。根据实证分析结果，提出以下政策建议：强化核心竞争力建设；补齐企业创新短板；加快推进多渠道融资；促进资源要素合理流动；构建全要素、全产业链体系。

一、引言

习近平总书记在党的十九大报告中指出，“我国社会主要矛盾已经转化为人民日益增长的美好生活需要和不平衡不充分的发展之间的矛盾”。而解决这些矛盾问题，必须加快推动文化事业与文化产业的快速发展，用多元化的文化产品满足人民的文化需求。十九大报告既是中国未来发展的总纲领，也是文化事业与文化产业发展的总指南。十九大报告将“中国特色社会主义文化”置于前所未有的战略高度，对文化事业的发展和文化产业的创新提供了新一轮的动力和深入改革的政策红利。

2011年，中国政府宣布将文化产业培育为国家战略产业；国家“十三五”规划也将文化产业界定为国民经济支柱性产业。经国家统计局数据显示，文化产业占国家GDP的比重从2012年的3.48%提升到2016年的4.07%，首次突破了4%。文化产业的增加值从2012年的18071亿元增加到2016年的30785亿元。数据表明，文化产业已经改变了中国的文化和经济格局，成为国家经济发展的新引擎，并有力地参与了中国社会的现代转型。

文化服务业上市公司作为文化产业的典型代表，其运营效率的状况对于指导整个文化产业的成长具有导向和示范效应，开展相关研究具有较为明显的理论和实践意义。

二、文献综述

随着我国文化产业的发展，近年来，针对文化产业上市公司运营效率评价研究建立评价体系已成为国内外学术界研究的热点之一，研究的成果也较多，早期学者基于省（区、市）级面板数据通过DEA模型对区域文化产业进行了效率评估分析，结论一方面表明我国区域文化有一定差距，但差距在缩小；另一方面显示我国文化产业效率偏低，有较高的提升空间。近年来，基于省（区、市）级面板数据研究文化产业效率的文献大量涌现，郭淑芬和裴耀琳（2016）的研究对于文化产业的持续、创新发展均具有重要意义。肖卫国和刘杰（2014）认为，提高证券市场发展水平和教育水平是提升中部地区文化产业资源配置效率的重要因素。陈敦亮（2014）运用一种改进友好型DEA对31个省（区、市）的文化产业投入产出效率进行了评价。徐文燕和张玉兰（2013）、王学军（2015）、方忠和张华荣（2014）等人也都通过对动态的省（区、市）级面板数据进行整理，采用DEA模型对区域文化产业的规模效率、技术效率进行了实证研究。同时，近年来，基于对文化产业上市公司财报数据进行整理并实证研究的文献也大量涌现，郭淑芬等人（2014）运用超效率DEA模型和Malmquist指数法对30家文化产业上市公司进行了绩效评价。周宏等人（2014）探讨了相对绩效评价在不同市场环境以及不同所有权性质情况下的适用性问题，对其进行了实证研究。朱尔茜（2017）运用因子分析法和熵权法研究了文化产业上市公司绩效。Lu Wenmin（2017）通过两阶段数据包络分析模型与加性效率分解方法结合对我国台湾地区22

家文化创意公司的盈利能力进行了分析，赵琼和姜惠宸（2014）对文化产业投入与产出效率进行实证研究，并给出相应的政策建议。

上述文献较多地从径向模型角度对文化产业的效率进行研究，当存在投入冗余或者产出不足时，径向模型有可能高估评价对象的效率，Tone Kaoru（2001）、Hirofumi Fukuyama（2008）等人提出的基于松弛变量的非径向评价模型由于拥有能够同时测算出投入冗余和产出不足情况等优点，从而被很多学者应用到绩效评价中。如 Tao Xueping（2016）等人通过 SBM 模型对我国绿色经济发展效率提出了改进建议。H. Ebrahimzadeh Shermeh，S. E. Najafi（2016）以伊朗地区电力公司为例，应用 SBM 进行了实例分析。同时，将该模型与现有模型进行了比较，结果证明了该模型的优越性和有效性。

基于此，本研究引入非径向 SBM 模型对我国文化服务业上市公司投入产出进行实证研究，并考虑松弛变量，提出我国文化服务业上市公司效率的提升路径。

三、研究方法与数据来源

（一）数据来源

本研究构建的模型在选择 DMU 时，根据国家统计局《文化及相关产业分类（2018）》的产业分类标准，通过对从 2008 年上市以来的文化及相关产业上市公司逐一筛选梳理，得到 92 家中国上市公司名录。本研究将上述公司进行了产业分类第一层和产业分类第二层的行业划分，为了增加公司之间的可比性，又能够体现中国文化服务业上市公司的特点，为绩效评价结果提供更多的有用信息，对备选 DMU 进行筛选，其标准包括：一是 DMU 单元的数量应大于投入与产业指标数量的乘积，且大于指标数量之和的 2 倍以上。二是剔除已经退市的公司。三是根据分类标准，选取文化核心领域上市公司，通过在和讯网查询每家公司的主营收入，选取这 10 年一直主营与文化服务业相关的公司，且文化服务业主营收入占比大于 50%的企业。因此，根据 DEA 方法的基本要求，并结合本研究的研究目的，最终选取了我国沪深证券交易所共 32 家文化服务业上市公司作为研究对象，见表 4-1。

表 4-1　32 家文化服务业上市公司

序号	证券代码	企业名称	注册地址	产业分类第一层	产业分类第二层	上市年份
1	600640	号百控股	上海市	一、新闻信息服务	互联网信息服务	1993 年
2	000793	华闻传媒	海南省	一、新闻信息服务	互联网信息服务	1997 年
3	000917	电广传媒	湖南省	一、新闻信息服务	广播电视信息服务	1999 年
4	600037	歌华有线	北京市	一、新闻信息服务	广播电视信息服务	2001 年
5	002238	天威视讯	广东省	一、新闻信息服务	广播电视信息服务	2008 年
6	002261	拓维信息	湖南省	一、新闻信息服务	广播电视信息服务	2008 年
7	600637	东方明珠	上海市	一、新闻信息服务	互联网信息服务	1993 年
8	600831	广电网络	陕西省	二、内容创作生产	广播影视节目制作	1994 年
9	600088	中视传媒	上海市	二、内容创作生产	广播影视节目制作	1997 年
10	600551	时代出版	安徽省	二、内容创作生产	出版服务	2002 年
11	600880	博瑞传播	四川省	三、创意设计服务	广告服务	1995 年
12	600209	罗顿发展	海南省	三、创意设计服务	设计服务	1999 年
13	600386	北巴传媒	北京市	三、创意设计服务	广告服务	2001 年
14	002081	金螳螂	江苏省	三、创意设计服务	设计服务	2006 年
15	002230	科大讯飞	安徽省	三、创意设计服务	设计服务	2008 年
16	600825	新华传媒	上海市	四、文化传播渠道	广播电视节目传输	1994 年
17	600373	中文传媒	江西省	四、文化传播渠道	广播电视节目传输	2002 年
18	601999	出版传媒	辽宁省	四、文化传播渠道	广播电视节目传输	2007 年
19	002181	粤传媒	广东省	四、文化传播渠道	广播电视节目传输	2007 年
20	600054	黄山旅游	安徽省	六、文化娱乐休闲服务	景区游览服务	1996 年
21	000610	西安旅游	陕西省	六、文化娱乐休闲服务	景区游览服务	1996 年
22	000430	张家界	湖南省	六、文化娱乐休闲服务	景区游览服务	1996 年
23	600749	西藏旅游	西藏自治区	六、文化娱乐休闲服务	景区游览服务	1996 年
24	600138	中青旅	北京市	六、文化娱乐休闲服务	景区游览服务	1997 年
25	000888	峨眉山 A	四川省	六、文化娱乐休闲服务	景区游览服务	1997 年
26	000802	北京文化	北京市	六、文化娱乐休闲服务	景区游览服务	1998 年
27	600358	国旅联合	江苏省	六、文化娱乐休闲服务	景区游览服务	2000 年

续表

序号	证券代码	企业名称	注册地址	产业分类第一层	产业分类第二层	上市年份
28	000978	桂林旅游	广西壮族自治区	六、文化娱乐休闲服务	景区游览服务	2000年
29	600593	大连圣亚	辽宁省	六、文化娱乐休闲服务	景区游览服务	2002年
30	002033	丽江旅游	云南省	六、文化娱乐休闲服务	景区游览服务	2004年
31	002059	云南旅游	云南省	六、文化娱乐休闲服务	景区游览服务	2006年
32	002159	三特索道	湖北省	六、文化娱乐休闲服务	景区游览服务	2007年

（二）指标选取

在投入产出效率评价模型中，投入产出指标的确定会直接影响DEA模型的评价结果是否可靠，因此指标的选取对于DEA模型的判定至关重要，投入指标与产出指标的选取需具有较好的代表性，本研究在充分借鉴之前的学者对文化服务业上市公司研究文献的基础上，进行总结和汇总后对本研究的评价指标系统进行设计。

郭淑芬等人（2014）以主营业务成本、总资产为投入指标，以主营业务收入、净利润为产出指标；许立新（2014）以员工人数、固定资产净额、主营业务成本为投入指标，以所得税费用、利息费用、实付职工现金、净利润为产出指标。通过借鉴和分析之前学者的指标选取情况，并根据数据的可获得性和有效性来确定本研究的指标选取。这些指标具有很好的代表性，能分别反映投入产出的各个方面。如表4-2所示。

表4-2　投入和产出指标汇总

指标类型	指标名称	指标说明
投入指标	营业成本	是为获得营业收入而耗费的资源的价值体现，也是维持公司经营的必须投入，是公司的运营基础
	固定资产	是企业得以正常运营的物质基础，包括房屋、设备等，反映资本的投入量。固定资产总值的规模不仅衡量一个企业的规模大小，对企业的效率也有重要影响

续表

指标类型	指标名称	指标说明
投入指标	应付职工薪酬	是企业为获得所有职工提供的服务而给予的各种形式的报酬及相关性支出，它能更好地反映文化企业在人力上的真实投入及人力资源的配置情况
产出指标	营业收入	是企业从事业务活动所取得的收入，是衡量企业获利能力的指标
	净利润	指会计期间用总利润减去所得税后的净收入，是衡量企业获利能力的指标

其中，固定资产、应付职工薪酬来源于资产负债表。营业收入、营业成本、净利润来自利润表。根据和讯网上的 32 家企业的原始数据计算得出各年投入产出指标的描述性统计结果，如表 4-3 所示。

表 4-3　2008—2017 年投入产出指标的描述性统计　（单位：元）

年份	统计量	投入指标			产出指标	
		营业成本	固定资产	应付职工薪酬	营业收入	净利润
2008 年	平均值	925342076.1	617817039.1	19571022.2	1054198069	44846515.8
	标准差	1189811260	696920307.5	26358842.5	1219723770	217934592.2
2009 年	平均值	866700151.9	668554030	23420695.4	1187903478	96363297
	标准差	1094233590	784927199.9	31919072.9	1387799899	126199510.8
2010 年	平均值	1081657962	777484911.2	33798153.2	1493045579	149004083.7
	标准差	1419961709	1006525211	46110018.1	1780404314	152760624.6
2011 年	平均值	1276390613	835439713.7	43539253.7	1770203784	188077140.8
	标准差	1951981564	1172767184	69879553	2374231313	202197215.8
2012 年	平均值	1686341882	980676474.3	61353126.1	2290003034	218597373.4
	标准差	2637157339	1294323505	116759225.7	3161455367	242731462
2013 年	平均值	1869060208	1040737613	77214425.6	2527998042	253756951.6
	标准差	3148364766	1297928704	158773738.1	3783788361	332101988.8

续表

年份	统计量	投入指标			产出指标	
		营业成本	固定资产	应付职工薪酬	营业收入	净利润
2014 年	平均值	2032789848	1063842595	86808287.3	2766630851	258745445.4
	标准差	3364675339	1205674040	184100216.8	4101323053	416637437.2
2015 年	平均值	2426178765	1174194093	99413007.7	3328987410	354570280.8
	标准差	3742917382	1290699571	181878013.7	4787180618	610053782.7
2016 年	平均值	2553139348	1176551431	116665465.3	3528612443	382602428.3
	标准差	3920041476	1304104876	199780727.4	5063161459	653078609.4
2017 年	平均值	2717644377	1216998549	137175848.5	3729547313	342920329.3
	标准差	3951373139	1430313087	250873644	5017688502	568047111.8

四、实证研究

（一）中国文化服务业上市公司运营效率

本研究运用 DEA-SOLVER Pro5.0 软件，分别对 2008—2017 年 32 家文化服务业上市公司的绩效情况进行测算，如表 4-4 所示。结果表明，2008—2017 年 32 家中国文化服务业上市公司中，分别有 4、7、6、9、9、9、9、10、4、4 家企业是 SBM 有效的。

从各公司的效率平均值来看，32 家上市公司中这 10 年平均每年有 7 家保持 DEA 有效，其中丽江旅游在 2008—2017 年间一直保持 DEA 最优，这说明在本研究选择的指标体系下，相对其他公司而言其运营效率始终是最优的，公司的管理水平较好，投入要素的组合比较合理，因此才有较好的产出效果。10 年来，丽江旅游这家公司 SBM 效率一直有效的原因有以下几点：一是政府的大力支持，政府明确了旅游业在全市经济发展中的支柱地位，产业定位非常清晰，发展目标很明确，发挥了旅游产业的巨大综合带动作用，推动了地方经济社会快速持续健康协调发展；同时，正确处理了旅游开发与资源保护之间的关系，坚持了可持续发展道路。二是丽江旅游企业自身注重创新，加强旅游网络化的建设管理，要求管理诚信、规范，企业立足自身特色，注重品牌建设，扩大影响力。自1999年丽江古城申报世界文化遗产成功后，又申报了三江并流自然遗产等，先后成功举办各类文化艺术节等活动，扩大了品牌影响力；同时，企业不断加强领导者的管理水平，注重人才的培养，加强对公司发展的整体调控能力。

另一方面，排名从第20到第32的罗顿发展、黄山旅游、三特索道、号百控股、云南旅游、峨眉山A、天威视讯、歌华有线、西安旅游、中视传媒、桂林旅游、粤传媒、广电网络这13家公司在2008—2017年期间从未达到效率最优状态，并且在样本期间内效率平均值低于0.705，相对于其他19家公司而言，这13家公司的投入要素组合、管理水平、产出能力都有待改进，运营效率提升空间很大。

从各公司效率值的波动情况来看，丽江旅游的效率值一直处于直线状态，且处在效率的前沿面上，达到效率强有效；金螳螂总效率平均值排名第二，前8年效率值都处在效率的前沿面上，达到效率强有效，2016年、2017年稍有下降，但总体也接近效率前沿面。拓维信息在2014年效率值稍降到0.968，其他年份一直处在效率的前沿面上，达到效率有效。北巴传媒只有在2008年效率值是0.918，从2009年开始，回归平稳，一直处在效率前沿面上，说明这4家公司在本研究选择的指标体系下相对其他公司而言运营效率较好，公司的管理水平较高，投入要素的组合比较合理，因此才有较好的产出效果。科大讯飞在这10年中有5年达到SBM效率值有效，另外5年稍有下降，总体良好。国旅联合在这10年中有7年达到SBM效率有效，2008年SBM效率值只有0.571，2016—2017年都在0.9以上，接近有效值1，说明国旅在本研究选择的指标体系下相对其他公司而言运营效率较好，公司的管理水平较高，投入要素的组合比较合理。大连圣亚、东方明珠、中文传媒这3家公司在这10年中也至少有一年达到SBM效率有效，效率平均值都在0.9以上，总体说明这3家公司10年中运营效率良好，但同时也有一定的改进空间。北京文化的效率值虽然只有0.889，但其SBM效率值总体趋于上升，并在达到效率前沿面后以直线形势发展，说明这家公司10年来一直处于良性发展状态，从2013年开始公司资源得到合理有效的利用。

表 4-4　32 家企业效率值排名

序号	企业名称	2008 年		2009 年		2010 年		2011 年		2012 年		2013 年		2014 年		2015 年		2016 年		2017 年		效率平均值	平均值排名
		效率值	排名	效率值	排名	效率值	排名	效率值	排名	效率值	排名	效率值	排名	效率值	排名	效率值	排名	效率值	排名	效率值	排名		
1	丽江旅游	1	1	1	1	1	1	1	1	1	1	1	1	1	1	1	1	1	1	1	1	1	1
2	金螳螂	1	1	1	1	1	1	1	1	1	1	1	1	1	1	1	1	0.996	5	0.993	5	0.999	2
3	拓维信息	1	1	1	1	1	1	1	1	1	1	1	1	0.968	12	1	1	1	1	1	1	0.997	3
4	北巴传媒	0.918	8	1	1	1	1	1	1	1	1	1	1	1	1	1	1	1	1	1	1	0.992	4
5	科大讯飞	1	1	1	1	0.786	16	0.972	10	1	1	1	1	1	1	0.94	12	0.901	10	0.972	10	0.957	5
6	国旅联合	0.571	22	1	1	1	1	1	1	1	1	1	1	1	1	1	1	0.922	9	0.93	12	0.942	6
7	大连圣亚	0.774	16	1	1	0.911	12	1	1	1	1	1	1	0.887	14	0.853	14	0.873	12	0.963	11	0.926	7
8	东方明珠	0.829	11	0.745	13	0.635	23	1	1	1	1	1	1	1	1	1	1	0.994	6	0.99	6	0.919	8
9	中文传媒	0.889	9	0.586	20	0.853	15	0.887	16	0.995	10	0.986	10	0.988	10	1	1	0.992	8	0.983	7	0.916	9
10	北京文化	0.613	21	0.738	14	0.617	24	0.958	12	0.962	12	1	1	1	1	1	1	1	1	1	1	0.889	10
11	中青旅	0.993	5	0.98	9	0.955	8	0.965	11	0.964	11	0.945	12	0.967	13	0.692	18	0.653	15	0.715	18	0.883	11
12	华闻传媒	0.839	10	0.65	17	0.864	13	0.936	14	0.93	14	0.873	17	1	1	0.988	11	0.835	13	0.802	16	0.872	12
13	时代出版	0.814	13	0.821	12	0.691	17	0.641	22	0.702	20	0.873	16	0.97	11	1	1	0.993	7	0.977	9	0.848	13
14	西藏旅游	0.81	14	0.919	11	0.913	11	0.957	13	0.956	13	0.979	11	0.65	18	0.536	27	0.69	14	0.806	15	0.821	14
15	博瑞传播	0.944	7	0.975	10	1	1	1	1	0.925	16	0.899	14	0.834	15	0.642	19	0.344	29	0.352	26	0.791	15
16	新华传媒	0.991	6	0.986	8	0.988	7	0.712	20	0.804	17	0.885	15	0.736	17	0.708	17	0.537	18	0.434	22	0.778	16

续表

序号	企业名称	2008年		2009年		2010年		2011年		2012年		2013年		2014年		2015年		2016年		2017年		效率平均值	平均值排名
		效率值	排名	效率值	排名	效率值	排名	效率值	排名	效率值	排名	效率值	排名	效率值	排名	效率值	排名	效率值	排名	效率值	排名		
17	电广传媒	0.718	18	0.645	18	0.945	9	0.92	15	0.929	15	0.922	13	0.638	19	0.576	25	0.499	20	0.492	20	0.728	17
18	出版传媒	0.681	19	0.714	15	0.65	20	0.668	21	0.721	19	0.856	18	1	1	1	1	0.469	21	0.452	21	0.721	18
19	张家界	0.818	12	0.656	16	0.932	10	1	1	1	1	0.771	20	0.513	26	0.629	21	0.383	26	0.345	30	0.705	19
20	罗顿发展	0.229	31	0.586	21	0.861	14	0.592	24	0.669	22	0.813	19	0.826	16	0.873	13	0.878	11	0.69	19	0.702	20
21	黄山旅游	0.731	17	0.628	19	0.635	22	0.751	19	0.685	21	0.71	21	0.619	20	0.772	16	0.571	16	0.773	17	0.688	21
22	三特索道	0.622	20	0.564	23	0.614	25	0.823	17	0.746	18	0.664	22	0.522	23	0.777	15	0.518	19	0.829	14	0.668	22
23	号百控股	0.257	29	0.53	25	0.642	21	0.775	18	0.517	29	0.437	31	0.476	29	0.587	24	0.543	17	0.978	8	0.574	23
24	云南旅游	0.249	30	0.575	22	0.575	26	0.618	23	0.63	23	0.555	26	0.519	24	0.63	20	0.433	22	0.376	25	0.516	24
25	峨眉山A	0.343	27	0.478	28	0.678	18	0.55	25	0.623	24	0.573	25	0.585	22	0.487	29	0.326	31	0.351	27	0.5	25
26	天威视讯	0.471	24	0.502	27	0.488	27	0.469	28	0.52	28	0.53	27	0.503	27	0.569	26	0.422	23	0.351	28	0.482	26
27	歌华有线	0.799	15	0.412	31	0.328	32	0.293	32	0.316	32	0.355	32	0.352	32	0.588	23	0.377	27	0.891	13	0.471	27
28	西安旅游	0.301	28	0.435	29	0.487	28	0.486	27	0.567	27	0.517	29	0.587	21	0.615	22	0.367	28	0.326	31	0.469	28
29	中视传媒	0.521	23	0.548	24	0.465	29	0.45	30	0.478	31	0.508	30	0.49	28	0.496	28	0.337	30	0.348	29	0.464	29
30	桂林旅游	0.356	26	0.419	30	0.395	31	0.487	26	0.6	25	0.624	23	0.45	30	0.459	32	0.408	25	0.388	24	0.458	30
31	粤传媒	0.124	32	0.522	26	0.674	19	0.459	29	0.586	26	0.591	24	0.516	25	0.48	30	0.286	32	0.297	32	0.454	31
32	广电网络	0.409	25	0.381	32	0.41	30	0.441	31	0.506	30	0.517	28	0.438	31	0.48	31	0.422	24	0.413	23	0.442	32

（二）中国文化服务业上市公司效率提升路径

传统的 DEA-CCR、BCC 模型都是径向的，对于非有效的决策单元考虑只能同比例缩减投入或同比例扩大产出，没有考虑松弛性问题，可能会导致测量经济效率失真。相反，SBM-DEA 模型将投入和产出指标的松弛量纳入目标函数中，此模型对于非有效决策单元不必遵循同比例改进，可以最大化提高改善程度。此模型还给出了非有效决策单元的指标调整路径与大小。对于特定的决策单元，当且仅当效率值 $\rho=1$，上市公司运营效率才有效；当效率值 $\rho<1$ 时，表明公司运营效率处于非有效状态；松弛值 $s\neq0$，投入冗余或产出不足的情况需要作出调整。由于篇幅所限，本研究仅列出文化服务业上市公司 2017 年运营效率及松弛值指标，计算结果如表 4-5 所示。

从表 4-5 可以看出，在所选的 32 家上市公司中，2017 年相对有效的 4 家上市公司的投入和产出指标松弛量都是 0，说明这 4 家公司运营效率均处在最佳前沿面上，公司投入产出要素的资源组合合理，管理和决策水平很高，不存在投入冗余和产出不足，而相对于非有效的 28 家公司，则需要对不同程度的投入冗余和产出不足作出调整，也就是应该减少投入或者增加产出，以使公司的运营效率达到最优。

从 2017 年非有效的 28 家文化服务业上市公司可以看出，SBM 非有效的公司主要投入冗余来自营业成本、固定资产和应付职工薪酬，其中，营业成本投入冗余的公司相对较少。中文传媒、中青旅、黄山旅游、桂林旅游、大连圣亚、西藏旅游、三特索道、科大讯飞、罗顿发展、华闻传媒、歌华有线这 11 家公司在固定资产和应付职工薪酬支出两方面存在改善的空间。时代出版、号百控股这两家公司在营业成本和应付职工薪酬两方面需要进行改进，存在改善的空间。新华传媒、出版传媒、粤传媒、中视传媒、广电网络、国旅联合、云南旅游、峨眉山 A、西安旅游、张家界、博瑞传播、金螳螂、电广传媒、天威视讯、东方明珠这 15 家公司在营业成本、固定资产、应付职工薪酬这 3 个方面都存在改善的空间。就营业成本投入冗余来看，电广传媒的营业成本冗余最大，近 6.9 亿元，就固定资产投入冗余来看，电广传媒的固定资产投入冗余最高，近 56 亿元。就应付职工薪酬投入冗余来看，

表 4-5　2017 年中国文化服务业上市公司的投入冗余或产出不足的计算结果

序号	企业名称	松弛值指标 s					
			投入冗余			产出不足	
		效率值 ρ	营业成本/元	固定资产/元	应付职工薪酬/元	营业收入/元	净利润/元
1	丽江旅游	1	0	0	0	0	0
2	金螳螂	0.993	90164759.4	4561223.697	11278020.11	0	42490097.1
3	拓维信息	1	0	0	0	0	0
4	北巴传媒	1	0	0	0	0	0
5	科大讯飞	0.972	0	60489796.06	15343915.34	0	31265630.77
6	国旅联合	0.93	9756759.077	4687650.369	0	0	3358080.32
7	大连圣亚	0.963	0	13334763.87	751887.438	0	0
8	东方明珠	0.99	58102670.14	36734273.09	2143954.039	0	0
9	中文传媒	0.983	0	32952190.75	28137713.26	0	36754670.77
10	北京文化	1	0	0	0	0	0
11	中青旅	0.715	0	130980976.4	88512705.96	0	386735710.2
12	华闻传媒	0.802	0	134605996.8	51744489.25	0	148251386.7
13	时代出版	0.977	203825040.5	0	2590713.532	0	60674924.44
14	西藏旅游	0.806	0	253165164.5	654480.855	0	40603886.49
15	博瑞传播	0.352	205203648.9	285987230.7	21249418.72	0	184523345.4
16	新华传媒	0.434	170588691.4	271182462.2	23814437.27	0	305264362.1

续表

序号	企业名称	松弛值指标 s					
			投入冗余			产出不足	
		效率值 ρ	营业成本/元	固定资产/元	应付职工薪酬/元	营业收入/元	净利润/元
17	电广传媒	0.492	686717738.3	5554941143	137127490.9	0	970421573.6
18	出版传媒	0.452	429853435.6	286006858.9	30650158.75	0	219097870.4
19	张家界	0.345	76622782.75	580262787.9	20887034.34	0	59300486.96
20	罗顿发展	0.69	0	127179881.4	273227.619	73404769.24	94393782.78
21	黄山旅游	0.773	0	665321109	20644987.44	0	0
22	三特索道	0.829	0	667220997.7	0	0	69089782.09
23	号百控股	0.978	32212913.21	0	2502447.887	0	46368217.28
24	云南旅游	0.376	297508748	473955436.6	37147799.96	0	271301573.2
25	峨眉山 A	0.351	66525422.67	1363131832	62402241.52	0	65193260.08
26	天威视讯	0.351	173364795.1	1000439697	66611625.29	0	135219348.8
27	歌华有线	0.891	0	685849479.2	23734552.99	142548778.4	0
28	西安旅游	0.326	294342589.5	194600395.3	17010584.22	0	191935375.9
29	中视传媒	0.348	135458510.6	326673114.1	22432982.55	0	81046409.22
30	桂林旅游	0.388	0	992189724.2	38634224.88	0	88446120.53
31	粤传媒	0.297	174261637.4	379480665.3	82456162.63	0	145555266.3
32	广电网络	0.413	101570984.8	3776962442	82708026.35	0	193117344.9

注:表中“0”表示该决策单元的该项指标无松弛值。

电广传媒的应付职工薪酬投入冗余最高，近1.4亿元。就投入冗余来看，电广传媒在3项指标中的冗余值都最大，说明电广传媒整体资源利用不合理，存在很大的改进空间，应加强核心竞争力建设，避免盲目扩张，导致资源非有效利用。

从2017年SBM非有效的28家上市公司的产出不足来看，罗顿发展、歌华有线显示出在营业收入上产出不足，其他上市公司主要来自净利润的产出不足。其中，电广传媒在净利润指标上的产出不足最多，约9.7亿元。

五、结论和对策建议

（一）结论

文化服务业成为国民经济支柱性产业，其行业运营效率情况直接影响到经济的总体发展。本研究利用非径向SBM-DEA模型对文化服务业上市公司中的32家典型企业2008—2017年运营业务数据进行计算，对于未达到最优效率的公司提出效率提升路径。从整体上看，我国的文化服务业发展势头良好，企业的转型升级步伐加快，约28%的企业相对效率达到了最优，但对于其他公司而言，运营效率仍然有很大的提升空间。导致其投入产出非有效的主要原因有以下两点。

(1) 从SBM效率角度分析，32家样本企业仅有丽江旅游在这10年中一直保持DEA有效，这说明在文化服务业上市公司中发挥带头模范的企业比较少，不过在样本中有9家企业在这10年中总体发展情况较好。综合来看，我国文化服务业上市公司的发展情况比较乐观，但同时也存在很大一部分企业未能对资源价值进行充分的挖掘，导致企业整体运营效率水平下降。同时，企业管控尚不足，管理人员未能有效利用企业资源进行投资，未能充分利用上市公司平台进行有效融资。

(2) 从松弛度角度分析，部分企业过于注重发展速度和企业规模，忽视了提升资源要素的利用效率，出现了不同程度的投入冗余和产出不足：一是从固定资产这一指标的冗余情况来看，企业主要通过扩大固定资产规模拉动收入增加，但是过度的固定资产投入可能导致资金沉淀，降低资金利用效率，同时会减少公司的现金流，降低公司利润，也增加了公司在总资产上的投入，进一步加剧了公司资源要素的不合理利用，导致了资源使用效率低下。二是从应付职工薪酬这一指标的冗余情况来看，企业的人力资源管理有待进一步提高。三是注重企业发展速度和规模，忽视了企业核心竞争力的建设，导致主业优势未能完全发挥，多元化业务投入产出冗余。

（二）对策建议

根据以上研究结论，为提高我国文化服务业上市公司的运营效率，本研究提出以下对策建议。

(1) 强化核心竞争力建设。首先，文化服务业企业要明确经营定位，精准选定细分市场，把更多精力、资源投向核心竞争力业务上，控制粗放式业务发展数量。其次，文化服务业企业要提高整体运营效率，不仅要防止重复性、同质性投入及投入不足导致的效率低下，还要避免因企业过度扩张而导致投入过剩。最后，文化服务业上市公司要顺应行业发展趋势，立足自身优势，重新梳理业务，推动企业向互联网化、智能化、平台化、生态化方向转型升级，抓住国家对文化服务业的供给侧改革优势，以供给侧改革为主线，进一步优化产业、产品结构，加快内部资源整合，盘活存量资源，减少重复投资，降低运营成本和避免内部不合理竞争，推动经营质量和效率的提升。

(2) 补齐企业创新短板。首先，文化服务业企业要将加强优化内容、提升产品体验、强化用户价值挖掘作为企业创新的主要方向。其次，以文化服务、文化空间、新文化平台为三大转型方向，进一步夯实“互联网＋”发展基础，加快融合发展步伐，深度挖掘精品内容价值，形成精品产品链，获取优质内容资源。平台对内容的诉求源于优质内容对流量及付费的拉动效应，受优质精品内容拉升，内容逐步走向多维联动，围绕 IP 打通全产业链。最后，文化服务业企业应充分认识到互联网经济时代的发展方向，围绕“一带一路”“互联网＋”等国家战略和“十三五”规划，依托产业链构建创新链，加强研发创新，抓住市场机遇。

(3) 加快推进多渠道融资。首先，文化服务业上市企业可以通过运用上市公司平台，充分发挥资本化、证券化等融资平台作用，采取定增、配股、可转债、基金等多样化的资本运作方式，不断吸引更多的投资者加入发展队伍中。其次，可以充分运用企业的核心竞争力等优势，通过优质资源协同整合、高效开发、升级换代，加快推动企业融资落地。最后，坚持资本运作，多渠道对接资金市场和资本市场，拓展各类金融机构的关系及推进相关业务，以资本动作助推企业业务全面发展，保证企业的发展需要和资金需求。

（4）促进资源要素合理流动。首先，必须加强对资源利用的重视，降低冗余现象，从应付职工薪酬冗余角度来看，企业应当加强对人才的重视，加大对人力资源的管理力度，充分发挥每个员工的价值。从固定资产冗余角度来看，企业应当轻资产、平台化，避免盲目扩大企业规模。企业需要合理进行产业结构调整，提高利润率，对资源进行科学分配，实现经济发展方式的转型升级。其次，要促进文化服务业企业人力、物力、财力在全产业链的有序流动，将资源的投入冗余部分转移到最佳生产要素上，提升企业的市场竞争力。

（5）构建全要素、全产业链体系。丽江旅游在这 10 年中一直保持 DEA 有效，这与该企业明确了以旅游业为核心，整合上下游产业资源，带动整个产业链，构建全要素、全产业链体系紧密相关。文化服务业企业要不断完善企业业务链。首先，要发挥业务之间的联动作用，促进协同发展。其次，企业要加强资源的整合。企业之间开展战略合作，持续推动转型升级，大力推动企业间的融合发展、丰富文化产品的内容、重塑文化产品形态、延伸文化服务业链。最后，可以打造高品质文化集聚区，承载线下文娱体验大场景布局，使之成为重要的线下流量入口，实现线上线下相互导流。持续打造全文化服务业链发展模式，增强品牌影响力，探索业务模式的优化升级，持续提升产业价值，置身当地生态圈，融入文化强国、文化强省战略，构建全要素、全产业链体系。

第五章　基于三阶段DEA模型的文化传媒类上市公司经营效率研究

随着文化产业在国民经济中所占比重越来越大，我国密集出台了文化产业相关政策予以扶持。本研究选取我国31家文化传媒类上市公司作为样本，利用三阶段DEA模型对其经营效率进行分析和评价。结果表明：在剔除外部环境因素的影响后，这31家文化传媒类上市公司无论是综合效率、纯技术效率还是规模效率都有所提高；纯技术效率对公司综合效率的影响更为直接，其效率提升或下降影响着综合效率的提升或下降；文化传媒类上市公司的经营效率水平受外部环境因素影响较大，分别表现为GDP的增长和政府扶持力度的加大对经营效率的提高具有消极作用，而居民消费水平的提高对经营效率的提高有积极作用。本研究提出应把握发展契机、协调与其他产业之间的关系、继续增加在技术研发方面的投入、不断创新投入途径、适度缩减政府财政扶持力度等一系列政策建议。

一、引言

近年来，随着我国产业改革的推进，文化产业成为国家积极改革的重点对象。国务院继出台了纺织、钢铁和汽车等十大产业振兴规划后，又在2009年出台了《文化产业振兴规划》，这是我国第一部关于文化产业的专项规划，该规划将文化创意、文化会展、影视制作、演艺娱乐、出版发行、印刷复制、数字内容、广告和动漫等纳入国家重点推进的文化产业，标志着文化产业已经上升为国家的战略性产业。在文化资源配置过程中，充分发挥市场调节的积极作用，加强对文化产业扶持政策的力度，完善文化产业生产、经营和管理机制，使我国在支持文化产业发展的多个方面，如创意人才扶持、知识产权保护、产业融合发展和文化金融对接等领域，获得了良好的成效。由此，文化产业为促进国家和地区经济发展作出了越来越重要的贡献，是21世纪最具有发展潜力的朝阳产业之一。根据我国第三次全国经济普查的数据，2013年我国文化产业创造产业增加值为21351亿元，在GDP中占比3.63%，同比增长18.2%。随后据国家统计局初步统计，2014年我国文化产业创造的产业增加值提高到24017亿元，在GDP中的占比上升到3.77%。时至今日，经过近几年的发展，文化传媒类上市公司发展潜力又实现了更大幅度的提升，具备了良好的投融资条件。截至2018年4月，已有62家文化传媒类公司在深沪两市上市。

从目前我国经济发展状况看来，国民经济要获得更高速的发展离不开文化产业的助力，但是我国的文化经营性企业中存在不少负债经营的单位，而且企业规模偏小的情况也普遍存在，所以文化产业对国民经济发展的贡献率还处于较低水平。文化企业实际的发展状况与上文中所提到的政府对文化产业的扶持、文化产业GDP和居民消费指数的增长显然并不完全同步。在整个文化产业中，文化传媒类上市公司作为典型代表，其经营效率对文化产业目前的发展状况和未来的发展道路，起着极其重要的引导作用，因此，对其经营效率与外部环境影响因素之间的关系研究便具有了重要的现实意义。本研究根据我国文化产业发展现状，从投入产出视角对我国文化传媒类上市公司的经营效率进行了实证研究，剖析其真实的经营效率状况，从而找出改进的方法，希望借此能够进一步增强我国文化产业发展活力、推动国民经济发展和提高国际竞争力。

二、文献综述

对于分析外部环境影响因素对文化企业的经营效率的影响程度，如何提高文化企业经营效率以进一步推动我国文化产业繁荣发展，是未来几年学者们亟待解决的焦点问题。到2019年为止，国内已有多名学者对我国文化产业的经营效率进行研究，并获得了一定的研究成果。早年我国文化制造业综合效率呈现“西低东高”阶梯式分布，东部最优，中部次之，西部最低；文化批零业和文化服务业则整体呈现“低集中—高分散”的空间分布特征（王家庭，2009）。根据超效率DEA模型和Malmquist指数法对

30家文化产业上市公司的评价结果，发现上市公司整体绩效一般（郭淑芬，2014）。近年来，我国文化产业发展经历了规模递减和规模调整期，目前进入稳定发展阶段，资本要素相较劳动力要素和文化要素而言，是文化产业中投入要素中的关键，但存在明显的投入冗余情况（高军，2016）。在考虑到文化产业具有“轻资产”特点的基础之上，运用DEA-BCC和DEA-Malmquist模型后发现，智力成果和营销是影响技术效率的重要因素（赵琼，姜惠宸，2014）。通过运用数据包络分析法相关模型评价文化产业三大子行业后发现，纯技术效率偏低是导致综合效率偏低的主要原因，行业效率的提升与技术水平和管理能力的提升密切相关（郭淑芬，郭金花，2017）。在剔除外部环境影响因素后发现，规模无效率是导致文化产业上市公司整体综合效率偏低的主要原因（杨晓琳，2017）。综合效率水平的提升不仅要靠增加要素投入，优化资源配置，更要提高资源的利用率，实现文化产业由粗放式向集约式发展转变（邱溆，2017）。在国外对文化产业的研究中，有学者利用投入产出和结构分解相结合的方法，探讨印度尼西亚文化产业对经济结构调整的重要影响（Zuhdi，2012），还研究了文化产业对英国制造业结构调整的作用（De Propris，2013）。

通过阅读相关文献发现，DEA模型及其复合模型成为学者们用来研究文化产业地域绩效、经营效率的主流方法。其中，三阶段DEA模型在经Fried等人（2002）提出后，由于该模型可以将外部环境因素和随机噪声的影响予以剔除，而得到了广泛的应用。三阶段模型将投入变量的松弛度作为决策单元经营活动中的机会成本，通过回归分析，将随机误差项分解为统计误差项和无效率项，此时便可将外部环境因素和随机噪声从内部管理无效率中分离出来，使待评价的决策单元拥有相同的外部环境，分析结果也就更加客观真实。因此，本研究在对文化传媒类上市公司经营效率的评价中，将外部环境因素和随机噪声的影响列入考虑范畴，能够提高对文化传媒类上市公司的经营效率测度的准确性，为公司管理层改善公司管理方法、提高公司经营效率提供强有力的依据。结合相关文献，本研究决定选用以投入为导向、基于规模报酬可变的三阶段DEA模型对我国文化传媒类上市公司2012—2016年间的经营效率进行分析，并根据评价结果提出一些建议。

三、样本来源及指标选取说明

（一）样本选取

在本研究样本的选择上，为了使数据处理结果更具有针对性和有效性，在结合DEA评价方法特点的基础上，我们选取同类型DMU作为评价样本。首先将新浪财经网上证监会申万二级分类标准中的“文化传媒”检索目录下的上市公司作为研究样本的备选决策单元，合计62家公司，再遵循以下原则对该分类中的上市公司样本进行深度筛选。

（1）选取在2012—2016年间有营业活动的上市公司。本研究是针对近5年的面板数据对文化传媒类上市公司进行经营效率评价研究，因此剔除了一些上市较晚的或者成立较晚的年轻公司。由于国家统计局官网并未给出2017年GDP、文化产业财政支出、居民消费水平的官方数据，因此选取2012—2016年间的数据。

（2）选取在研究时间区间内主营业务为文化传媒相关业务的公司。在搜集样本数据时，我们发现多家公司在2012—2016年间并非一直在经营文化传媒类相关业务，为确保研究结果的严谨性和有效性，我们在此剔除了部分不符合上述要求的公司。

（3）在62家备选样本中保留符合上述两个条件且数据完整的公司。只有确保每个DMU的数据完整获得，才能使得评价模型得以顺利运行。

经过筛选后，得出的符合条件的样本有31家公司，名单见表5-1。

表5-1　样本筛选结果

序号	股票代码	名称	序号	股票代码	名称
1	sh600037	歌华有线	8	sz000793	华闻传媒
2	sh600088	中视传媒	9	sz000917	电广传媒
3	sh600825	新华传媒	10	sz002181	粤传媒
4	sh600831	广电网络	11	sh600158	中体产业
5	sh600880	博瑞传播	12	sh600551	时代出版
6	sh601999	出版传媒	13	sh600633	浙数文化
7	sz000504	南华生物	14	sh600637	东方明珠

续表

序号	股票代码	名称	序号	股票代码	名称
15	sh600757	长江传媒	24	sz000719	中原传媒
16	sh601098	中南传媒	25	sz002238	天威视讯
17	sh601801	皖新传媒	26	sz002292	奥飞娱乐
18	sh601928	凤凰传媒	27	sz300027	华谊兄弟
19	sh601929	吉视传媒	28	sz300133	华策影视
20	sz000156	华数传媒	29	sz300148	天舟文化
21	sz000665	湖北广电	30	sz300251	光线传媒
22	sz000673	当代东方	31	sz300291	华录百纳
23	sz000681	视觉中国			

注：2015年3月26日，由于业务变更，南华生物公司名称由“湖南赛迪传媒投资股份有限公司”变更为“南华生物医药股份有限公司”，但在2012—2016年间主营业务一直为文化传媒类业务。

（二）评价指标选取

评价指标的选取是否科学合理，对投入产出在DEA模型中的有效性评判有着重要的影响。因此，在指标的选取上，第一，我们要保证所选取的投入、产出指标能够将各样本公司的经营效率水平得以有效的体现，满足评价的要求；第二，从技术层面来讲，需要各投入指标或产出指标之间存在线性关系；第三，为了保证DEA模型运行时，能够对DMU效率进行有效的区分，DMU的数量应不少于投入、产出指标数量的乘积，同时不少于投入、产出指标数量之和的3倍（成刚，2014）；第四，要保证数据口径的统一性、可比性，以及考虑到数据的可获得性。综合上述4个条件，在充分参考之前学者的相关文献之后，选取投入指标为营业成本、总资产、应付薪酬，期望产出指标为营业收入、净利润。

营业成本能够将公司在营业活动中成本的投入情况体现出来，成本投入的越多并不能说明公司的营业效率水平越高，成本控制在对公司的经营效率评价中有着至关重要的作用，因此选用主营业务成本这一投入指标，能够更好地反映出企业在营业活动中对财力的投入力度。总资产的变动从一定角度上能传达出公司在发展过程中壮大或衰退趋势的信息，是企业资源运行状况、是否合理配置的集中反映。营业收入是一家公司可持续发展的保障，一家公司保持一个理想的现金流，并维持正常资金周转，在营业成本不变的情况下，若能获得较高的营业收入，就很可能为公司带来高水平的盈利，为这家公司长远的发展铺路。净利润可以作为公司整体盈利水平的动态反映指标，不仅体现出公司投入产出的效率和管理水平，也体现出该公司在生产方面能否继续再扩大。

（三）环境变量选取

评价文化传媒类公司运营效率时，离不开这个大的外部经济环境因素，此时一般会选用国内生产总值（GDP)。名义 GDP 数值没有剔除通货膨胀因素，不能真实反映我国在研究时期内的经济发展状况。因此在本研究中，选取我国实际的 GDP 数值来代表公司外部经济环境因素。

政府对文化传媒类上市公司的扶持力度，在一定程度上对公司的经营发展也产生不容忽视的影响。每年国家财政在文化传媒行业的支出越高，对公司运营的技术效率和规模效率有着越积极的作用，因此财政支出也是重要的环境变量之一。政府扶持的数据源于国家统计局财政支出中的分类：国家财政文化体育与传媒支出。

一般来说，居民消费指数作为公司层面的外部因素，居民消费指数越高，在维持温饱消费水平的基础上，对文化娱乐方面的消费支出就越大，因此对文化传媒类公司的经营也会产生一定的影响。文娱消费越高，市场需求越大，文化传媒类公司就会有广阔的发展前景，从而影响公司的营业收入。因此，本研究在此选取居民消费水平为指标，作为影响公司运营效率的环境变量之一。

综上，本研究所选取的变量如表 5-2 所示。

表 5-2 研究所选取的变量定义

变量	变量代号	变量名称
投入变量	X_1	营业成本
	X_2	总资产
	X_3	应付薪酬
产出变量	Y_1	营业收入
	Y_2	净利润

续表

变量	变量代号	变量名称
环境变量	Z_1	GDP
	Z_2	政府扶持
	Z_3	居民消费水平

四、三阶段模型实证结果分析

（一）第一阶段：BCC 模型测度结果分析

在第一阶段，由于一些决策单元存在亏损经营的情况，所以本研究将“净利润”这一组数据进行标准化处理后，再用 DEAP2.1 软件对文化传媒类 31 家上市公司 5 年的数据，即搜集的 2012—2016 年财务报表中的投入指标主营业务成本、总资产、应付薪酬和产出指标主营业务收入、净利润的数据进行了处理分析，运行基于规模报酬可变、以投入为导向的 BCC 模型，得到各决策单元的效率评价结果，如表 5-3 所示。

综合效率①反映的是待评价的决策单元生产是否处于最优规模，若规模效率值为 1，则表明最优规模即 DEA 有效，若规模效率值小于 1，则表明偏离了最优规模，即非 DEA 有效，并且规模效率得分越小，说明偏离程度越严重。以此为依据来分析文化传媒类上市公司的各项效率值，在不考虑外部环境变量和随机噪声的情况下，通过运算结果显示，2012—2016 年间 31 个决策单元中达到技术有效前沿面，即 DEA 有效的数量在 7—12 个之间逐年波动。如表 5-3 所示，5 年期间只有南华生物、时代出版两家公司处于规模报酬不变，达到技术有效前沿面，说明这两家公司在参考集内相对有效。2012 年，除规模报酬不变的 12 家公司外，其他 19 家公司则都处于规模报酬递减，有出现投入冗余情况，表明该年份这些公司需要减少投入，以达到 DEA 有效。而到了 2015 年时，达到

① 注：BCC 模型放松了 CCR 模型的规模报酬不变这一限制条件，它将技术效率分解或纯技术效率和规模效率，所以在 BCC 模型中 CRS 也被称为综合效率、综合技术效率。

表 5-3　31 家样本公司 2012—2016 年的效率值

DMU	2012 年				2013 年				2014 年				2015 年				2016 年			
	CRS	VRS	SE		CRS	VRS	SE		CRS	VRS	SE		CRS	VRS	SE		CRS	VRS	SE	
歌华有线	0.502	0.57	0.88	drs	0.56	0.56	1	—	0.555	0.558	0.995	drs	0.558	0.624	0.894	drs	0.64	0.698	0.918	drs
中视传媒	0.899	0.902	0.997	drs	0.952	0.954	0.998	irs	0.816	0.819	0.997	irs	0.677	0.68	0.996	irs	0.698	0.71	0.983	irs
新华传媒	0.705	0.796	0.886	drs	0.778	0.8	0.973	drs	0.841	0.848	0.992	irs	0.747	0.749	0.997	irs	0.868	0.87	0.998	irs
广电网络	0.885	0.941	0.94	drs	0.902	0.902	1	—	0.769	0.77	0.999	drs	0.774	0.776	0.998	irs	0.828	0.831	0.996	irs
博瑞传播	0.929	0.98	0.948	drs	0.941	0.941	1	—	0.885	0.89	0.995	drs	0.75	0.755	0.994	drs	0.741	0.745	0.995	irs
出版传媒	0.818	0.818	1	—	0.856	0.857	0.999	irs	0.885	0.888	0.997	irs	0.867	0.871	0.996	irs	0.867	0.869	0.999	irs
南华生物	1	1	1	—	1	1	1	—	1	1	1	—	1	1	1	—	1	1	1	—
华闻传媒	0.937	1	0.937	drs	0.957	1	0.957	drs	0.85	0.933	0.912	drs	0.815	0.935	0.872	drs	0.821	0.936	0.877	drs
电广传媒	0.77	1	0.77	drs	0.803	1	0.803	drs	0.814	0.845	0.964	drs	0.682	0.819	0.832	drs	0.765	0.807	0.948	drs
粤传媒	0.837	0.872	0.959	drs	0.877	0.877	1	—	0.747	0.758	0.986	drs	0.649	0.651	0.998	irs	0.662	0.671	0.987	drs
中体产业	0.688	0.715	0.962	drs	0.753	0.753	1	—	0.685	0.688	0.997	irs	0.592	0.593	0.997	irs	0.733	0.734	0.999	irs
时代出版	1	1	1	—	1	1	1	—	1	1	1	—	1	1	1	—	1	1	1	—
浙数文化	0.988	1	0.988	drs	0.964	0.966	0.997	drs	0.895	0.948	0.944	drs	0.803	1	0.803	drs	0.829	1	0.829	drs
东方明珠	0.953	1	0.953	drs	1	1	1	—	1	1	1	—	0.983	1	0.983	drs	1	1	1	—
长江传媒	0.894	1	0.894	drs	0.951	0.951	1	—	0.893	0.897	0.995	drs	1	1	1	—	1	1	1	—
中南传媒	0.913	1	0.913	drs	1	1	1	—	0.935	1	0.935	drs	0.963	1	0.963	drs	1	1	1	—

续表

DMU	2012年				2013年				2014年				2015年				2016年			
	CRS	VRS	SE		CRS	VRS	SE		CRS	VRS	SE		CRS	VRS	SE		CRS	VRS	SE	
皖新传媒	0.967	1	0.967	drs	0.983	1	0.983	drs	0.96	1	0.96	drs	0.949	1	0.949	drs	0.906	1	0.906	drs
凤凰传媒	0.875	1	0.875	drs	0.932	1	0.932	drs	0.987	1	0.987	drs	0.924	1	0.924	drs	1	1	1	—
吉视传媒	0.914	1	0.914	drs	0.902	0.908	0.994	drs	0.821	0.824	0.996	irs	0.811	0.892	0.909	drs	0.902	0.903	0.999	irs
华数传媒	0.892	0.929	0.96	drs	0.908	0.909	1	—	0.839	0.846	0.991	drs	0.787	0.852	0.924	drs	0.841	0.896	0.939	drs
湖北广电	0.838	0.898	0.934	drs	0.952	0.953	1	—	0.753	0.795	0.947	drs	0.869	0.896	0.97	drs	0.9	0.902	0.998	drs
当代东方	1	1	1	—	1	1	1	—	1	1	1	—	0.995	0.999	0.996	irs	1	1	1	—
视觉中国	1	1	1	—	1	1	1	—	0.944	1	0.944	drs	1	1	1	—	0.529	1	0.529	drs
中原传媒	1	1	1	—	1	1	1	—	1	1	1	—	0.98	1	0.98	drs	1	1	1	—
天威视讯	0.866	0.876	0.989	drs	0.91	0.91	1	—	0.782	0.785	0.997	drs	0.833	0.837	0.995	drs	0.902	0.917	0.983	drs
奥飞娱乐	1	1	1	—	0.991	1	0.991	drs	1	1	1	—	1	1	1	—	1	1	1	—
华谊兄弟	1	1	1	—	1	1	1	—	1	1	1	—	0.977	1	0.977	drs	1	1	1	—
华策影视	1	1	1	—	1	1	1	—	0.947	0.948	0.998	irs	0.882	0.919	0.959	drs	0.961	0.961	1	—
天舟文化	1	1	1	—	1	1	1	—	0.972	0.975	0.998	irs	1	1	1	—	1	1	1	—
光线传媒	1	1	1	—	1	1	1	—	1	1	1	—	1	1	1	—	0.997	1	0.997	drs
华录百纳	1	1	1	—	1	1	1	—	0.696	0.701	0.993	irs	0.992	0.997	0.995	drs	1	1	1	—
平均值	0.905	0.945	0.957		0.931	0.943	0.988		0.88	0.894	0.984		0.866	0.898	0.965		0.884	0.918	0.964	

注："CRS"——综合效率，"VRS"——纯技术效率，"SE"——规模效率，"irs"——规模报酬递增，"drs"——规模报酬递减，"—"——规模报酬不变。

DEA有效单元数量最少，只有7个决策单元。自2012年之后，规模报酬递增的数量有所增加，说明投入不足的现象也渐渐开始出现。华闻传媒、电广传媒、浙数文化、皖新传媒在2012—2016年间一直处于规模报酬递减状态，其中，华闻传媒规模效率不佳，低于纯技术效率，可以通过扩大公司规模的方式来优化投入产出的比例；电广传媒虽然规模效率一直在得到提高，但是纯技术效率一直在下降，表明电广传媒在扩大规模的同时忽视了技术的提高；浙数文化、皖新传媒的纯技术效率分别基本保持在0.9和1以上的水平，但是规模效率一直未能达到有效状态，甚至还有下降趋势，这表明浙数文化和皖新传媒技术优势明显，却由于规模无效率导致了投入的冗余。

总体来看，在这31家样本公司中，规模报酬增减变化不一，但普遍表现为纯技术效率要低于规模效率，这表明纯技术效率低下是引起决策单元无效率的主要原因，技术的欠缺成为阻碍公司发展的主要因素。就2012—2016年各年的平均综合效率值来看，综合效率有小幅度的下降，主要是纯技术效率下降引起的，从0.9以上的水平下降到了0.9以下的水平，规模效率虽经历了小幅度的下降，但影响不大。以上分析表明，5年期间各个样本公司投入产出的效率在不断发生变化，竞争较为激烈，但从整体来说，都一直处于一个经营效率小幅度下降的状态，且主要由于纯技术效率的下降。

图5-1所示是2012—2016年间31个决策单元每年的平均效率的变动状况折线图。从该图可以看出，综合效率值、纯技术效率值、规模效率值整体呈“上升—下降—上升”的趋势，这与前面评价的结果一致。但是在2014年，综合效率出现了较明显的下降波动，由于规模效率变化较平稳，根据公式 $TE = PTE \times SE$，可以得出综合效率的下降是由纯技术效率下降所导致的，二者变化幅度基本保持一致。

综上得出，我国文化传媒类上市公司经营效率水平受纯技术效率下降的影响，在经历了2013年和2014年两年的下降后又得到提高，且投入存在明显的冗余现象，这一观点与高军（2016）的观点一致。但是上述评价结果并没有将外部环境因素和随机因素的作用成分排除在外，所以无法反映出31个决策单元在5年内经营效率变动的真实情况，因此还需要通过第二阶段，对数据进行进一步调整和测算。

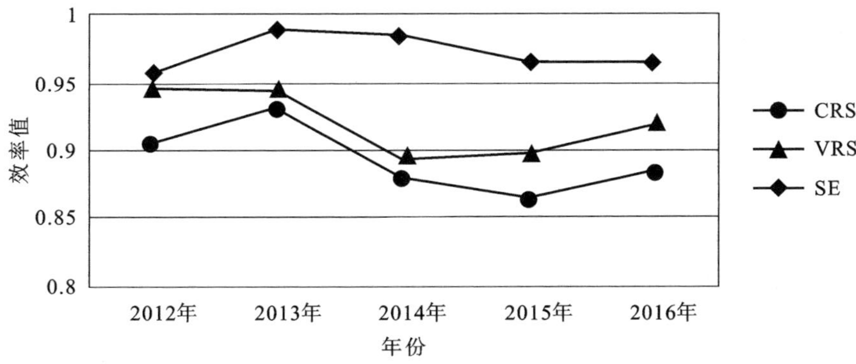

图5-1 10家样本公司2012—2016年间的平均效率值

（二）第二阶段：SFA回归结果分析

针对在第一阶段营业成本、总资产和应付薪酬三个投入要素所产生的松弛变量，在SFA模型中作为因变量，将GDP、政府扶持、居民消费水平三个外部环境因素作为解释变量，用Frontier4.1软件SFA模型对其进行回归分析，根据测度结果，逐一检验影响各因变量的外部环境因素。第二阶段2012—2016年31个决策单元的SFA回归结果如表5-4所示。

表5-4 第二阶段2012—2016年样本SFA回归结果

项目	营业成本/元	总资产/元	应付薪酬/元
常数项	−67133.02***	−380272.04***	−13391.16***
	(−66914.67)	(−363045.30)	(−13391.16)
GDP	0.57***	2.89***	0.06**
	(6.96)	(6.57)	(2.24)
政府扶持	1.73	157.76**	2.35**
	(0.15)	(2.41)	(2.35)
居民消费水平	−17.03***	−107.91***	−2.04**
	(−5.84)	(−6.80)	(−2.04)
sigma-squared	792219330.00***	24771208000.00***	43979380.00***
	(792219330.00)	(24771208000.00)	(43979380.00)

续表

项目	营业成本/元	总资产/元	应付薪酬/元
gamma	0.89***	0.89***	0.89
	(63.56)	(62.43)	(0.92)
似然函数	−1673.68	−1942.07	−1441.16
LR 检验值	143.41***	144.60***	160.32***

注：*表示在10%显著性水平上显著，**表示在5%显著性水平上显著，***表示在1%显著性水平上显著，括号中为相对应的t值。

通过表5-4可以看出，外部环境因素中GDP、政府扶持和居民消费水平对三个投入指标的松弛变量几乎都通过了1%或5%的显著性检验，说明这三个外部环境因素确实对三种投入的松弛变量具有显著的影响。两项回归的γ值都偏向于数值1，说明管理因素是影响样本公司经营效率的关键因素，在三种投入中占据主导地位。这一结果同时也表明，原始投入数据的选取有着较高的可信度，随机噪声对样本公司的经营效率影响较弱。在此，本研究将着重分析所选取的三个外部环境因素对样本公司经营效率评价的影响。

根据测度得出的回归结果，当回归系数为正值时，说明投入指标的松弛变量会随着外部环境变量的增加而增加，随之导致投入浪费或产出减少，剔除外部环境变量因素后，经营效率水平会提升；反之，当回归系数为负值时，则说明投入的松弛变量会随着外部环境变量的增加而减少，随之导致投入的减少或产出增加，对样本公司的经营效率产生正向的影响，剔除外部环境变量因素后，经营效率水平会降低。

GDP对营业成本、总资产、应付薪酬三种投入的松弛变量的回归系数都为正值，分别在1%、1%和5%显著性水平上显著，说明GDP的增加，会导致营业成本、总资产和应付薪酬的松弛变量增加，在产出不变的情况下，投入冗余会造成公司经营效率水平的下降，这主要是由于GDP的增加对三种投入的利用效率的影响存在门槛效应，当低于门槛值时，GDP的增加将无法对主营业务成本和总资产两种投入的利用效率的提升产生正向影响，从而给经营效率造成不利的影响（郭四代，2018）。通过政府扶持对总资产和应付薪酬松弛变量的回归系数的显著性可以看出，政府扶持对公司的经营效率有着较大的影响，都通过了5%的显著性水平检验，回归结果为正值表明政府对文化传媒类公司的扶持力度增加，即国家财政支出增加，会带来总资产和应付薪酬松弛变量的增加，出现投入冗余现象，从而降低了样本公司的经营效率。出现该结果的原因可能是，自国家从2009年提出文化产业振兴规划以来，一直在大力发展我国的文化产业，并给予了一定的财政支持，由于各决策单元未能将财政支持充分利用，导致了资源的浪费，从而对两种投入呈现出消极的作用。另外，政府扶持对营业成本不存在显著性，但是单侧误差 LR 检验值在 1%的显著性水平上显著，拒绝不存在无效率的原假设，因此模型是合理的，此处政府扶持对营业成本回归系数的不显著不具有分析的意义。对于外部环境变量居民消费水平而言，其对营业成本、总资产和应付薪酬投入松弛变量的回归系数都为负值，表明居民消费水平的提升会使得三个投入松弛量减少，形成投入减少，当去除环境变量的影响后，公司的经营效率会下降。

综上，我们可以发现，环境解释变量对投入松弛变量的影响程度因不同决策单元而异，由于不同的外部环境因素的作用，可能会使得不同外部环境下的公司在经营效率上表现出较大的偏差。所以，我们有必要对原始的投入变量进行调整，将外部环境因素和随机噪声的作用成分剔出，在保证各样本公司面临相同的经营环境时，对其真实的经营效率水平进行探索和分析。

（三）第三阶段：修正后的 DEA-BCC 模型测度结果分析

在第三阶段，把原始投入变量的数据进行修正后，再次借助 DEAP2.1 软件，把修正后的两种投入变量和原始的产出变量用投入角度、基于规模报酬可变的 BCC 模型运行，重新得出剔除外部环境因素影响后的各样本公司的效率值，结果如表 5-5 所示。

经对比后可以发现，第三阶段的效率值在除去外部环境因素和随机噪声的作用后，各决策单元在不同的年份几乎都出现了变动，修正后的各公司经营效率水平达到 DEA 有效的数量与第一阶段相比有所增加。尤其是修正后在 2012 年达到技术有效前沿面的有 18 家公司，其余 13 家公司处于规模报酬递增状态，需要增加营业成本、总资产和应付薪酬的投入。5 年间一直达到最优规模的决策单元增多，由 2 个增加为 7 个，且第一阶段的

表 5-5　31 家样本公司 2012—2016 年修正后的效率值

DMU	2012 年				2013 年				2014 年				2015 年				2016 年			
	CRS	VRS	SE		CRS	VRS	SE		CRS	VRS	SE		CRS	VRS	SE		CRS	VRS	SE	
歌华有线	0.646	0.648	0.997	irs	0.635	0.642	0.99	irs	0.652	0.658	0.991	irs	0.675	0.697	0.968	drs	0.746	0.762	0.978	drs
中视传媒	0.909	0.97	0.936	irs	0.971	0.989	0.982	irs	0.915	0.948	0.965	irs	0.869	0.895	0.971	irs	0.776	0.885	0.877	irs
新华传媒	0.874	0.888	0.984	irs	0.834	0.889	0.939	irs	0.799	0.936	0.854	irs	0.789	0.885	0.892	irs	0.881	0.945	0.933	irs
广电网络	0.947	0.971	0.976	irs	0.916	0.952	0.963	irs	0.848	0.862	0.984	irs	0.821	0.864	0.95	irs	0.842	0.891	0.945	irs
博瑞传播	0.981	0.992	0.989	irs	0.963	0.977	0.986	irs	0.931	0.958	0.973	irs	0.832	0.87	0.956	irs	0.818	0.863	0.948	irs
出版传媒	0.86	0.928	0.927	irs	0.881	0.937	0.94	irs	0.908	0.96	0.945	irs	0.902	0.952	0.947	irs	0.918	0.938	0.978	irs
南华生物	0.863	1	0.863	irs	1	1	1	—	0.973	1	0.973	irs	1	1	1	—	1	1	1	—
华闻传媒	1	1	1	—	0.975	1	0.975	drs	0.949	0.968	0.981	drs	0.914	0.963	0.949	drs	0.899	0.962	0.935	drs
电广传媒	1	1	1	—	0.909	1	0.909	drs	0.899	0.908	0.991	drs	0.833	0.857	0.973	drs	0.832	0.84	0.991	drs
粤传媒	0.909	0.925	0.983	irs	0.916	0.94	0.975	irs	0.802	0.867	0.925	irs	0.708	0.773	0.916	irs	0.792	0.795	0.996	drs
中体产业	0.798	0.828	0.965	irs	0.85	0.874	0.972	irs	0.795	0.847	0.939	irs	0.722	0.773	0.934	irs	0.829	0.87	0.953	irs
时代出版	1	1	1	—	1	1	1	—	1	1	1	—	1	1	1	—	1	1	1	—
浙数文化	1	1	1	—	0.984	0.986	0.998	irs	0.969	0.98	0.99	drs	0.853	1	0.853	drs	0.888	1	0.888	drs
东方明珠	1	1	1	—	1	1	1	—	1	1	1	—	1	1	1	—	1	1	1	—
长江传媒	1	1	1	—	0.957	0.975	0.981	irs	0.929	0.938	0.99	irs	1	1	1	—	1	1	1	—
中南传媒	1	1	1	—	1	1	1	—	1	1	1	—	1	1	1	—	1	1	1	—

续表

DMU	2012年				2013年				2014年				2015年				2016年			
	CRS	VRS	SE		CRS	VRS	SE		CRS	VRS	SE		CRS	VRS	SE		CRS	VRS	SE	
皖新传媒	1	1	1	—	1	1	1	—	0.988	1	0.988	drs	0.979	1	0.979	drs	0.949	1	0.949	drs
凤凰传媒	1	1	1	—	1	1	1	—	1	1	1	—	1	1	1	—	1	1	1	—
吉视传媒	1	1	1	—	0.934	0.96	0.973	irs	0.856	0.92	0.931	irs	0.921	0.948	0.972	irs	0.905	0.954	0.949	irs
华数传媒	0.937	0.965	0.971	irs	0.917	0.958	0.957	irs	0.916	0.917	0.999	irs	0.903	0.906	0.996	drs	0.932	0.936	0.995	irs
湖北广电	0.936	0.954	0.981	irs	0.945	0.984	0.961	irs	0.848	0.889	0.955	irs	0.938	0.946	0.992	irs	0.936	0.946	0.989	irs
当代东方	1	1	1	—	1	1	1	—	1	1	1	—	0.976	1	0.976	irs	1	1	1	—
视觉中国	1	1	1	—	0.994	1	0.994	irs	0.99	1	0.99	drs	1	1	1	—	0.981	1	0.981	drs
中原传媒	1	1	1	—	1	1	1	—	1	1	1	—	1	1	1	—	1	1	1	—
天威视讯	0.921	0.948	0.972	irs	0.946	0.968	0.977	irs	0.892	0.897	0.994	irs	0.924	0.928	0.995	drs	0.954	0.961	0.992	drs
奥飞娱乐	1	1	1	—	0.968	1	0.968	irs	1	1	1	—	1	1	1	—	1	1	1	—
华谊兄弟	1	1	1	—	1	1	1	—	1	1	1	—	1	1	1	—	1	1	1	—
华策影视	1	1	1	—	1	1	1	—	0.951	0.984	0.967	irs	0.938	0.967	0.97	irs	0.936	0.98	0.955	irs
天舟文化	0.996	1	0.996	irs	1	1	1	—	0.961	0.996	0.965	irs	1	1	1	—	1	1	1	—
光线传媒	1	1	1	—	1	1	1	—	1	1	1	—	1	1	1	—	1	1	1	—
华录百纳	1	1	1	—	1	1	1	—	0.835	0.906	0.921	irs	0.986	0.999	0.987	drs	1	1	1	—
平均值	0.954	0.968	0.985		0.951	0.969	0.982		0.923	0.946	0.974		0.919	0.943	0.973		0.929	0.953	0.975	

注："CRS"——综合效率，"VRS"——纯技术效率，"SE"——规模效率，"irs"——规模报酬递增，"drs"——规模报酬递减，"—"——规模报酬不变。

2个有效决策单元在剔除外部环境影响后都未能继续保持DEA有效。5年间在第一阶段和第三阶段都处于技术有效前沿面的决策单元只有时代出版，说明时代出版无论是否存在外部环境因素的影响，其投入产出比例都达到了最优状态，在产出不变的情况下无须减少或增加投入。歌华有线的经营效率一直在提升，表现为纯技术效率和规模效率都有提升，但是排除外部环境影响因素可以发现，歌华有线在2012—2014年间是规模报酬递增，在2015—2016年间却转为了规模报酬递减，表明该公司在经营过程中有增加投入，却超过了投入产出比的最优值，从而导致冗余的出现。皖新传媒和华策影视都是由前期的DEA有效，到后期变为非DEA有效，皖新传媒是由于出现了资源投入的浪费，而华策影视是由投入不足造成的。

整体看来，第三阶段的结果普遍为规模报酬递增，这表明剔除外部环境影响因素后，投入由冗余转为不足，结合第一阶段的结果来看，外部环境因素对各个样本公司的经营效率水平影响是比较显著的。综合效率值较第一阶段有所提升，都达到了0.9以上的水平，主要归因于纯技术效率的普遍提升，规模效率值虽然也较修正之前略有提高，但对综合效率值变化的影响甚微。多个决策单元在不同年份规模效率值与之在第一阶段的规模效率值相比，下降幅度明显，这表明外部环境因素对样本公司的规模效率值起到较大的正面作用。在第一阶段，技术的欠缺是阻碍公司提高经营效率的主要原因，但是在第三阶段发现，每年平均技术效率值普遍接近1，纯技术效率的提高成了企业经营效率得到提高的主要影响因素。以上分析表明，外部环境因素对企业的技术和规模发展起着决定性的作用。

如图5-2所示，将修正后的31家样本公司2012—2016年间的平均效率值与第一阶段的平均效率值相比较，综合效率值、纯技术效率值和规模效率值的变化趋势都发生了较明显的变化，三者整体变化趋势都变得更为平和。纯技术效率值由原来的在0.9上下浮动变为普遍接近1的水平。规模效率值由第一阶段最低为0.957的效率水平提高到修正后的最低为0.973的效率水平，且升降趋势变化明显，总体呈下降趋势，与之前比较变化显著，尤其2012年效率值的变化幅度最大。综合效率也由第一阶段0.9上下的波动范围变为0.9以上的波动范围，整体变动趋势受纯技术效率值影响与其保持高度一致，整体呈先下降后上升的趋势。这表明，在剔除外部环境变动因素后，对文化传媒类上市公司经营效率影响较大的因素为纯技术效率，纯技术效率值的提高直接推动了整个样本公司经营效率水平的提高。

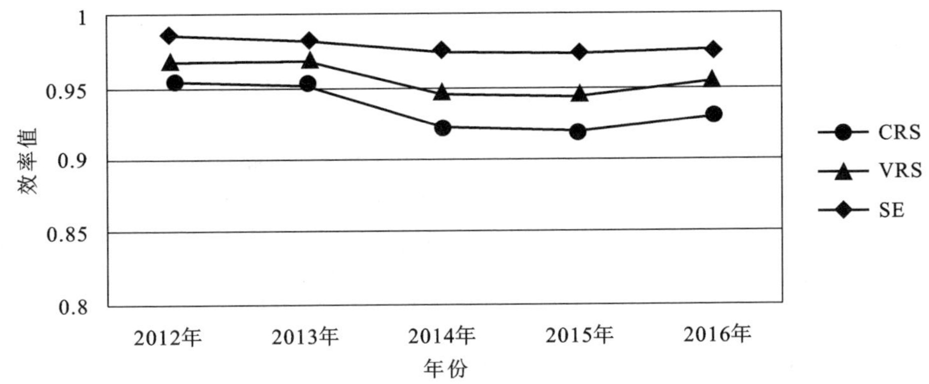

图 5-2 31家样本公司2012—2016年间修正后的平均效率值

综上所述，各个样本公司在各个期间修正前后都有不同程度的纯技术效率值和规模效率值方面的变化，相比之下，纯技术效率值的变化更为显著，影响更大，分析总结如表5-6所示。纯技术效率值的提升为公司经营水平较第一阶段的提高带来了一定的正面作用，但由于存在外部环境的作用，使得纯技术效率的积极作用得以隐藏，这对公司今后的发展有一定的启示作用。

表 5-6 三阶段数据测度的分析总结

阶段	作用	结论
第一阶段	测度出31家文化公司未剔除外部环境影响因素的效率值	① 技术效率低下是引起决策单元无效率的主要原因 ② 31家公司由于技术效率的下降导致经营效率小幅度下降 ③ 存在明显的投入冗余现象
第二阶段	对外部环境因素GDP、政府扶持和居民消费水平进行回归分析，确定该环境变量的影响程度	① 环境变量GDP通过显著性检验，在产出不变的情况下GDP增加，投入冗余会造成公司经营效率水平的下降 ② 环境变量政府扶持通过显著性检验，财政支出增加会降低样本公司的经营效率 ③ 环境变量居民消费水平通过显著性检验，剔除环境变量后居民消费水平的提升会导致公司经营效率的下降

续表

阶段	作用	结论
第三阶段	测度出31家文化公司剔除外部环境影响因素的效率值	①剔除外部环境影响因素后，投入由冗余转为不足 ②外部环境因素对样本公司的规模效率存在着较大的正面作用 ③纯技术效率变化更为显著，影响更大 ④纯技术效率的提高成为企业经营效率得到提高的主要影响因素

五、结论与建议

（一）结论

本研究通过三阶段DEA评价模型，对2012—2016年间我国文化传媒类上市公司的经营效率进行分析评估，并得出以下几点结论。

（1）近年来，我国文化传媒类上市公司的投入产出效率水平总体情况，在修正后综合技术效率5年中都达到了0.9以上的效率水平，但是有下降趋势，由此可见，我国文化传媒类上市公司的经营效率水平仍有提升的空间，对其中存在的问题不容忽视，各公司需要抓住问题要点对经营效率进行提升。

（2）外部环境因素和随机噪声因素在对文化传媒类上市公司经营效率进行研究时是值得考虑剔除的。在第一阶段和第三阶段得出了完全不一致的结果：第一阶段未将外部环境变动因素和随机噪声因素剔除时，评价结果显示是由纯技术效率引起的综合效率的下降；而第三阶段剔除三个干扰因素后，评价结果显示却是由纯技术效率的提高而导致的经营效率的提高，说明纯技术效率对公司经营效率的影响更为直接，更为明显。修正后的规模效率虽然比修正前的效率要高，但是有效率呈下降趋势。

（3）我国文化传媒类上市公司经营效率水平受外部环境因素影响较大。在第二阶段SFA回归中体现出，GDP、政府扶持和居民消费水平对文化传媒类上市公司投入产出效率产生共同作用，GDP的增加在产出不变的情况下不利于公司经营效率水平的提高，政府扶持力度的加大却带来了公司投入的冗余，导致经营效率的下降趋势，居民消费水平的提高为公司提高经营效率有着积极的影响。

（二）建议及展望

基于以上对我国在发展中的内、外部环境对投入产出的分析评价，为进一步提升文化传媒类上市公司的经营效率提出以下几点建议。

（1）公司应时刻关注外部环境变化，把握发展契机。尽管国家大力扶持文化产业发展，但对于政府的资金支持应结合自身发展状况，将资金充分利用起来，合理分配，不可盲目加大投入，造成资源的浪费。公司应向行业内标杆企业看齐，提高自身经营效率，通过把控投入成本，保持科学合理的增长幅度，以寻求投入和产出之间的平衡，不断提高公司的经营效率水平，加强自身品牌建设，以增强产业市场竞争能力。

（2）协调文化传媒类上市公司与其他文化类公司或其他产业之间的关系，提升文化传媒类上市公司的综合效率。例如，凭借科学技术的进步，将文化传媒与旅游、物流、金融和现代服务业进行融合交汇，开发出新的文化传媒形式，可以放大文化的溢出效应。在丰富文化传媒产品展现形式的同时，可以增强文化传媒类产品的市场竞争力，赋予该类产品一定的附加值和实效性，以期在提高文化传媒类上市公司的经营效率上可以产生实质性的效果。

（3）文化传媒类上市公司应继续将发展技术放在首要位置，加大对技术研发的投入和人才投入。一直以来，技术和人才投入是一家公司投入要素的主要成分，技术进步在提高企业经营效率、推动文化产业的结构调整与升级、促进文化产业价值链的重构与升级，以及增强文化产业竞争力等方面都具有非常重要的作用。在引进外商投资的同时，还须学习外商的先进技术及其开发模式和企业管理模式，以此来开发、充实企业自身的文化传媒发展内容。投入产出的不对等是导致创新效率低下的主要原因，只有通过充足和优质的人力资源才能使科技产生经营效益，才能实现“双创”的建设目标。

（4）文化传媒类上市公司需要创新投入方式，提高规模效率。由于近几年文化传媒类上市公司的规模效率呈下降趋势，表明公司实际运行效率越来越偏离最优规模，此时各公司应避免盲目的缩小或扩大生产规模，应根据自身实际经营状况，同比例增减投入要素如总资产、业务成本、劳动力等。可以通过集中资源组建文化传媒类产业集团，扩大公司规模，优化文化传媒资源的配置，充分发挥规模经济的效益。通过运用重组、兼并等方式，实现文化传媒产业的规模化、集群化和集约化发展。

（5）政府可以制定相关的产业政策，适当减少财政投入。政府应避免单一的增加财政投入，将重点转移到帮助文化传媒公司建立新的管理运营模式，更多地让市场来决定文化传媒产业市场的发展。如改变以往的行政分配模式，引入市场化运作机制；组建文化传媒产业集团，优化资源配置；用“双创”等政策鼓励社会资本的引入，刺激市场需求；加强对我国文化传媒类上市公司发展的规划和指导，引导建立资产评估标准，适当减少资金扶持的力度，以帮助公司合理扩大规模，产生更大的文化产业规模效应。

然而，本研究只选取了5年的面板数据进行分析，对整个文化传媒行业公司的经营效率变化趋势分析存在一定的局限性，且在BCC模型下每一期数据的有效前沿面标准不一，拿来做连续的面板数据分析不够严谨。另外，本研究只基于三个环境因素，三个干扰因素的考虑有所欠缺。所以本研究得出的评价结果不能够完全体现出2012—2016年文化传媒类上市公司的经营效率水平。期望以后能够选取更为合理的DEA模型，增加多个具有研究性的投入产出指标及环境和随机干扰因素，得出更为严谨的结论。

第六章　文化传媒类上市公司融资效率分析

文化产业的投融资市场，随着政府对其财政扶持力度的逐年加大而日显繁荣，但在融资不断得到增强的同时，文化产业的年产值却不尽如人意。为此，本研究筛选出45家文化传媒类上市公司作为研究样本，利用超效率EBM模型和Malmquist指数对其融资现状进行效率测度和评价。研究结果表明：近5年来，45家文化传媒类上市公司由于投入产出比结构不合理形成投入冗余，导致其融资效率整体偏低；大部分公司融资目前处于规模收益递增状态，可适当扩大融资规模；技术变化指数的波动显示出，文化传媒类上市公司处于技术退步状态，这严重阻碍了融资效率的提高。本研究基于以上研究，提出了改善政府财政扶持方式、提高公司技术创新能力、深入贯彻文化体制改革、创新融资方式、完善相关法律法规等政策建议。

一、引言

党的十九大报告提出："推动文化事业和文化产业发展。……要深化文化体制改革，完善文化管理体制，加快构建把社会效益放在首位、社会效益和经济效益相统一的体制机制……"，"健全现代文化产业体系和市场体系，创新生产经营机制，完善文化经济政策，培育新型文化业态"。新的政策对文化产业发展起到了巨大的助推作用。伴随着中国经济持续高效的增长，随之而来的是不断深化文化体制改革，如何保持文化产业健康、积极、有效发展，逐渐成为国家重点战略部署首先要解决的问题。当前，各种因素都在推动中国文化产业投融资市场的繁荣，其中最主要的表现之一就是在政府财政扶持力度逐年加强的带动下，越来越多的社会资本也开始进入文化产业的队伍之中。目前，我国各级政府对文化产业的扶持力度都在不断加大，据国家统计局最新统计数据显示，2016年我国在文化产业上财政支出达3163亿元，比2012年增长39.5%。2016年我国文化产业以固定资产形式吸收的投资金额达33713亿元，是2012年的2.15倍，年均涨幅近21.2%。自文化产业振兴规划出台之后，文化产业财政支出年均涨幅达16%，说明国家财政在文化产业上的投入在逐年增强。从地方政府的角度而言，由于文化产业是多数省（区、市）实现经济增长方式转型、拉动GDP增长的重要增长点，所以对文化产业进行财政扶持的态度也会更加积极。2016年我国地方政府财政一般公共预算文化体育与传媒支出2917亿元，比2012年增长40.6%。以中央层面为例，自2008年设立文化产业发展专项资金，到2016年，财政部累计支出242亿元，支持项目4100多个，成为政府推动文化产业发展和深化文化体制改革的重要手段。

随着政府财政和社会资本对文化产业投资力度的不断加大，其投融资效率问题日益受到社会各界的广泛重视。我国文化产业一直以来都维持着较高水平的投入，但是其年产值却不尽如人意，特别是中小文化企业融资难的问题依然得不到有效解决。因此，我国文化产业投融资规模是否合适、资金融资渠道和经营管理是否存在效率低下等问题，还有待我们去探讨和研究。在此研究背景下，本研究运用DEA效率评价方法，以文化产业中的文化传媒类上市公司为样本，从融资效率的角度对文化产业当前的发展状况进行评价并给出相关建议，对提高我国文化市场活力，促进文化产业的繁荣发展，增强我国国际竞争力，具有重要的现实意义。

二、文献回顾

通过查阅现有的相关文献发现，在文化产业以及投融资效率方面有着较为丰富的研究成果。当前在文化产业方面，我国投资基金的数量和规模都在迅速增长，但存在投资对象过度集中、同质化严重等现象，真正需要融资的中小文化企业有明显的融资困境（吴鹤，2018）。我国公用事业类上市公司在2012—2016年间整体融资效率偏低，造成此现象的主要因素是技术效率的下降，且下降趋势明显（孙燕芳，2018）。从文化企业的融资效率来看，存在所有者权益和负债投入冗余的有山西、西藏等13个省（区、市），文化企业融资效率达到有效前沿面的只有山东、浙江、青海、广西4个省（区、市）（张桂玲，2016）。在2010—2014年间，文化产业上市公司在目前自身的发展状态下，无法提升其融资效率，但是通过提升其盈利能力、降低其负债比率可以对改善融资效率产生一定的效果（张群，2016）。我国文化产业在融资效率上整体水平并不高，从资金使用效率分析看来，规模效率是制约文化产业融资效率提升的主要因素（张群，2016；刘亚铮，2014）。文化产业要构建良好的投融资环境，还需要加强专业人才的队伍建设，注重引进和培育战略投资者，培养和挖掘具有投融资管理专业知识的高素质人才（王希刚，2008）。

国家文化产业不仅需要政府相关政策的支持和引导，而且需要市场资源的调配，二者缺一不可（Alex Edmans，2011）。相对于中国来说，美国文创产业的投融资体系较为健全，投融资状况比较良好，美国政府有对中小文化企业融资担保的政策，也会有民间成立的投资机构对其进行直接投资（Chris Higson，2007）。英国 20 世纪 90 年代文化产业飞速发展的主要原因即商业部与公共文化部门的合作，以及政府财政对文化基础设施的大力投资（Kong，2000）。在进行影响企业产出因素的研究时，将企业治理效率作为一个影响因素纳入融资效率中，拓宽了文化企业融资效率理论的研究领域。

综上所述，已有小部分学者意识到对文化产业进行融资效率研究对提高我国经济水平具有重要意义。然而从融资效率角度研究文化产业的文献较少，近年来只有为数不多的几位学者利用传统 DEA 模型，对我国文化产业的融资效率进行分析和评价。因此，本研究选用超效率 EBM 和 Malmquist 指数评价模型，从静态和动态两个方面对我国文化传媒类上市公司的融资效率做出测度和评价，以此来探究文化产业在有充足的资金投入时，依然出现产出不尽如人意、多数文化企业陷入融资难现象的原因。最后根据分析结果，提出切实合理的相关建议。

三、研究思路

（一）评价指标选取

运用 DEA 评价模型时，合理选择投入、产出指标是有效运用 DEA 模型的关键步骤。文化产业不同于其他一般行业，它不仅属于知识密集型行业，具有很强的创新性，而且高收益与高风险并存，因此文化传媒类上市公司的融资效率指标的选取也取决于这些特征。结合以上文化产业的相关特性和本研究需要，在充分借鉴并总结相关专家学者研究文献的前提下，选择如表 6-1 所示指标作为测度文化传媒类上市公司融资效率的评价指标。

表 6-1　融资效率评价指标详表

指标类型	指标名称	出处	指标说明
投入指标	资产负债率（X_1）	孙燕芳（2018） 邵永同（2013）	反映企业的负债在总资产中所占比例大小
	主营业务成本率（X_2）	邬连东（2017）	反映企业主营业务成本在主营业务收入中所占比例，比例越高，代表主营业务收入的盈利贡献越低
	速动比率（X_3）	邬连东（2017）	速动比率越大，代表企业流动资金利用越不充分，收益能力越弱
产出指标	净资产收益率（Y_1）	罗春燕（2016） 孙燕芳（2018）	反映所有者投资所获得的净利润，可以用来衡量企业的整体盈利能力的强弱
	营业收入增长率（Y_2）	孙燕芳（2018） 邬连东（2017）	反映文化产业上市公司融资后的成长性
	总资产周转率（Y_3）	孙燕芳（2018） 邬连东（2017）	反映总资产的周转速度

（二）样本来源说明

本研究决策单元所选用的文化传媒类上市公司的研究样本来自证监会申万二级分类标准中的“文化传媒”检索目录下的上市公司共 58 家，选取 2013—2017 年的相关指标数据对文化传媒类上市公司进行融资效率评价研究。其中剔除了在 2013 年之后上市且在 2013—2017 年间没有持续以文化传媒作为主营业务的公司，保留了符合上述要求且数据完整的文化传媒类上市公司共 45 家。

四、结果分析

（一）超效率 EBM 模型下融资效率的静态分析

本研究利用 MaxDEA 7.0 软件对 45 家文化传媒类上市公司在 2013—2017 年间的数据，即 150 个样本数据进行超效率 EBM 模型计算处理，得到了 45 个决策单元的综合效率值、纯技术效率值、规模效率值和规模报酬，如表 6-2 所示；比例改进值、松弛改进值、目标值，如表 6-3 所示；以及投入指标的冗余率、产出指标的不足率，如表 6-4 所示。

1. 超效率 EBM 效率值

运行 Max DEA 7.0 软件后，得到 45 个决策单元的 EBM 效率值，并对其融资效率的高低进行综合排名。

（1）综合技术效率分析。从表 6-2 可以看出：

① 在 2013 年到 2017 年间，45 个决策单元的融资在综合技术效率上来说是整体偏低的，5 年间各公司均值未达到有效前沿面的公司个数为 38 家，所占比率高达 84%，整体的平均效率值呈现出先升后降、再升高的变化趋势。

② 2014 年是文化传媒类公司综合效率值最高的一年，总均值高达 0.824，但是一直到 2016 年，文化传媒类公司综合效率值一直处于下降状态，并于 2016 年总均值下降到最低为 0.732，随后又开始有缓慢上升的趋势。

③ 2017 年达到 DEA 有效的公司最多，共有 17 家，在 2014—2016 年间，每年达到有效前沿面的公司个数占比由 2014 年的 31%降至 2016 年的 20%。

④ 45 家公司中有歌华有线、新华传媒、博瑞传播等 18 家上市公司 5 年来综合效率值一直没有达到有效前沿面，综合排名相对来说靠后，说明这几个样本公司的融资效率提升空间较大。三六五网、鹏博士、巨人网络这 3 家上市公司分别占据了近 5 年融资效率综合排名的前 3 名，且多数时期内综合效率值都超过 1，达到有效前沿面，说明这 3 家公司的融资效率情况较好。

表 6-2　样本公司融资超效率 EBM 效率值

DMU	2013 年				2014 年				2015 年				2016 年				2017 年				均值			综合
	CRS	VRS	SE	RTS	CRS	VRS	SE	RTS	CRS	VRS	SE	RTS	CRS	VRS	SE	RTS	CRS	VRS	SE	RTS	CRS	VRS	SE	排名
歌华有线	0.186	0.520	0.358	+	0.332	0.514	0.645	+	0.330	0.568	0.581	+	0.302	0.612	0.493	+	0.328	0.614	0.534	+	0.295	0.566	0.522	45
中视传媒	0.434	0.783	0.553	+	0.394	0.721	0.547	+	0.371	0.789	0.471	+	0.311	0.731	0.425	+	1.029	1.030	0.999	—	0.508	0.811	0.599	39
中体产业	0.412	0.743	0.554	+	0.584	0.884	0.660	+	0.408	0.667	0.611	+	0.733	1.012	0.725	+	0.537	0.684	0.785	+	0.535	0.798	0.667	37
时代出版	0.688	0.812	0.847	+	0.891	0.933	0.955	+	0.805	0.893	0.901	+	0.755	0.886	0.852	+	1.007	1.009	0.998	+	0.829	0.907	0.911	19
东方明珠	0.967	0.977	0.990	+	1.028	1.104	0.931	—	1.057	1.084	0.974	—	0.772	0.836	0.924	+	0.651	0.733	0.888	+	0.895	0.947	0.941	14
新南洋	0.800	0.874	0.915	+	1.088	1.092	0.996	+	0.794	0.923	0.860	+	1.168	1.438	0.812	—	1.038	1.040	0.998	+	0.977	1.073	0.916	8
长江传媒	0.595	0.866	0.687	+	0.543	0.824	0.658	+	1.071	1.071	1.000	+	0.947	0.966	0.980	+	1.013	1.050	0.965	—	0.834	0.955	0.858	17
新华传媒	0.315	0.721	0.437	+	0.403	0.780	0.517	+	0.284	0.678	0.419	+	0.271	0.763	0.355	+	0.410	0.736	0.558	+	0.337	0.735	0.457	44
广电网络	1.131	1.173	0.964	+	1.042	1.062	0.981	+	1.039	1.048	0.991	+	0.603	0.784	0.769	+	1.011	1.021	0.990	—	0.965	1.018	0.939	9
博瑞传播	0.618	0.992	0.623	+	0.529	0.768	0.689	+	0.369	1.004	0.368	+	0.355	1.021	0.347	+	0.457	0.920	0.497	+	0.466	0.941	0.505	42
中南传媒	0.607	0.815	0.746	+	0.803	0.820	0.980	+	0.925	0.938	0.985	—	0.856	0.859	0.996	+	0.706	0.733	0.963	+	0.779	0.833	0.934	22
皖新传媒	0.753	0.877	0.859	+	0.794	0.794	1.000	+	0.989	1.024	0.966	—	1.002	1.003	0.999	+	1.026	1.104	0.929	—	0.913	0.961	0.950	12
凤凰传媒	0.459	0.802	0.572	+	0.839	0.902	0.930	+	0.754	0.870	0.867	+	0.735	0.897	0.820	+	0.808	0.861	0.938	+	0.719	0.866	0.825	25
吉视传媒	0.510	0.938	0.543	+	0.456	0.794	0.574	+	0.416	0.822	0.506	+	0.437	0.887	0.493	+	0.690	0.936	0.737	+	0.502	0.875	0.571	40
出版传媒	0.315	0.750	0.420	+	0.454	0.750	0.605	+	0.441	0.748	0.590	+	0.517	0.751	0.689	+	0.946	0.961	0.984	—	0.535	0.792	0.658	38
华数传媒	0.862	0.920	0.938	+	1.145	1.366	0.838	—	0.389	0.699	0.557	+	0.342	0.736	0.464	+	0.337	0.610	0.553	+	0.615	0.866	0.670	32
湖北广电	0.614	1.073	0.572	+	0.760	1.112	0.683	+	1.009	1.202	0.839	+	0.691	1.148	0.602	+	1.087	1.185	0.917	+	0.832	1.144	0.723	18

续表

DMU	2013年				2014年				2015年				2016年				2017年				均值			综合排名
	CRS	VRS	SE	RTS	CRS	VRS	SE	RTS	CRS	VRS	SE	RTS	CRS	VRS	SE	RTS	CRS	VRS	SE	RTS	CRS	VRS	SE	
当代东方	0.818	0.879	0.931	+	0.428	1.084	0.395	+	2.572	1.170	2.198	—	0.605	0.820	0.738	+	0.383	0.739	0.517	+	0.961	0.939	0.956	10
视觉中国	1.506	1.505	1.001	—	2.191	1.596	1.373	—	0.520	0.818	0.636	+	0.640	1.006	0.636	+	1.041	1.076	0.968	+	1.180	1.200	0.923	5
中原传媒	0.790	0.888	0.890	+	1.069	1.166	0.917	—	0.832	0.888	0.937	+	0.786	0.877	0.896	+	0.856	0.881	0.972	+	0.867	0.940	0.922	15
华闻传媒	0.522	0.821	0.636	+	C.833	0.899	0.926	+	0.582	0.744	0.782	+	0.534	0.712	0.750	+	0.272	0.615	0.442	+	0.548	0.758	0.707	36
电广传媒	0.329	0.701	0.469	+	0.435	0.853	0.511	+	0.404	0.698	0.578	+	0.449	0.728	0.617	+	0.815	0.844	0.966	+	0.486	0.765	0.628	41
粤传媒	0.641	0.902	0.711	+	0.412	0.708	0.583	+	0.313	0.828	0.378	+	0.337	0.790	0.427	+	0.522	0.806	0.647	+	0.445	0.807	0.549	43
天威视讯	0.581	0.968	0.600	+	0.649	0.855	0.759	+	0.782	0.903	0.867	+	0.802	0.913	0.879	+	0.640	0.788	0.812	+	0.691	0.885	0.784	27
奥飞娱乐	0.570	0.769	0.741	+	1.011	1.125	0.899	—	1.063	1.105	0.961	—	0.903	1.024	0.881	+	0.953	1.000	0.953	+	0.900	1.005	0.887	13
美盛文化	0.318	0.510	0.622	+	0.777	0.778	0.999	+	0.856	0.869	0.985	+	1.056	1.212	0.871	+	0.833	0.949	0.879	+	0.768	0.864	0.871	23
华谊兄弟	0.905	1.006	0.900	+	1.072	1.113	0.963	—	0.687	0.905	0.759	+	0.490	0.871	0.562	+	0.600	0.715	0.840	+	0.751	0.922	0.805	24
华策影视	1.033	1.033	1.000	+	0.887	0.945	0.939	+	0.556	0.781	0.712	+	0.590	0.751	0.786	+	0.866	0.886	0.977	—	0.786	0.879	0.883	21
光线传媒	1.027	1.039	0.989	+	0.742	0.934	0.794	+	0.481	0.869	0.554	+	0.596	0.790	0.754	+	0.532	0.708	0.751	+	0.675	0.868	0.768	30
华录百纳	0.804	1.008	0.798	+	0.461	0.831	0.555	+	0.641	0.917	0.700	+	0.832	1.028	0.809	+	0.657	0.875	0.751	+	0.679	0.932	0.723	29
浙数文化	0.803	0.920	0.873	+	0.811	0.895	0.906	+	1.023	1.030	0.994	+	0.860	1.042	0.826	+	1.183	1.237	0.956	—	0.936	1.025	0.911	11
宋城演艺	0.902	1.153	0.782	+	1.014	1.079	0.940	+	0.974	1.069	0.911	+	1.194	1.196	0.998	—	1.282	1.284	0.998	+	1.073	1.156	0.926	7
天舟文化	0.497	0.809	0.614	+	0.596	0.872	0.683	+	1.073	1.137	0.943	+	0.547	1.039	0.526	+	0.768	1.054	0.729	+	0.696	0.982	0.699	26
新文化	0.758	0.906	0.836	+	0.657	0.772	0.852	+	0.682	0.904	0.755	+	0.417	0.638	0.654	+	0.375	0.531	0.705	+	0.578	0.750	0.760	33

续表

DMU	2013年				2014年				2015年				2016年				2017年				均值			综合排名
	CRS	VRS	SE	RTS	CRS	VRS	SE	RTS	CRS	VRS	SE	RTS	CRS	VRS	SE	RTS	CRS	VRS	SE	RTS	CRS	VRS	SE	
北京文化	0.214	0.872	0.246	+	0.569	0.737	0.771	+	0.239	0.799	0.299	+	0.[illegible]86	0.781	0.878	+	1.077	1.103	0.976	+	0.557	0.858	0.634	34
骅威文化	1.202	1.365	0.880	+	0.739	1.019	0.725	+	0.666	1.002	0.665	+	0.683	0.930	0.735	+	1.040	1.098	0.947	+	0.866	1.083	0.790	16
中文传媒	0.663	0.726	0.912	+	0.859	0.878	0.979	+	0.743	0.854	0.870	+	0.774	0.891	0.869	+	0.911	0.923	0.988	−	0.790	0.854	0.924	20
巨人网络	0.617	1.153	0.536	+	1.074	1.214	0.885	+	1.305	1.310	0.996	+	2.179	1.787	1.219	−	1.163	1.132	1.027	−	1.268	1.319	0.933	3
光环新网	1.349	1.286	1.049	−	1.057	1.081	0.977	+	1.034	1.038	0.997	−	1.154	1.155	1.000	−	1.281	1.103	1.162	−	1.175	1.133	1.037	6
三六五网	2.181	2.192	0.995	+	2.468	2.639	0.935	−	2.388	2.412	0.990	+	1.2[illegible]6	1.272	0.996	+	1.429	1.533	0.932	+	1.947	2.010	0.970	1
中青宝	0.874	1.094	0.798	+	0.457	1.016	0.450	+	0.494	0.852	0.579	+	0.434	0.922	0.470	+	0.520	0.839	0.620	+	0.556	0.945	0.584	35
思美传媒	1.404	1.190	1.179	−	1.248	1.090	1.144	−	1.066	1.033	1.032	−	1.139	1.065	1.070	−	1.149	1.092	1.052	−	1.201	1.094	1.096	4
人民网	0.875	0.905	0.966	+	0.781	0.822	0.949	+	0.739	0.843	0.876	+	0.513	0.806	0.637	+	0.547	0.698	0.784	+	0.691	0.815	0.842	28
鹏博士	2.536	2.680	0.946	−	1.138	1.140	0.999	−	1.304	1.306	0.998	−	1.154	1.245	0.927	+	1.204	1.244	0.968	−	1.467	1.523	0.968	2
博通股份	0.761	0.872	0.872	+	0.547	0.927	0.590	+	0.549	1.012	0.543	+	0.53[illegible]	1.008	0.527	+	0.698	1.024	0.682	+	0.617	0.969	0.643	31
总均值	0.794	0.995	0.763		0.824	0.984	0.813		0.800	0.958	0.800		0.732	0.947	0.748		0.815	0.933	0.850		0.793	0.964	0.795	

注:CRS——综合效率,VRS——纯技术效率,SE——规模效率,RTS——规模报酬。

（2）纯技术效率和规模效率分析。观察表 6-2 可以发现：

① 我国文化传媒类上市公司融资的纯技术效率情况良好，而规模效率值则普遍较低，每年都能够达到有效前沿面的公司数量在 3—4 家。

② 45 家样本公司融资纯技术效率值的总体均值在 2013—2017 年间一直保持在 0.93 以上的水平，但是 5 年间一直没有达到有效前沿面，其中只有思美传媒在每个时期内融资纯技术效率都达到了最优。

③ 45 家样本公司规模效率总均值一直处于低于 0.85 的水平，且处于先升后降再升的趋势，离最优规模状态还有一定的距离。

④ 包括综合排名第 3 的巨人网络在内，有多家公司在 2013—2017 年间有融资的规模效率值下降幅度较大的迹象。但截至 2017 年，整体水平变化较 2013 年有所提高，可见接下来融资规模态势良好。

（3）规模收益变动趋势分析。从表 6-2 可以看出：

① 45 家文化传媒类上市公司中处于规模收益递增的公司居多，从 2013 年至 2017 年，处于规模收益递增的公司数量分别为 41、36、37、40 和 33 家。

② 对于大部分文化传媒类上市公司来说，通过扩大融资规模，能够为公司带来更大的产出，以此来进一步提升我国文化传媒上市公司的融资效率。

③ 对于处于规模报酬递减的公司，说明通过扩大融资规模来增加产出的可能性较小，必须依靠技术进步来提高融资效率。

2. 投影分析

利用超效率 EBM 模型研究 45 个样本公司的融资效率，最主要的目的就是通过评价决策单元找出其无效性来源，并对无效性来源进行改进，从而使决策单元达到融资有效。由于本研究采用的是以投入为导向的超效率 EBM 模型，因此对 45 家文化传媒类上市公司融资无效率的改进，是根据其投影分析结果来增加或减少投入值，以使其达到有效前沿面。由于篇幅限制，本研究只选取了 2017 年的数据测度结果，以便展开分析。

测算得到的比例改进值和松弛改进值分别与投入冗余值和产出不足值相对应，目标值与投入指标理论上应与达到的目标投入值相对应，其中比例改进是径向的，松弛改进是非径向的，二者的和构成了全部的改进值，如表 6-3 所示。

表 6-3 样本公司 2017 年融资效率投入指标的改进值与目标值

DMU	资产负债率			主营业务成本率			速动比率		
	比例改进值	松弛改进值	目标值	比例改进值	松弛改进值	目标值	比例改进值	松弛改进值	目标值
歌华有线	−10.03	0.00	6.56	−43.83	−10.61	18.06	−3.71	−1.58	0.85
中视传媒	0.00	0.00	20.44	0.00	0.00	72.03	0.00	0.00	3.19
中体产业	−19.36	−9.73	21.03	−29.20	−20.02	26.37	−0.24	0.00	0.38
时代出版	0.00	0.00	28.27	0.00	0.00	89.21	0.00	0.00	1.98
东方明珠	−5.20	0.00	15.51	−18.76	−19.76	36.22	−0.69	−0.89	1.17
新南洋	0.00	0.00	48.89	0.00	0.00	56.61	0.00	0.00	1.32
长江传媒	0.00	0.00	38.04	0.00	0.00	84.90	0.00	0.00	1.84
新华传媒	−18.63	−1.91	12.19	−35.96	0.00	27.21	−0.91	−0.10	0.59
广电网络	0.00	0.00	57.59	0.00	0.00	68.50	0.00	0.00	0.54
博瑞传播	−4.43	0.00	6.25	−31.39	−24.53	19.74	−1.28	−1.36	0.44
中南传媒	−7.31	−2.49	19.39	−15.28	0.00	45.76	−0.70	−0.49	1.59
皖新传媒	0.00	0.00	22.13	0.00	0.00	81.68	0.00	0.00	3.17
凤凰传媒	−6.81	0.00	29.46	−11.68	−1.52	48.99	−0.28	0.00	1.21
吉视传媒	−10.98	0.00	31.74	−13.88	−17.22	22.90	−0.11	0.00	0.32
出版传媒	−1.74	0.00	37.12	−3.54	−4.31	71.15	−0.05	0.00	1.13
华数传媒	−17.75	−1.92	8.36	−35.04	0.00	20.30	−2.02	−0.35	0.82
湖北广电	0.00	0.00	35.30	0.00	0.00	53.72	0.00	0.00	0.35
当代东方	−22.13	−2.80	11.67	−32.17	0.00	21.04	−1.01	0.00	0.66
视觉中国	0.00	0.00	36.49	0.00	0.00	34.14	0.00	0.00	1.06
中原传媒	−3.88	−3.80	26.50	−8.00	0.00	62.46	−0.21	−0.13	1.55
华闻传媒	−24.88	−2.97	7.98	−41.10	0.00	18.11	−1.75	−0.31	0.46
电广传媒	0.00	−32.76	19.99	0.00	−40.22	42.38	0.00	0.00	0.79
粤传媒	−2.84	0.00	5.88	−23.25	−26.49	21.72	−2.14	−3.60	0.84
天威视讯	−8.63	−3.70	14.86	−19.76	−7.44	35.03	−0.56	0.00	1.21
奥飞娱乐	0.00	−7.08	34.21	0.00	−6.24	51.22	0.00	0.00	0.62
美盛文化	−3.75	0.00	19.51	−9.47	0.00	49.22	−0.45	−0.09	2.25

续表

DMU	资产负债率			主营业务成本率			速动比率		
	比例改进值	松弛改进值	目标值	比例改进值	松弛改进值	目标值	比例改进值	松弛改进值	目标值
华谊兄弟	−18.92	0.00	28.73	−21.66	−0.84	32.05	−0.59	0.00	0.90
华策影视	−5.93	0.00	38.19	−9.88	0.00	63.55	−0.17	0.00	1.11
光线传媒	−11.27	−7.89	9.70	−22.94	−11.31	24.47	−0.78	0.00	1.22
华录百纳	−1.59	0.00	9.64	−10.94	−36.08	30.40	−0.83	−4.35	0.68
浙数文化	0.00	0.00	12.35	0.00	0.00	38.54	0.00	0.00	6.88
宋城演艺	0.00	0.00	14.59	0.00	0.00	36.81	0.00	0.00	1.83
天舟文化	−1.72	0.00	8.74	−7.70	−8.60	30.66	−0.48	−0.65	1.78
新文化	−25.32	−2.79	13.12	−37.91	0.00	23.82	−2.14	0.00	1.34
北京文化	0.00	0.00	14.74	0.00	0.00	51.22	0.00	0.00	4.20
骅威文化	0.00	0.00	7.12	0.00	0.00	49.43	0.00	0.00	5.53
中文传媒	−3.02	−2.93	33.54	−4.88	0.00	58.97	−0.13	0.00	1.56
巨人网络	0.00	0.00	29.02	0.00	0.00	23.96	0.00	0.00	3.34
光环新网	0.00	0.00	35.67	0.00	0.00	79.17	0.00	0.00	2.16
三六五网	0.00	0.00	21.97	0.00	0.00	6.61	0.00	0.00	3.99
中青宝	−13.91	−6.50	10.85	−19.57	0.00	24.42	−0.72	0.00	0.90
思美传媒	0.00	0.00	35.83	0.00	0.00	85.48	0.00	0.00	1.44
人民网	−6.38	0.00	12.64	−21.88	−13.62	29.73	−1.27	−1.90	0.63
鹏博士	0.00	0.00	68.77	0.00	0.00	45.89	0.00	0.00	0.46
博通股份	−10.04	−42.48	20.75	−6.56	−19.57	21.75	−0.05	0.00	0.29

注：表中“0.00”表示该决策单元的该项指标无松弛值。

此外，本研究根据2017年我国文化传媒类上市公司的融资效率情况，对45个决策单元投入指标的冗余率和产出指标的不足率进行分析。

由投入冗余值与实际投入值的比值得到45个样本公司融资的投入冗余率，由产出不足值与实际产出值的比值得到45个样本公司融资的产出不足率，如表6-4所示。投入冗余率和产出不足率反映出该决策单元的投入产出结构，也表明样本公司在融资效率有效时，该决策单元的投入产出结构之间的差别，这可以为提升我国文化传媒类上市公司融资效率提供调整和改进的方向。

表 6-4　样本公司 2017 年融资效率投入冗余率和产出不足率

DMU	投入冗余率			产出不足率		
	资产负债率	主营业务成本率	速动比率	净资产收益率	营业收入增长	总资产周转率
歌华有线	−60.46%	−75.09%	−86.24%	0.00%	382.92%	0.00%
中视传媒	0.00%	0.00%	0.00%	0.00%	0.00%	0.00%
中体产业	−58.04%	−65.11%	−38.63%	0.00%	−104.66%	0.00%
时代出版	0.00%	0.00%	0.00%	0.00%	0.00%	0.00%
东方明珠	−25.10%	−51.54%	−57.36%	0.00%	−102.96%	0.00%
新南洋	0.00%	0.00%	0.00%	0.00%	0.00%	0.00%
长江传媒	0.00%	0.00%	0.00%	0.00%	0.00%	0.00%
新华传媒	−62.75%	−56.93%	−63.25%	87.81%	−6.97%	0.00%
广电网络	0.00%	0.00%	0.00%	0.00%	0.00%	0.00%
博瑞传播	−41.49%	−73.92%	−85.76%	47.02%	−94.83%	0.00%
中南传媒	−33.55%	−25.03%	−42.79%	0.00%	−145.52%	0.00%
皖新传媒	0.00%	0.00%	0.00%	0.00%	0.00%	0.00%
凤凰传媒	−18.78%	−21.23%	−18.78%	0.00%	0.00%	0.00%
吉视传媒	−25.70%	−57.59%	−25.70%	0.00%	−66.28%	0.00%
出版传媒	−4.49%	−9.95%	−4.49%	0.00%	0.00%	0.00%
华数传媒	−70.17%	−63.32%	−74.33%	0.00%	0.00%	0.00%
湖北广电	0.00%	0.00%	0.00%	0.00%	0.00%	0.00%
当代东方	−68.11%	−60.46%	−60.46%	0.00%	−103.50%	0.00%
视觉中国	0.00%	0.00%	0.00%	0.00%	0.00%	0.00%
中原传媒	−22.47%	−11.35%	−18.30%	0.00%	0.00%	0.00%
华闻传媒	−77.72%	−69.42%	−81.65%	0.00%	−90.31%	0.00%
电广传媒	−62.11%	−48.69%	0.00%	−179.99%	0.00%	0.00%
粤传媒	−32.54%	−69.60%	−87.20%	72.37%	−131.45%	0.00%
天威视讯	−45.35%	−43.70%	−31.75%	0.00%	−137.82%	0.00%
奥飞娱乐	−17.14%	−10.86%	0.00%	131.05%	0.00%	0.00%

续表

DMU	投入冗余率			产出不足率		
	资产负债率	主营业务成本率	速动比率	净资产收益率	营业收入增长	总资产周转率
美盛文化	－16.14％	－16.14％	－19.31％	0.00％	0.00％	17.57％
华谊兄弟	－39.71％	－41.24％	－39.71％	0.00％	0.00％	0.00％
华策影视	－13.45％	－13.45％	－13.45％	0.00％	0.00％	0.00％
光线传媒	－66.40％	－58.33％	－39.06％	0.00％	47.35％	40.51％
华录百纳	－14.13％	－60.73％	－88.46％	26.42％	－93.66％	0.00％
浙数文化	0.00％	0.00％	0.00％	0.00％	0.00％	0.00％
宋城演艺	0.00％	0.00％	0.00％	0.00％	0.00％	0.00％
天舟文化	－16.41％	－34.71％	－38.82％	7.68％	0.00％	0.00％
新文化	－68.19％	－61.41％	－61.41％	0.00％	0.00％	0.00％
北京文化	0.00％	0.00％	0.00％	0.00％	0.00％	0.00％
骅威文化	0.00％	0.00％	0.00％	0.00％	0.00％	0.00％
中文传媒	－15.07％	－7.65％	－7.65％	0.00％	0.00％	0.00％
巨人网络	0.00％	0.00％	0.00％	0.00％	0.00％	0.00％
光环新网	0.00％	0.00％	0.00％	0.00％	0.00％	0.00％
三六五网	0.00％	0.00％	0.00％	0.00％	0.00％	0.00％
中青宝	－65.27％	－44.49％	－44.49％	0.00％	－213.88％	0.00％
思美传媒	0.00％	0.00％	0.00％	0.00％	0.00％	0.00％
人民网	－33.54％	－54.42％	－83.40％	0.00％	0.00％	0.00％
鹏博士	0.00％	0.00％	0.00％	0.00％	0.00％	0.00％
博通股份	－71.68％	－54.57％	－13.71％	0.00％	－87.65％	0.00％

注：表中“0.00％”表示该决策单元的该项指标无松弛值；在产出不足率中，营业收入增长率中有的公司为负，这是因为这些公司的原始数据为负。

从投入角度来看：

（1）中视传媒、时代出版、新南洋等 17 家文化传媒类上市公司在资产负债率、主营业务成本率和速动比率三项投入指标上的比例改进值和松弛改进值均为 0，这表明这 17 家上市公司融资不存在冗余，即这三项投入的融资资金利用效率已达到最优。

（2）有 28 家文化传媒类上市公司在三项投入指标上都存在投入冗余现象。例如，为了达到最有效前沿面，华闻传媒需在资产负债率上减少 77.72％，歌华有线需在主营业务成本率上减少 75.09％，华录百纳需在速动比率上减少 88.46％。

（3）在 45 家样本公司中，华闻传媒、歌华有线和华录百纳分别在资产负债率、主营业务成本率和速动比率上存在最大的投入冗余，这说明这 3 家公司对文化传媒类上市公司的融资效率具有明显的拉低作用，其中，华录百纳在 2017 年中融资资金浪费是最严重的，主要体现在流动资金利用效率不高，收益能力较差。

（4）出版传媒在资产负债率和速动比率上的改进空间较小，都应减少 4.49％才可提高综合效率；中文传媒在主营业务成本率上的改进空间较小，应减少 7.65％。

以上分析表明，文化传媒类上市公司融资效率的提高不能只是融资金额的提高，过量的融资只会导致资金的浪费，从而导致融资效率的低下。为了减少资金的浪费，避免无效率的投入，必须对融资额进行合理的控制，对投入产出结构进行优化。

综上所述，在当前文化传媒类上市公司的融资规模下，由于各项指标的投入产出比没有达到最优，导致 45 家文化传媒类上市公司的整体融资效率较低。为了提升文化传媒类上市公司的融资效率，首先，必须使各项指标的投入产出结构调整合理化，主要是适当减少投入指标的投入量，避免资金浪费。其次，需要扩大融资规模结构的调整和公司技术的创新力度，提升科技水平，使文化传媒类上市公司融资资金的利用效率得到提高，在产出指标既定的条件下，最大限度地改善文化传媒类上市公司的融资规模和投入。

（二）Malmquist 指数下融资效率的动态分析

以上是对我国文化传媒类上市公司 2013—2017 年间每个年度的融资效率进行了静态测算，可了解到近 5 年来我国文化传媒类上市公司融资的综合效率、纯技术效率和规模效率的大致变化，但为了提高对其融资效率变化趋势分析的准确性，探究融资综合效率变动的原因，本研究在此对 45 家文化传媒类上市公司的融资效率进行 Malmquist 指数分解，分别观察分析每种效率的动态变化。再次使用 MaxDEA 7.0 软件，可以得到 45 家文化传媒类上市公司在 2013—2017 年间融资效率的 Malmquist 指数分解。由于 Malmquist 指数衡量的是年与年之间动态的变化值，因此只能得到 4 个时间段的数据，结果如表 6-5 所示。其中，tfpch 代表全要素生产率，effch 代表技术效率变化指数，techch 代表技术变化指数，sech 代表规模效率变化指数，pech 表示纯技术效率变化指数。

表 6-5　样本公司融资效率的 Malmquist 指数分解

年份	tfpch	effech	techch	sech	pech
2013—2014 年	0.984	1.080	0.911	1.078	1.001
2014—2015 年	0.890	0.937	0.951	0.956	0.980
2015—2016 年	0.939	0.949	0.990	0.954	0.995
2016—2017 年	0.894	1.137	0.786	1.156	0.984
几何均值	0.926	1.022	0.906	1.032	0.990

从每个指数分析看来：

(1) 全要素生产率 5 年间平均值为 0.926，在这期间，每年的指数值也一直未达到 1，并且在 0.9 上下波动不定，2013—2014 年、2014—2015 年、2015—2016 年、2016—2017 年分别下降了 1.6%、11%、6.1%、10.6%，平均下降了 7.4%，说明文化传媒类上市公司对各种投入的生产要素利用程度较低。

(2) 表 6-5 数据表明规模效率变化指数贡献了 3.2%，贡献较小，但是由于技术变化指数和纯技术效率变化指数下降幅度较大，退步均值分别达到 9.4%和 1%，导致 Malmquist 指数下降，这表明文化传媒类上市公司需要加强技术更新和进步，继续适当扩大融资规模。

(3) 技术效率在 2014 年和 2017 年都出现了进步，技术效率变化指数分别为 1.080 和 1.137，这主要得益于规模效率变动指数的提高，其在 2014 年和 2017 年分别贡献了 7.8%和 15.6%。技术变化指数在 2016 年出现转折点，由技术进步转变为技术退步，阻碍了文化传媒类上市公司融资效率的提升。

根据表 6-5 的样本公司 2013—2017 年间融资效率的 Malmquist 指数分解，制作出样本公司融资效率的 Malmquist 指数及其分解指数的变动趋势图，见图 6-1。

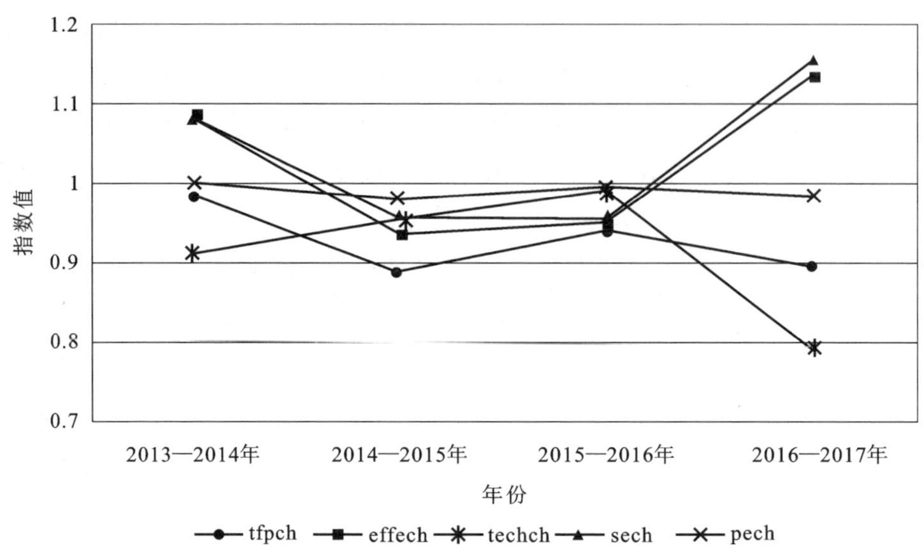

图 6-1 样本公司融资效率的 Malmquist 指数及其分解指数的变动趋势图

从整体上来看：

（1）45 个样本公司的 Malmquist 指数反映出我国文化传媒类上市公司融资效率在研究时期内呈下降趋势。

（2）由于 Malmquist 指数为技术效率变化指数与技术变化指数的乘积，结合表 6-5 和图 6-1 可以看出技术效率变化指数近 5 年来一直呈先降后升趋势并最终指数大于 1，而技术变化指数与技术效率变化指数的趋势相反，在前期的缓慢上升后呈现出下降的趋势。由此可见，文化传媒类上市公司整体融资效率的下降主要是由技术变化指数持续下降所引起的。

（3）技术效率变化指数可以进一步分解为规模效率变化指数和纯技术效率变化指数，而规模效率变化指数在近 5 年来处于先降后升并达到效率进步状态，纯技术效率变化指数波动较为稳定。因此，文化传媒类上市公司整体融资效率的下降与其技术退步有着直接的相关性。

综上所述，技术变化指数低下表现为技术退步，是导致文化传媒类上市公司融资效率低下的主要原因。

五、结论与建议

（一）结论

本研究通过超效率 EBM 模型和 Malmquist 全要素生产指数，测算出我国文化传媒类上市公司融资的发展水平及其变动趋势，分别从静态和动态两个方面对其融资效率进行分析和评价，得出以下三点结论。

（1）就目前文化传媒类上市公司的融资现状看来，45 家文化传媒类上市公司的整体融资效率较低，主要归因于各项指标的投入产出比结构不合理。为了提升文化传媒类上市公司的融资效率，必须将各项指标的投入产出比调整优化，主要方式是适当减少资金投入，避免资金浪费。

（2）我国文化传媒类上市公司的大部分的融资处于规模收益递增状态，需要扩大融资规模，结构的调整使文化传媒类上市公司融资资金的利用效率得到提高，在产出指标既定的条件下，最大限度地扩大文化传媒类上市公司的融资规模和减少不必要的资金投入。

（3）45 家样本公司 2013—2017 年间融资效率的 Malmquist 指数分解表明，公司技术变化指数代表着公司技术的创新能力，极大地影响着公司的全要素生产率的提升。提升企业科技水平、增强企业技术的更新迭代能力、促进企业技术进步将为文化传媒类公司的融资效率的提高带来有力的帮助。

（二）建议与展望

基于以上对我国文化传媒类上市公司 45 个样本的分析，为进一步提升其融资效率，本研究提出以下几点建议。

（1）改善政府财政扶持文化传媒类公司发展的方式。首先，应当积极优化财政资金投入模式，例如改变以往的固定资产投资，转而支持中小文化传媒公司进行自主知识产权研发。其次，政府需转变财政资金的投入方式，减少直接的资金补助，注重引导性投入，继续完善专项资金的发展模式，同时做好项目评审和监督管理。最后，政府要将投资体系进行细化，加强对文化传媒类公司的财政补贴和支持的针对性，对文化产业中投融资的资源进行充分整合，杜绝资源浪费，从而更好地提高对文化产业的资金利用率，促进我国文化产业走上均衡科学的发展之路。

（2）提升文化传媒类公司的技术创新能力。企业是否能够长久发展体现在该企业的创新能力强弱与否，因此，我国文化传媒类公司需要引进先进的企业管理经验，注重提高文化产业的技术开发能力，不断丰富文化产品的内在价值，增强我国文化企业的核心竞争力，政府要扶持重点文化企业，带动我国中小文化传媒类公司的创新与发展。而提升我国文化传媒类公司的创新能力，需要推动科技与文化及相关行业的业态相融合，发挥科技在动漫业、数字文化服务业、文化信息传输业等新兴业态中的支撑作用；人才方面，高校、科研院所和文化科技龙头企业应当建立文化科技技术创新研究中心，推动各类共性技术平台向文化企业开放，从而实现技术交流与共享，促进科技成果的转化。

（3）借助文化体制改革的热潮，提高文化传媒类公司的融资能力。当前我国文化传媒类公司仍然存在体制改革缓慢的情况，具体表现在依赖政府财政支持，市场上竞争力较弱，公司内部缺乏正确的引导、激励机制，财务管理上没有建立起规范化的制度。可见，我们需要按照现代公司治理结构对我国文化传媒类公司进行改造；通过吸引国内外成功文化企业投资入股；鼓励文化艺术家以无形资产入股；通过引进民间投资等方式来提高我国文化传媒类公司的融资规模。同时，要建立规范的财务管理和信息披露制度，制定政策激励金融机构全力支持我国文化产业的发展。培养经营能力和专业技能兼具的公司管理人才，充分吸收市场投资，摆脱对政府的过度依赖，促进我国文化产业与市场经济接轨，使文化产业走上自主自强的发展之路。

（4）扩大融资规模，改善融资机制，创新融资方式。政府自身需引领和带动民间资本投资到文化产业，将后期奖励、贷款贴息、组合投资、引导投资等模式转变为专项资金、投资基金等，作为提高文化企业融资效率的主要方向。

（5）完善并宣扬与文化传媒类公司投融资相关的法律法规。健全的法律法规等政策是创造投融资良好环境的基础，如文化传媒类公司在引进外资时，外资准入的对象、形式、程度等都需要规范的法律法规对其进行明确界定。还应加强新闻媒体宣扬文化产业相关法律，通过法律法规来规范市场秩序，在法律允许的范围内充分发挥市场的作用，对投融资者进行选择、激励和淘汰。

然而，本研究针对此次的45个研究对象，只选取了其5年的面板数据进行分析，对整个文化传媒行业公司的融资效率及其变化趋势分析评价结果存在一定的不足之处。且EBM模型的投影值在对变量没有取值范围约束的情况下有可能出现逻辑错误，导致无效DMU的投入指标的投影值可能会高于其原始值，造成改进目标是“增加投入”的错误（成刚，2014）。希望下一步研究能够选取更为合理的DEA模型，增加多个具有研究性的投入产出指标，得出更为严谨的结论。

ZHUANXIANG BAOGAO PIAN

专项报告篇

第七章　文化产业上市公司研发能力研究

本研究运用超效率 SBM 修正的三阶段 DEA 模型对我国 44 家文化产业上市公司的研发能力进行了静态研究，并结合考虑非期望产出的 Malmquist 指数方法对样本公司进行了动态研究。从静态角度进行研究的结果有 2013—2017 年文化产业上市公司研发能力总体偏低且呈现出两极分化态势；公司的成立年数、公司规模以及地方生产总值均对企业的研发能力综合效率有一定的影响；剔除了环境变量和随机因素后，企业的研发能力综合效率有一定的上升。从动态角度进行研究的结果有文化产业上市公司的研发能力综合效率在 2013—2017 年呈现负增长态势；文化产业上市公司研发技术效率不高，企业研发技术进步缓慢。根据实证分析结果，提出以下政策建议：合理配置研发资源，提高资源投入的转化效率；重视研发团队建设，吸收优质人才资源；控制坏账损失，提高企业整体效率；加大企业研发投入，提升技术效率。

一、引言

在党的十八大中，习近平同志就提出了“科技创新是提高社会生产力和综合国力的战略支撑，必须摆在国家发展全局的核心位置”，强调要坚持走中国特色自主创新道路、实施创新驱动发展战略。在 2014 年出席中国科学院第十七次院士大会、中国工程院第十二次院士大会开幕式时，习近平同志也曾强调指出“实施创新驱动发展战略，……坚持自主创新、重点跨越、支撑发展、引领未来的方针，加快创新型国家建设步伐”。在党的十九大中，习近平继续提出“创新驱动”发展战略，指出要大力发展文化产业，推动文化产业的创新性发展。

推动文化产业的创新性发展，首先要推动文化产业企业的研发创新，企业的研发创新能力是企业可持续发展的动力，决定着企业的核心竞争力，直接关系到企业的兴衰，同时影响着整个文化产业的创新发展。文化产业上市公司作为文化产业的典型代表，研究其研发能力对于了解整个文化产业的研发能力有着重要的指导意义。

本研究首先运用超效率 SBM 修正的三阶段 DEA 模型对我国 44 家文化产业上市公司的研发能力进行静态研究，然后结合考虑非期望产出的 Malmquist 指数方法对样本公司的研发能力进行动态研究，最后结合静态和动态分析的结果来研究 2013—2017 年我国文化产业上市公司的研发能力。

二、文献综述

企业研发能力是企业可持续发展的动力，是企业拥有核心竞争力的源泉，直接关系到企业发展航向，近年来，国家政策大力支持企业研发创新，国内外学者对研发创新情况进行了大量的理论和实证研究，主要研究可以从国家区域层面和行业层面两方面来看。

从国家区域层面来看，李习保（2007）利用 1998—2006 年我国各地区的创新活动数据，运用随机前沿模型实证了环境因素对创新产出效率的影响，表明了政府对教育的重视程度和对科技研发的支持力度是促进创新的两个重要因素。刘新同（2008）引入了研发投入强度、研发经费相对规模、研发人员相对规模、主要检索工具、收录论文相对数量、授权专利相对数量、技术市场相对规模、新产品产值相对规模等指标，通过因子分析法，对我国各省区研发能力差异进行了比较和评价，结果得出应突出企业在区域研发创新中的地位，国家要建立研发创新评估体系，并加强地区间的合作创新。白俊红等人（2009）在前人的基础上也选择应用随机模型对 1998—2007 年中国 30 个省份的研发创新效率进行了实证测算，并选择系统角度考察了区域的主体要素及其之前的关系对研发能力综合效率的影响，提出区域的创新环境及区域创新系统网络能力建设对提升整体区域的创新效率有重要影响。类似的研究还有马红燕（2009）、晏宗新（2010）、朱承亮（2011）、Robert T. Burrus（2018）等。孙建等人（2010）考虑到区域研发与国家宏观经济间的关系，通过空间计量经济模型和小型宏观计量经济模型，研究了八大区域的研发投入的效率，得出区域创新活动存在较强的空间聚集趋向，提出利用空间聚集，可以有效提高资源的配置效率，有效提高区域研发创新能力。类似的研究还有 Nina Evans（2017）。师萍等人（2011）在此基础上提出了区域研发创新存在绝对的空间收敛趋势，并指出空间地理因素对研发创新也有显著影响。类似的研究还有邹文杰（2015）、Laura Barasa（2019）等。陆正华等人（2012）选取 2002—2010 年广东省 21 个地级市的文化资本量的面板数据，运用因子分析法和随机前沿影响因素模型对其进行了实证研究，分析了有形文化资本量和无形文化资本量对区域研发创新效率的影响，表明了文化资本对企业的研发创新效率具有促进作用，提出自然资源消耗对研发创新效率有抑制影响，要促进区域研发创新效率应当注重文化资本的作用。陆正华等人（2013）再次提取广东省 21 个地级市的大中型工业企业研发能力综合效率的面板数据，利用因子分析法，发现物质资本、人力资本和自然资本会影响到研发创新效率的区域差异，并运用聚类分析和非参数检验法对研发创新效率的区域差异进行了研究，最终得出人力资本主要影响中间产出效率区域差异，物质资本主要影响最终产出效率区域差异。类似的研究还有梁文群（2016）、孙鲁云（2017）、Trabelsi Ramzi（2018）等。姜彩楼（2016）运用创新价值链将研发创新活动划分成基础研究、应用研究和试验发展三个阶段，并选择我国 29 个省级的区域研发面板数据，利用随机前沿函数对其进行了实证研究，最后得出三个阶段研发能力综合效率均呈现逐年上升趋势。其中，基础研究阶段的效率最高，试验发展阶段的效率最低，反映出我国优质资源长期向基础研究领域倾斜，而对研发的市场化重视程度不够，并提出了我国应该完善产学研转化机制、加强创新型人才的培养等建议。类似的研究还有雷海（2018）、曾智华等（2017）等。

从行业层面来看，张明倩（2009）从动态角度出发，运用动态评价法对我国制造行业研发活动进行分析，并对各行业研发的投入产出进行了对比分析，为认识我国制造业各行业研发活动的现实水平和发展潜力以及为制定相关科技政策和发展规划提供了依据。类似的研究还有陆立军（2010）、徐欣（2012）、Thanapol Srithanpong（2013）、Waldemar Karpa 等（2018）、Kadígia Faccin（2018）等。王然（2011）选用高技术行业的面板数据，实证研究了不同来源的研发投入与不同渠道的技术溢出对本土企业自主创新绩效的影响，得出中国高技术行业的研发创新能力的提升主要依靠于企业和政府的研发投入，提出要促进科技人员的流动以及资源的整合，加强研发创新，提高整个行业的研发创新效率。类似的研究还有James Boles（2017）、Ying Ying（2016）等。戴小勇（2013）着重从研发投入强度角度对我国的工业企业数据进行分析，研究了研发投入强度对企业绩效的非线性影响，对研发投入强度进行了门槛划分，得出研发投入强度只有达到第一门槛值时才能对企业绩效具有促进作用，并对企业进行高技术企业和低技术企业的划分，得出不同的研发投入强度门槛线，提出企业要加强研发投入强度，促进企业的研发创新能力。类似的研究还有Alexandre Trigo（2013）、Song Chiung（2015）等。

通过对以上国内外文献进行梳理，从研究方法上来看，国内外学者关于研发创新能力的研究主要以实证研究为主，案例型研究较少。从研究对象来看，目前国内外有关企业研发能力的研究对象多数为高新科技行业、制造业、医药行业等，而对文化产业研发能力进行研究的文献较少。因此，本研究运用超效率SBM修正的三阶段DEA模型对我国44家文化产业上市公司的研发能力进行了静态研究，并结合考虑非期望产出的Malmquist指数方法对样本公司的研发能力进行了动态研究。

三、研究方法与数据来源

（一）构建模型

1. 基于超效率SBM修正的三阶段模型

第一阶段：首先运用超效率SBM模型对影响文化产业上市公司的研发能力的投入产出指标进行考虑非期望产出与不考虑期望产出的对比，根据测算结果选择是否考虑非期望产出的超效率SBM模型。

第二阶段：通过SFA方法对第一阶段计算出来的松弛量使用可观测的环境变量以及随机误差项进行回归，用以区别管理无效率和统计噪声。SFA方法可将所有的决策单元调整为相同的环境条件，同时考虑随机误差干扰的影响。

第三阶段：将第二阶段处理得到的经调整的投入数据替代原始的投入数据，产出仍保持为原始产出数据，运用超效率SBM模型进行效率评估，这样就可以得到各决策单元剔除了环境和随机误差因素影响后的真实效率值。

2. 考虑非期望产出的 ML 指数

Chung 等人（1997）将包含坏产出的方向距离函数应用于 Malmquist 模型，并将得出的 Malmquist 指数称为 ML 指数。本研究运用此方法测算研发能力综合效率动态变化。

（二）数据来源

本研究从新浪财经上选取沪深股市文化产业的互联网传媒和文化软件服务两大行业数据。根据上市公司年报，选取 2013—2017 年审计后的财务数据作为研究对象，最终确定将 44 家文化产业上市公司作为研究样本。

（三）指标选取

1. 投入产出指标选取和说明

研发能力的研究建立在合理的指标选取基础上，本研究从投入和产出角度选取文化产业上市公司研发能力的评价指标。在充分借鉴之前学者马红燕（2009）、邹文杰等人（2015）对文化产业上市公司的研究文献的基础上，根据数据的可获得性和有效性来确定本研究的指标选取。本研究将文化产业上市公司研发能力研究指标划分为投入和产出指标。本研究选取指标明细见表 7-1。

表 7-1　投入产出指标汇总表

一级指标	二级指标	指标说明
投入指标	研发人员投入强度	研发人员投入强度是指企业投入研发的人力成本，是研发人员数量与总员工数量之比
	研发投入强度	研发投入强度是指企业投入研发的财力成本，是企业投入研发的费用占本年度主营收入的比重
期望产出指标	技术资产率	技术资产率反映的是企业技术创新能力，是企业无形资产与总资产之比
	主营业务利润率	主营业务利润率是反映企业盈利能力的主要指标
	资产报酬率	资产报酬率是反映企业盈利能力的主要指标
非期望产出指标	坏账损失	反映的是企业各种不能收回的应收账款，是企业非期望的，此指标越小越好

基于DEA效率评价模型对于坏账损失等非期望产出的处理有多种方法，“非期望产出视同投入法”是主要处理思路之一（Rheinhard，2000）。这种安排符合DEA对投入变量的要求，即投入最小和期望产出越大，意味着研发能力越强。

2. 环境变量的选取和说明

（1）成立年数。一般而言，文化产业上市公司经营的时间越长，积累的资源越多，声誉影响也越大，研发能力也越强。为了更好地反映文化产业研发能力对企业效率的影响，本研究将文化产业上市公司的成立年数作为其中一个环境变量。

（2）公司规模。公司规模越大，企业的研发能力越强，公司用以进行研发的投入也会越多。因此，本研究将文化产业上市公司的规模作为其中一个环境变量。

（3）地区生产总值。地区生产总值反映了一个地区的经济发展总体水平，不同的地区，经济发展水平不同，也会影响到文化需求，文化需求的不同也会影响到当地文化产业上市公司的研发能力投入。因此，本研究将地区生产总值也作为文化产业上市公司研发能力研究的一个环境变量。

（四）数据处理

DEA实证研究要求所选取的投入产出指标数值必须为正值，为了保证软件运行结果的准确性，本研究采用初等变化法对所选取报表中的数据进行统一整理，通过对同一指标同时加减相同的正数来抵消负值，保证进行效率评价时选用DEA实证研究的有效性。

四、研发能力的静态实证研究

（一）第一阶段超效率SBM实证结果

为了分析文化产业上市公司研发能力，用MaxDEA 7.0软件对2013—2017年数据分别做了考虑非期望产出和不考虑非期望产出的实验。实验结果见表7-2。

表 7-2　第一阶段测算结果

序号	DMU	2013 年		2014 年		2015 年		2016 年		2017 年		平均值	
		考虑非期望产出	不考虑非期望产出	考虑非期望产出	不考虑非期望产出	考虑非期望产出	不考虑非期望产出	考虑非期望产出	不考虑非期望产出	考虑非期望产出	不考虑非期望产出	考虑非期望产出	不考虑非期望产出
1	华谊嘉信	1.84	2.24	0.88	0.92	1.97	2.16	3.44	4.50	0.29	0.42	1.68	2.05
2	天威视讯	1.47	1.22	1.57	0.98	1.50	0.86	1.48	0.65	1.11	0.44	1.43	0.83
3	蓝色光标	1.06	1.09	2.18	2.54	1.23	1.23	1.20	1.19	1.02	1.03	1.34	1.42
4	腾邦国际	1.29	1.06	1.03	0.55	1.15	0.30	1.31	0.52	1.15	0.65	1.19	0.62
5	华闻传媒	1.16	1.07	1.00	0.39	1.35	1.43	0.61	0.53	1.45	1.31	1.11	0.95
6	歌华有线	1.19	1.18	1.12	1.12	1.22	0.79	1.06	0.43	0.44	0.39	1.01	0.78
7	人民网	1.21	1.10	0.92	0.67	1.05	0.24	0.44	0.26	1.11	0.08	0.95	0.47
8	凯撒文化	1.34	1.21	1.32	1.23	0.54	0.22	1.08	0.65	0.05	0.08	0.87	0.68
9	生意宝	1.03	0.30	1.06	0.52	0.49	0.23	0.45	0.05	1.13	0.05	0.83	0.23
10	三五互联	0.56	0.43	1.02	0.25	0.27	0.21	0.64	0.52	1.48	1.48	0.79	0.58
11	东方明珠	2.13	2.38	0.27	0.22	0.56	0.56	0.62	0.57	0.26	0.38	0.77	0.82
12	乐视网	1.29	1.29	0.33	0.33	1.25	0.73	0.78	0.78	0.00	0.00	0.73	0.63
13	华数传媒	1.15	1.21	1.21	1.32	0.67	0.25	0.41	0.40	0.20	0.21	0.73	0.68

续表

序号	DMU	2013 年		2014 年		2015 年		2016 年		2017 年		平均值	
		考虑非期望产出	不考虑非期望产出	考虑非期望产出	不考虑非期望产出	考虑非期望产出	不考虑非期望产出	考虑非期望产出	不考虑非期望产出	考虑非期望产出	不考虑非期望产出	考虑非期望产出	不考虑非期望产出
14	汉王科技	1.00	0.00	1.06	0.33	1.06	0.25	0.44	0.19	0.05	0.08	0.73	0.17
15	美盛文化	1.07	0.53	0.36	0.17	1.21	0.17	0.34	0.13	0.06	0.06	0.61	0.21
16	朗玛信息	1.08	0.05	0.40	0.26	0.70	0.41	0.67	0.32	0.17	0.15	0.60	0.24
17	鹏博士	0.09	0.11	0.23	0.26	1.87	0.57	0.43	0.29	0.10	0.09	0.55	0.27
18	奥飞娱乐	0.75	0.38	0.64	0.20	0.29	0.21	0.49	0.30	0.11	0.17	0.44	0.25
19	博瑞传播	1.10	1.10	0.43	0.41	0.25	0.11	0.44	0.15	0.03	0.05	0.45	0.36
20	骅威文化	0.35	0.32	0.30	0.19	0.37	0.06	0.02	0.01	1.11	0.00	0.43	0.12
21	智度股份	0.32	0.32	0.03	0.04	0.73	0.18	0.59	0.24	0.47	0.32	0.43	0.22
22	焦点科技	0.21	0.17	1.13	0.09	0.30	0.10	0.33	0.17	0.04	0.06	0.40	0.12
23	威创股份	0.14	0.09	0.09	0.06	0.36	0.12	1.00	0.25	0.13	0.10	0.34	0.12
24	二六三	1.03	0.03	0.15	0.08	0.13	0.12	0.18	0.13	0.02	0.02	0.30	0.08
25	四维图新	0.27	0.19	0.45	0.33	0.40	0.28	0.25	0.23	0.03	0.05	0.28	0.22
26	浙数文化	0.28	0.29	0.14	0.12	0.36	0.15	0.49	0.24	0.06	0.08	0.27	0.18

续表

序号	DMU	2013年		2014年		2015年		2016年		2017年		平均值	
		考虑非期望产出	不考虑非期望产出	考虑非期望产出	不考虑非期望产出	考虑非期望产出	不考虑非期望产出	考虑非期望产出	不考虑非期望产出	考虑非期望产出	不考虑非期望产出	考虑非期望产出	不考虑非期望产出
27	数码科技	0.27	0.11	0.23	0.16	0.38	0.25	0.39	0.25	0.08	0.09	0.27	0.17
28	拓尔思	0.43	0.37	0.31	0.33	0.30	0.37	0.20	0.20	0.02	0.03	0.25	0.26
29	顺网科技	0.27	0.24	0.26	0.30	0.28	0.24	0.25	0.16	0.01	0.01	0.21	0.19
30	佳创视讯	0.22	0.06	0.10	0.05	0.39	0.05	0.28	0.08	0.03	0.05	0.20	0.06
31	方直科技	0.34	0.10	0.20	0.12	0.23	0.11	0.23	0.15	0.01	0.01	0.20	0.10
32	东方财富	0.26	0.12	0.12	0.10	0.55	0.43	0.05	0.05	0.00	0.00	0.20	0.14
33	拓维信息	0.28	0.24	0.17	0.12	0.30	0.22	0.18	0.17	0.03	0.05	0.19	0.16
34	迪威讯	0.25	0.20	0.04	0.05	0.21	0.10	0.35	0.13	0.10	0.12	0.19	0.12
35	掌趣科技	0.44	0.18	0.16	0.07	0.18	0.10	0.13	0.06	0.01	0.01	0.19	0.08
36	大智慧	0.81	0.20	0.09	0.07	0.01	0.01	0.00	0.00	0.01	0.01	0.18	0.06
37	立思辰	0.27	0.29	0.15	0.14	0.22	0.11	0.20	0.15	0.07	0.10	0.18	0.16
38	中青宝	0.38	0.19	0.07	0.06	0.17	0.08	0.18	0.18	0.02	0.03	0.16	0.11
39	捷成股份	0.10	0.08	0.09	0.05	0.07	0.04	0.35	0.25	0.18	0.20	0.16	0.12

续表

序号	DMU	2013年		2014年		2015年		2016年		2017年		平均值	
		考虑非期望产出	不考虑非期望产出	考虑非期望产出	不考虑非期望产出	考虑非期望产出	不考虑非期望产出	考虑非期望产出	不考虑非期望产出	考虑非期望产出	不考虑非期望产出	考虑非期望产出	不考虑非期望产出
40	科大讯飞	0.16	0.12	0.14	0.13	0.11	0.11	0.22	0.22	0.05	0.07	0.14	0.13
41	同方股份	0.15	0.22	0.11	0.15	0.16	0.17	0.15	0.17	0.10	0.15	0.14	0.17
42	美亚柏科	0.14	0.10	0.22	0.14	0.14	0.15	0.12	0.13	0.01	0.02	0.13	0.11
43	天舟文化	0.01	0.01	0.01	0.00	0.01	0.01	0.26	0.25	0.02	0.03	0.06	0.06
44	北纬科技	0.09	0.02	0.05	0.01	0.02	0.00	0.01	0.01	0.00	0.00	0.03	0.01
	平均值	0.67	0.51	0.50	0.36	0.57	0.33	0.52	0.37	0.29	0.20	0.51	0.35

观察表 7-2 可以看出：

（1）在不考虑环境变量和随机因素影响的情况下，2013 年考虑非期望产出的研发能力综合效率均值为 0.67，不考虑期望产出的综合效率均值为 0.51；2014 年考虑非期望产出的研发能力综合效率均值 0.50，不考虑期望产出的综合效率均值为 0.36；2015 年考虑非期望产出的研发能力综合效率均值为 0.57，不考虑期望产出的综合效率均值为 0.33；2016 年考虑非期望产出的研发能力综合效率均值 0.52，不考虑期望产出的综合效率均值为 0.37；2017 年考虑非期望产出的研发能力综合效率均值为 0.29，不考虑期望产出的综合效率均值为 0.20。因此，从每年的研发能力综合效率均值来看，考虑非期望产出的均值均比不考虑非期望产出的均值要大，也更符合实际，从 5 年的平均值来看，考虑非期望产出的研发能力综合效率值为 0.51，不考虑非期望产出的研发能力综合效率值为 0.35，高出了 0.16。因此，非期望产出的存在对文化产业上市公司的研发能力综合效率值有重大影响，不考虑非期望产出时的效率评价是不符合实际的，所以运用考虑非期望产出的超效率 SBM 模型对文化产业上市公司的效率进行评价的结果更加准确，更加符合文化产业上市公司的实际运营情况。

（2）从总体来看，在 2013—2017 这 5 年的综合效率评价中，在 2013 年有 17 家研发能力综合效率值大于 1，占比近 38.6 %，只有大智慧、奥飞娱乐、三五互联 3 家企业研发能力综合效率值处在 0.5 到 0.9 之间，其余 24 家企业的研发能力综合效率值均在 0.5 以下，说明 2013 年研发能力综合效率值呈现出明显的两极分化状态，且研发能力综合效率值总体偏低。在 2014 年有 11 家企业研发能力综合效率值大于 1，占比 25%，只有人民网、华谊嘉信、奥飞娱乐 3 家企业研发能力综合效率值处在 0.5 到 1 之间，其余 30 家企业的研发能力综合效率值均在 0.5 以下，说明 2014 年研发能力综合效率值也呈现出明显的两极分化状态，且研发能力综合效率值总体偏低。在 2015 年也有 11 家企业研发能力综合效率值大于 1，占比 25%，只有智度股份、朗玛信息、华数传媒、东方明珠、东方财富、凯撒文化 6 家企业研发能力综合效率值处在 0.5 到 0.8 之间，其余 27 家企业的研发能力综合效率值均在 0.5 以下，说明 2015 年研发能力综合效率值也呈现出明显的两极分化状态，且研发能力综合效率值总体偏低。在2016年只有7家企业研发能力综合效率值大于1，占比15.9％，只有乐视网、朗玛信息、三五互联、东方明珠、华闻传媒、智度股份6家企业研发能力综合效率值处在0.5到0.8之间，其余31家企业的研发能力综合效率值均在0.5以下，说明2016年研发能力综合效率值也呈现出明显的两极分化状态，且研发能力综合效率值总体偏低。在2017年只有8家企业研发能力综合效率值大于1，占比近18.2％，其余36家企业的研发能力综合效率值均在0.5以下，说明2017年研发能力综合效率值也呈现出明显的两极分化状态，且研发能力综合效率值总体偏低。从5年的平均值来看，只有6家企业研发能力综合效率值大于1，占比近13.6％，11家企业的研发能力综合效率值在0.5到1之间，其余27家企业的研发能力综合效率值均在0.5以下。综上可以看出，在2013—2017年文化产业上市公司的研发能力综合效率值呈现出两极分化状态，研发能力综合效率值总体偏低。

（3）从单个公司来看，在2013—2017年，仅有腾邦国际、天威视讯、蓝色光标这3家企业的研发能力综合效率值一直大于1，说明这3家企业研发能力比较强，在所选的44家样本公司内属于佼佼者。查阅这3家公司资料得知其拥有比较强大的研发团队，企业对研发比较重视。随着互联网经济的发展，“互联网＋”文化越来越受到重视，这3家企业比较注重文化产品、内容的创新，重视研发成果的转化。华闻传媒、歌华有线这2家企业在这5年中有4年处于研发能力综合效率值大于1的状态，说明这2家企业的研发能力也较强。

（二）第二阶段SFA估计结果分析

由于各文化产业上市公司的外部环境与随机影响因素不尽相同，因此有必要剔除外部环境和随机影响因素对企业研发能力的影响，以便更好地分析样本公司的研发能力。为此，以考虑非期望产出的超效率SBM模型计算得到的各投入变量的松弛量作为因变量，将外部环境因素（成立年数、公司规模、地区生产总值）作为自变量，运用FRONTIER4.1软件，使用极大似然法对第一阶段得到的投入松弛值实施SFA回归，估计结果见表7-3。

表 7-3　第二阶段测算结果

自变量	研发人员投入强度松弛变量		研发投入强度松弛变量		坏账损失松弛变量	
	回归系数	T值	回归系数	T值	回归系数	T值
成立年数	−0.26	−1.3	−0.01	−0.07	−716455.85	(−716455.85)***
公司规模	0.15	(1.21)*	0.01	0.17	8905931.60	(8905931.6)***
地区生产总值	0.00	0.47	0.00	0.18	756.29	(756.29)***
gamma	0.95	(23.65)***	0.94	38.76***	0.75	(5.9)**
L(对数似然函数)	−843.36		−668.63		−4563.06	
LR单边误差	127.74***		194.9***		216.55***	

注：*表示在10%显著性水平上显著，**表示在5%显著性水平上显著，***表示1%显著性水平上显著。

1. 总体评价

从表 7-3 中可以看出，每个似然比 LR 单边误差均大于临界值，都通过了 1%的显著性检验，反映出各投入松弛变量与环境变量间的关联性很强。同时，各投入松弛变量的 γ 值趋向 1 且通过 1%的显著性检验，表明各公司管理无效率明显。

2. 具体评价

从成立年数来看，研发人员投入强度松弛变量的回归系数为负，可能的解释是，成立年数越久的公司人员结构越复杂，分配在研发上的人员越精简。成立年数与研发投入强度松弛变量呈负相关，可能的解释是，成立年数越久的文化产业上市公司，更依赖于原先的主营业务，用于科技研发创新的资金占比会低一些，而成立年数少的公司更需要研发创新来激活业务，开拓市场。成立年数与坏账损失松弛变量也呈现出负相关，可能的原因是，成立年数越久的文化产业上市公司，业务主体多，业务量大，坏账损失的基数也就上升了。成立年数与研发费用呈正相关，可能的解释是，成立年数越久的文化产业上市公司其企业资金更为雄厚，可分配的研发费用更多，但也更容易造成过度投入研发，进而导致研发资金使用效率下滑，最终导致研发能力综合效率下降，研发能力未能上升。

从公司规模来看，该变量的回归系数始终为正值，说明公司规模与企业的研发人员投入强度、研发投入强度和坏账损失、研发费用均表现为正相关关系。也就说明公司规模越大，用以研发的资金虽然比较多，但总体效率却不高，可能的解释是，公司规模越大，其机构越复杂，人员冗余比较严重，导致整体费用升高，而效率却下降了。

从地区生产总值来看，该变量的回归系数大于或等于 0，可能的解释是地区生产总值影响着地区的文化产业研发能力，地区生产总值越高意味着当地经济发展水平越高，当地经济发展水平越高表明人们的收入水平越高。随着“互联网＋”文化的发展，人们对于文化产品和服务的需求有了更高层次的要求，这也逼迫着企业要实现发展，就必须进行研发创新，在互联网文化中推动企业自身的发展。这样也刺激了企业增加研发投入，促进了研发能力的提高。

由上述分析可知，各环境因素与随机变量对文化产业上市公司的研发能力均存在一定的影响，为了更合理地评估出文化产业上市公司的研发能力综合效率，本研究将以第二阶段结果为依据，对样本公司的投入数据进行调整，从而得出在同一条件、同一环境下各文化产业上市公司的研发能力情况。

（三）第三阶段调整投入变量后的超效率 TNR 结果分析

由以上分析可知，环境因素对各投入松弛量会产生差异性影响。本研究采用弗瑞德（Fried，2002）剔除环境因素和随机因素的方法，根据表 7-3中的结果调整原始投入指标。见表 7-4。

表 7-4　第三阶段测算结果

序号	DMU	2013 年	2014 年	2015 年	2016 年	2017 年	平均值
1	天威视讯	1.25	1.26	1.13	1.09	1.01	1.15
2	鹏博士	1.02	1.05	1.25	1.10	1.05	1.10
3	歌华有线	1.07	1.06	1.10	1.07	1.09	1.08
4	东方财富	1.02	1.05	1.13	1.07	1.04	1.06
5	乐视网	1.33	1.25	1.28	1.18	0.00	1.01
6	华闻传媒	0.65	1.07	1.01	1.02	1.10	0.97
7	腾邦国际	1.08	1.05	0.60	1.04	0.76	0.91
8	三五互联	0.92	0.50	0.44	1.02	1.51	0.88
9	蓝色光标	0.08	1.22	1.07	1.14	0.57	0.82
10	朗玛信息	1.05	1.05	1.00	0.80	0.17	0.82
11	东方明珠	1.08	0.77	0.70	1.01	0.38	0.79
12	华数传媒	1.03	1.04	0.53	0.79	0.53	0.78
13	四维图新	1.00	1.05	0.66	1.00	0.16	0.78
14	人民网	1.06	1.09	0.70	0.62	0.12	0.72
15	拓尔思	1.00	0.90	1.00	0.54	0.05	0.70
16	数码科技	0.53	0.63	0.67	1.02	0.21	0.61
17	凯撒文化	1.08	0.25	0.48	1.06	0.13	0.60
18	生意宝	1.00	1.03	0.54	0.26	0.05	0.58

续表

序号	DMU	2013 年	2014 年	2015 年	2016 年	2017 年	平均值
19	奥飞娱乐	0.58	0.48	0.66	0.93	0.18	0.56
20	威创股份	0.21	0.18	0.53	0.75	1.00	0.54
21	科大讯飞	0.51	0.57	0.48	0.94	0.16	0.53
22	顺网科技	1.01	0.74	0.42	0.41	0.02	0.52
23	博瑞传播	0.82	0.62	0.43	0.55	0.05	0.50
24	拓维信息	0.44	0.33	1.01	0.44	0.06	0.44
25	浙数文化	0.34	0.33	0.54	0.77	0.20	0.44
26	智度股份	0.44	0.07	0.50	0.71	0.33	0.41
27	华谊嘉信	0.28	0.23	0.34	1.06	0.13	0.41
28	汉王科技	0.00	0.62	0.61	0.70	0.11	0.41
29	同方股份	0.35	0.26	0.54	0.66	0.19	0.40
30	中青宝	0.69	0.21	0.40	0.62	0.05	0.39
31	捷成股份	0.18	0.29	0.13	0.83	0.48	0.38
32	立思辰	0.40	0.34	0.50	0.51	0.11	0.37
33	掌趣科技	0.49	0.38	0.45	0.32	0.03	0.33
34	美盛文化	0.43	0.35	0.44	0.30	0.06	0.32
35	焦点科技	0.44	0.27	0.26	0.47	0.07	0.31
36	美亚柏科	0.28	0.50	0.34	0.36	0.04	0.31
37	大智慧	1.02	0.30	0.03	0.01	0.16	0.30
38	迪威讯	0.31	0.09	0.41	0.56	0.12	0.30
39	佳创视讯	0.13	0.20	0.33	0.52	0.10	0.26
40	方直科技	0.29	0.28	0.22	0.42	0.02	0.25
41	二六三	0.08	0.19	0.23	0.43	0.04	0.19
42	骅威文化	0.27	0.26	0.23	0.03	0.00	0.16
43	天舟文化	0.01	0.01	0.01	0.54	0.05	0.13
44	北纬科技	0.02	0.05	0.01	0.02	0.00	0.02
	平均值	0.62	0.58	0.58	0.70	0.31	0.56

将第三阶段与第一阶段超效率 SBM 研发能力综合效率进行比较。在第三阶段调整环境因素和随机因素后，将各文化产业上市公司放入同一个共同体中进行公司的研发能力研究，比较表 7-4 和表 7-2，明显可以看出第三阶段的研发能力综合效率不同于第一阶段的研发能力综合效率。

(1) 从整体研发能力综合效率值来看，通过调整环境因素和随机因素，基于超效率 SBM 模型调整后的平均研发能力综合效率值稍高于第一阶段调整前的研发能力综合效率值，但增幅不是很明显，这表明在外部大环境不断变化的同时，文化产业上市公司也积极采取了措施，主动适应外部环境的变化。

(2) 从单个企业来看，2013 年有 16 家企业研发能力综合效率值大于 1，21 家企业研发能力综合效率值低于 0.5；2014 年有 13 家企业研发能力综合效率值大于 1，22 家企业研发能力综合效率值低于 0.5；2015 年有 10 家企业研发能力综合效率值大于 1，有 20 家企业研发能力综合效率值低于 0.5；2016 年有 14 家企业研发能力综合效率值大于 1，有 12 家企业研发能力综合效率值低于 0.5；2017 年有 7 家企业研发能力综合效率值大于 1，有 34 家企业研发能力综合效率值低于 0.5。第三阶段除了 2017 年低于 0.5 的效率占比较高外，2013—2016 年与第一阶段相比有一定的变化，低效率企业减少了。天威视讯、歌华有线、鹏博士、东方财富这 4 家企业 5 年来研发能力综合效率值始终在 1 以上，说明这 4 家公司研发资源利用充分，企业注重研发能力，注重科技成果的转化。而第一阶段只有 2 家企业 5 年来研发能力综合效率值始终有效，说明文化产业企业要积极适应外部环境，抓住“互联网＋”时代特征，提高研发能力综合效率，提升研发能力。

五、研发能力的动态实证研究

本研究上部分对我国 44 家文化产业上市公司研发能力进行了全面分析，虽然考察的时间范围是 2013—2017 年的 5 个时间段，但都是按照截面形式分段进行分析的，属于静态分析。从动态分析的角度来分析我国 44 家文化产业上市公司研发能力综合效率的变动趋势，是评价其研发能力强弱的一个重要考虑因素。基于动态分析的角度，本研究结合运用基于 DEA 的考虑非期望产出的 Malmquist 指数法对我国 44 家文化产业上市公司研发能力综合效率进行动态分析和评价。利用 MaxDEA7.0 软件运算，分析 44 家样本企业的动态研发能力综合效率变化。

表 7-5　2013—2017 年研发能力综合效率值动态变化表

序号	DMU	EC	TC	ML
1	美盛文化	1.757	1.247	2.192
2	大智慧	1.230	1.222	1.503
3	凯撒文化	0.863	1.514	1.307
4	乐视网	1.363	0.902	1.230
5	朗玛信息	1.057	1.127	1.192
6	中青宝	1.044	1.052	1.099
7	拓尔思	1.066	1.029	1.097
8	焦点科技	1.150	0.933	1.073
9	人民网	1.072	0.995	1.067
10	三五互联	0.961	1.080	1.038
11	歌华有线	0.903	1.141	1.031
12	方直科技	0.893	1.150	1.027
13	东方明珠	1.212	0.839	1.016
14	华谊嘉信	1.418	0.716	1.015
15	北纬科技	1.006	1.001	1.007
16	智度股份	0.990	0.974	0.965
17	天威视讯	0.989	0.971	0.961
18	美亚柏科	0.981	0.956	0.937
19	迪威讯	0.944	0.992	0.936
20	腾邦国际	0.890	1.048	0.932
21	骅威文化	1.114	0.834	0.929
22	数码科技	0.916	1.008	0.923
23	同方股份	1.001	0.919	0.919
24	鹏博士	0.925	0.964	0.892
25	四维图新	0.860	1.032	0.887
26	生意宝	0.899	0.980	0.881

续表

序号	DMU	EC	TC	MI
27	博瑞传播	0.967	0.909	0.879
28	顺网科技	0.955	0.919	0.878
29	二六三	0.820	1.071	0.878
30	捷成股份	0.944	0.909	0.861
31	天舟文化	0.910	0.928	0.844
32	汉王科技	0.942	0.890	0.838
33	奥飞娱乐	0.869	0.951	0.827
34	东方财富	0.853	0.965	0.823
35	华数传媒	0.965	0.824	0.795
36	浙数文化	0.940	0.839	0.788
37	科大讯飞	0.781	1.008	0.787
38	华闻传媒	0.839	0.923	0.774
39	威创股份	1.000	0.759	0.759
40	立思辰	0.845	0.889	0.752
41	拓维信息	1.079	0.631	0.680
42	佳创视讯	0.923	0.736	0.679
43	掌趣科技	0.781	0.765	0.598
44	蓝色光标	0.880	0.661	0.581
	平均值	0.995	0.959	0.955

由表 7-5 可以看出以下三点。

(1) ML 指数角度：在 2013—2017 年有 15 家企业全要素生产率大于 1，占比 34%，说明在 2013—2017 年只有小部分文化产业上市公司的研发能力综合效率值呈现上涨趋势，仅有美盛文化的全要素生产率大于 2，说明这家企业的研发能力综合效率值增幅很大，研发能力提升很快。有 29 家企业全要素生产率小于 1，这说明大部分文化产业企业的研发能力综合效率值在 2013—2017 年增幅很小，甚至有下降趋势。这与企业的研发成果转化情况有关，企业的研发投入不算低，但研发成果转化率比较低，导致整体研发能力综合效率值下降，研发能力不高。从平均值看，全要素生产率为0.955，小于1，说明文化产业上市公司总体对研发重视度不高，研发能力综合效率值整体呈现下降趋势。

（2）EC指数角度：在2013—2017年有15家企业技术效率变化指数大于1，占比34%，29家企业技术效率变化指数小于1，说明大部分文化产业上市公司技术效率变化增幅不大，企业研发投资规模不太合理，研发资源利用程度不高，存在不同程度的研发资源浪费情况，研发资源转化成果效率较低，企业应该通过管理，提高技术效率变化指数。从平均值来看，2013—2017年技术效率平均值为0.995，说明样本企业整体的技术效率呈现下降趋势。

（3）TC指数角度：在2013—2017年15家企业技术进步变化指数大于1，说明选取的文化产业上市公司有34%的企业的研发技术是进步的，但66%的企业的研发技术是落后的。从平均值来看，2013—2017年的技术进步变化指数为0.959，小于1，说明文化产业上市公司的技术进步变化指数不高，企业对研发的重视程度不高，研发技术进步对研发能力综合效率的影响非常大，在研发技术进步的同时，研发能力也得以提升。随着互联网经济的发展，文化产业上市公司要注重“互联网+”文化的创新发展，研发技术必须跟上时代的步伐。

六、结论和建议

（一）结论

本研究运用超效率SBM修正的三阶段DEA模型对我国44家文化产业上市公司的研发能力进行了静态研究，并结合考虑非期望产出的Malmquist指数方法对样本公司进行了动态研究。

基于超效率SBM模型修正的三阶段DEA从静态角度得出以下结论。

（1）通过考虑期望产出和非期望产出对文化产业上市公司研发能力综合效率值进行研究，发现不考虑期望产出的效率值总体偏低，非期望产出的存在对文化产业上市公司的研发能力综合效率值有重大影响，不考虑非期望产出时的效率评价是不符合实际的，所以运用考虑非期望产出的SBM模型对文化产业上市公司的效率进行评价的结果更加准确，更加符合文化产业上市公司的实际运营情况。

（2）在不剔除环境变量和随机影响因素时发现文化产业上市公司在2013—2017年5年间企业的研发能力综合效率值呈现两极分化状态，且企业研发能力水平总体偏低。从总体平均值来看，5年的研发能力综合效率值均在0.5左右，从单个企业来看，只有腾邦国际、天威视讯、蓝色光标这3家企业的研发能力综合效率值一直大于1。

（3）通过第二阶段分析环境变量和随机因素对企业研发能力的影响时发现，文化产业上市公司的成立年数、公司规模以及地方生产总值均对研发能力综合效率值有一定的影响。研究发现，成立年数越久的公司研发能力越强，但研发能力综合效率值总体不高，这与企业资源配置有关，成立越久的公司，其资源越多，但用于研发的资源在转化效率时存在冗余。相反，年数比较少的企业的研发能力综合效率值要高于年数久的，但研发能力还有待加强。公司规模越大的企业其研发投入比较多，但总体占比并不高于规模小的公司。地区生产总值与研发能力综合效率呈正比例关系，这与地区经济发展、资源投入、人们的文化意识有很大关系。

（4）第三阶段剔除了环境变量和随机因素后，将44家企业放入同一共同体中进行分析。结果发现，第三阶段的研发能力综合效率稍高于第一阶段，这表明在外部大环境不断变化的同时，文化产业上市公司也采取了一定措施，去适应外部环境的变化。

基于ML指数从动态角度得出以下结论。

（1）大部分文化产业上市公司的研发能力综合效率值呈现下降趋势，只有34%的企业的研发能力综合效率值呈现上升趋势，在2013—2017年有29家企业全要素生产率小于1，表明文化产业上市公司总体对研发重视程度不高，研发能力不强。

（2）从技术效率变化指数来看，大部分文化产业上市公司技术效率呈负增长态势，企业研发投资规模不太合理，研发资源利用程度不高，企业需要加强管理，提高资源的利用效率，提升研发能力。

（3）从技术进步变化指数来看，在2013—2017年有29家企业技术进步变化指数呈现负增长，表明文化产业上市公司的研发技术是退步的。

（二）建议

基于以上实证分析结果，为提升文化产业上市公司的研发能力综合效率，提升研发能力，同时进一步推动文化产业的转型升级，本研究提出以下几点建议。

（1）合理配置研发资源，提高资源投入的转化效率。文化产业上市公司要加强产品的研发力度，以产品为核心，集中优势资源，合理分配资源，深耕产业链上下游，打造企业研发精品，研发投入要考虑资源成本效益率，合理设计资源分配，提高资源投入的转化效率。

（2）重视研发团队建设，吸收优质人才资源。企业未来的竞争就是人才的竞争，研发能力综合效率的提升离不开人才的投入，从2013—2017年文化产业上市公司研发人员投入的不断增加的状态来看，我们可以看出企业重视创新人才的投入，文化产业上市公司要构建专业人才发展管理体系，重视研发团队建设，打通管理和专业技术双向发展渠道，吸收优质人才资源，提升研发人员的自主创新能力。企业要优化存量，优选“增量”，通过有针对性、专业化的行业内交流加大力度培养和储备专业技术人才，保证在企业管理输出、技术输出的专业人才方面的梯队建设，以人的流动促进产业的融合发展，形成“一盘棋”；构建适合企业发展需要的管理组织架构，通过实践不断进行检验和优化，搭建科学完整、体系健全、符合实际需要的管理体系和人才队伍，进一步促进管理全面提升，为企业长远发展夯实基础。同时，企业要加大人才培养激励力度，通过加强人才培训教育，强化实践锻炼，调动各方面、各层级人才的积极性，对员工薪酬体系进行改革，按绩取酬，高效公平，兼顾激励保障的薪酬制度。通过优化与岗位关键业绩指标挂钩考核，实现绩效管理的系统化、整体性及全面化。加强对员工专业技术的重视和培养，并为公司持续发展和员工成长提供科学合理的动力源泉和制度保障。

（3）控制坏账损失，提高企业整体效率。文中将考虑坏账损失和没有考虑坏账损失的研发能力综合效率测度进行对比，可以看出，考虑坏账损失后文化产业上市公司的效率值有很大的变动，说明坏账损失对文化产业上市公司的研发能力综合效率值有一定的影响，更符合实际，在实际运营中是不能忽略的。坏账损失是由于长期的应收账款无法收回所导致的，应收账款是企业一项重要的流动资产，也是一项风险较大的资产。如果企业的应收账款管理不到位，会给企业造成致命的危机，增加企业的相应成本，增大企业的流动性风险。基于此，企业应该完善应收账款管理机制，通过提高客户审核制度、关注客户资产状况、及时跟踪等措施来加快应收账款的回收。因此，企业应该采取措施，控制坏账损失，充分利用资源，优化资源配置，尽量减少坏账损失的资金占有率，对提高企业的整体效率具有重要意义。

（4）加大企业研发投入，提升技术效率。从文中数据可知，技术变化及技术效率变化在2013—2017年是影响文化产业研发能力综合效率的重要因素，也凸显了核心技术在企业发展中的重要地位。因此，研发新的产品，掌握核心技术，是文化产业相关企业发展的重要途径，也是文化产业企业提高研发能力的有效方法。随着互联网技术的发展，“文化＋”与相关产业的携手联姻已经成了必然趋势，许多新兴领域尤其是数字文化产业领域的发展势如破竹。文化科技融合是新时期国家推动数字文化产业发展的主要政策抓手，全面对接国家“互联网＋”战略，全面创新网络文学、网络音乐、网络电影等新型业态，对国家文化产业发展形成“双轮驱动”之势。在这样的环境下，文化产业相关企业必须跟上时代的潮流，加大企业研发投入，提升技术效率，将产品的生产与创新相结合，改善或创造产品，节约资源，降低成本，进一步满足顾客需求，才能提高市场竞争力，最终提高自身的经营业绩。

第八章　文化企业上市公司产学研合作创新效率研究

大力支持文化企业产学研，是党和国家在建设社会主义强国的道路上坚定不移的政策。因此，如何做到文化企业产学研研发合作的深度融合是学者们一直重点关注的问题。本研究基于30个省市产学研数据，通过Hybrid模型和超效率DEA模型对我国规模以上文化企业产学研研发合作效率进行分析和评价。研究结果表明：规模效率较低、科研人员和科研经费投入冗余、非径向指标科研项目数投入效率低下是导致各省（区、市）产学研研发合作效率普遍较低的主要原因；规模效率的下降趋势和纯技术效率的小幅度下降趋势，阻碍了合作效率的提高；各省（区、市）及区域之间合作效率差距明显，东部地区合作表现最好，其次是东北地区和中部地区，最后是西部地区。本研究基于以上研究，提出优化文化企业产学研研发合作的投入产出结构，重视投入与产出转化的过程，调整产学研研发合作效率与投入的匹配度，针对不同类型的地区进行特色化和差异化发展等建议。

一、引言

党的十九大报告明确提出："创新是引领发展的第一动力，是建设现代化经济体系的战略支撑。……深化科技体制改革，建立以企业为主体、市场为导向、产学研深度融合的技术创新体系，加强对中小企业创新的支持，促进科技成果转化。"近年来，我国为支持科技创新和产学研研发合作，国家财政支出在扶持科研方面呈现出较大幅度的增长，企业对研究与试验发展（以下简称 R&D）经费的投入也在不断稳步提高。据中国科技部最新统计数据显示，2016 年，全国中央及地方共投入科研经费 15676.7 亿元，同比增长 1506.9 亿元，涨幅达 10.6%，增长速度比 2015 年提高了 1.7%；R&D 经费投入的强度（即 R&D 经费与国内生产总值的比值）为 2.11%，同比增长了 0.05%；按 R&D 人员全时当量计算，R&D 经费内部支出人均经费达 40.4 万元，同比增长了 2.7 万元；各行各业的企业科研经费支出达 12144 亿元，比 2015 年增长 11.6%；高等院校科研经费支出达 1072.2 亿元，比 2015 年增长 7.4%；政府属科研机构研究经费支出达 2260.2 亿元，比 2015 年增长 5.8%。企业、高等院校、政府属科研机构经费支出所占比重分别为 77.5%、6.8% 和 14.4%。从地区的角度来看，科研经费投入达到千亿元的有广东、江苏、山东、北京、浙江和上海 6 个省（区、市）。地方 R&D 经费投入的强度（即 R&D 经费与地区生产总值的比值）处于全国平均水平以上的有北京、上海、广东、天津、江苏、浙江、陕西和山东 8 个省（区、市）。

随着技术的不断发展，创新的对象和内容也在不断演变，文化产品作为文化传播的载体，逐渐上升到国家政策和发展战略局面，也成为产学研研发合作中的重要组成部分。在国家“十三五”规划中明确指出加大和提升文化资源的利用，提升文化自信，促进创意创新设计产业的发展。文化创意产品能够凸显和传达文化内涵，是文化资源传播重要的载体之一。文化产品的加入，更能体现出我国由“中国制造”向“中国创造”转变时创新内容的多样性。产学研作为结合了企业、学校和科研机构三者各自优势的产物，其实质是促进科学、技术、文化创新所需要的各类生产要素的重组，因此产学研如何做到有效的深度合作，一直以来是党和国家以及社会各界重点关注的问题。本研究将省级规模以上文化企业作为产学研研发合作效率的研究对象，对于在知识社会环境下，创新 2.0 形态推动科技创新从“产学研”向“政产学研”，再向“政用产学研”协同发展的转变具有一定的指导意义。

二、国内外文献综述

经文献查阅后发现，产学研研发合作以及文化企业一直是国内外学者们研究的热点，国内的研究成果如下。利用DEA评价方法分别从区域和行业的角度对浙江省产学研研发合作效率分析后发现，各地级市产学研研发合作效率存在较大的差异，大部分地级市都为DEA无效率，36个制造业中有九成的行业处于合作无效率，投入和产出结构以及投入规模都需要进行调整（应向伟，2018）。我国文化产业呈现出东部具有明显的效率和规模优势，对于中西部效率低下问题，提出加强对具有地域特色的文化资源的开发，以促进中西部地区特色文化产业的发展（戴俊骋，2018）。在将企业规模、政府支持强度、外部知识获取等外部环境因素剔除后，广东省的产学研研发合作项目的效率较变量调整前的效率有所提高，其中以港澳台企业为主导的产学研研发合作效率最高，以国有企业为主导的产学研研发合作效率最低（张秀峰，2016）。在运用DEA-Tobit两步法对我国区域产学研研发合作效率进行分析后发现，东西部的产学研研发合作效率要高于中部地区，造成这个现象的主要原因是中部地区纯技术无效率导致其合作效率未达到有效（姚云浩，高启杰，2014）。在陕西省制造业十大行业中，有6个行业的产学研研发合作效率达到相对有效，而其余4个行业在有着政府最高投入的情况下仍未达到有效，原因在于投入的研发费用未能得到该行业的有效的利用（刘民婷，孙卫，2011）。上海市政府对本地区13个主要制造业研发投入力度较大，但存在部分行业产学研研发合作创新效率较低，仍有待提高（车维汉，张琳，2010）。通过对我国31个省（区、市）文化产业效率的评估后发现，企业数量过多、文化事业单位体制不合理以及政府财政扶持力度欠缺在一定程度上阻碍了文化产业的高效率发展，且地区之间存在明显的差异，东部效率最优，中部次之，西部最次（王家庭，张容，2009；杨晓琳，2017）。

在英国，文化产业作为一个关键行业，被认为有着刺激城市经济发展的重要作用，制度的异质性和区域政策对文化产业的发展也具有重要影响（Comunian，2014）。合资企业和私营企业与国有企业相比，更愿意增加研发的投入，而外资企业研发的投入意愿并不强烈（Lin，2010）。意大利高校与当地企业之间的产学研研发合作在信息工程和工业领域的论文发表数量较多，但效率较高的合作多出现在化学和生物领域（Giovanni，2009）。大学、产业以及研究机构作为合作方，其合作关系、合作模式的不同，合作效率也会存在较大的差异，实际关系越紧密，合作效率越高（Santoro，2002）。对于大学与产业之间的合作，合作绩效指标应至少包括生产能力、合作范围、教育、财务指标、专利和出版物6个方面（Tomas，Merle，1999）。

综上所述，国内外对产学研研发合作的研究成果较为丰富，但是大部分研究成果仅仅局限于个别地区或某几类行业的产学研研发合作效率，且大多是利用传统DEA模型做实证分析，存在一定的不足之处。因此，本研究针对文化企业的产学研研发合作效率问题，基于省际数据的DEA模型对其进行效率测算和评价。本研究选取Hybrid模型和超效率DEA模型，分别对我国31个省（区、市）规模以上文化企业的合作进行效率值分解、投影分析以及效率排名，并对测算结果进行分析，为提高文化企业产学研研发合作效率、深度融合创新体系提出建议指导。

三、评价指标体系的建立

（一）评价模型选取

本研究结合Hybrid模型和超效率DEA模型的优点，相比先前学者利用传统DEA模型的研究，可以更为准确地反映出文化企业产学研研发合作的效率，找出无效率的来源，并将各个省（区、市）文化企业的研发合作效率进行排名，分析我国文化产业产学研研发合作效率的区域差异。基于以上研究目的和模型结合的创新性，本研究采用无导向、规模报酬可变运行模型，对我国各地区的文化企业的产学研研发合作效率进行分析和评价。

（二）评价指标选取

合作效率是合作成果产出与合作所投入资源之比，因此能够衡量产学研研发合作效率的指标较多，投入指标有R&D人员全时当量、R&D经费支出、企业对高校及科研院所的支出、R&D资本存量、R&D项目数、R&D人员占从业人员比重、R&D经费占GDP比重、企业活动来自政府的资金等；产出指标有三种专利授权量（申请量）、技术市场合同成交额、论文发表数量、新产品销售收入、有效发明专利数等。结合相关学者对产学研研发合作效率的研究（应向伟，2018；王天擎，李琪，2018；黄攸立，王茜，2011），并考虑到决策单元的数量以及数据的可获得性，本研究选取 R&D 人员全时当量、R&D 经费支出、R&D 项目数作为投入指标，外观设计专利数、新产品销售收入作为产出指标，指标的选取及说明如表 8-1 所示。

表 8-1 产学研研发合作效率评价指标说明

指标类型	指标名称	指标说明
投入指标	R&D 人员全时当量 I_1（人）	反映产学研研发合作系统中人力资源的投入
	R&D 经费支出 I_2（万元）	反映产学研研发合作系统中资金成本的投入
	R&D 项目数 I_3（项）	反映产学研研发合作的规模和深度
产出指标	外观设计专利数 O_1（件）	衡量产学研研发合作的成果产出
	新产品销售收入 O_2（万元）	衡量产学研研发合作的成果转化率

（三）样本来源说明

本研究是基于省际数据对我国规模以上文化企业产学研研发合作效率进行评价，数据来自《中国统计年鉴》和《中国科技统计年鉴》，规模以上文化企业是指《中国统计年鉴》中按行业分规模以上企业中“印刷和记录媒介复制业”和“文教、工美、体育和娱乐用品制造业”两大分类。鉴于产学研研发合作是一个处于动态的过程，资源的投入与成果的产出之间存在一定的时滞期，本研究将时滞期设为 1 年，即当年的投入对应的是下一年的产出。由于西藏地区在样本期内存在数据缺失，且最新数据只更新至 2017 年的情况，因此选取我国 30 个省（区、市）2012 年至 2016 年的相关数据进行产学研研发合作效率评价。

四、产学研研发合作效率实证分析

（一）投入产出指标的相关性分析

DEA模型的运算主要是将投入、产出指标进行加权来估计效率值，为了符合投入与产出指标相关性原则，即产出随着投入的变化而变化，在利用Hybrid模型和超效率DEA进行数据运算之前，需对投入产出数据进行Pearson相关性分析。由于篇幅限制，本研究只选取了2016年投入产出的Pearson相关系数，见表8-2。检验结果显示，5年间各省（区、市）规模以上文化企业产学研研发合作的R&D人员全时当量、R&D经费支出两个投入指标，对产出指标都具有较高显著性水平的正相关性，而R&D项目数对产出指标的相关性不高，明显低于其余两个投入指标。因此，本研究将R&D项目数设置为非径向指标，符合Hybrid模型及超效率DEA模型运行的要求。

表8-2　2016年投入产出的Pearson相关系数

投入产出变量	R&D人员全时当量	R&D经费支出	R&D项目数	外观设计专利数	新产品销售收入
R&D人员全时当量	1.000	0.961	0.463	0.815	0.977
R&D经费支出	0.961	1.000	0.409	0.809	0.965
R&D项目数	0.463	0.409	1.000	0.311	0.461
外观设计专利数	0.815	0.809	0.311	1.000	0.831
新产品销售收入	0.977	0.965	0.461	0.831	1.000

（二）Hybrid模型测算结果分析

1. 效率值分析

将30个省（区、市）的投入产出指标数据按上述要求经过MaxDEA 7.0软件运行后，得到各省（区、市）规模以上文化企业产学研研发合作的效率值，见表8-3。

表 8-3　各省(区、市)Hybrid 模型效率值

地区	2012年				2013年				2014年				2015年				2016年				均值		
	CRS	VRS	SE	RTS	CRS	VRS	SE	RTS	CRS	VRS	SE	RTS	CRS	VRS	SE	RTS	CRS	VRS	SE	RTS	CRS	VRS	SE
北京	1.231	1.239	0.994	-	1.015	1.057	0.961	-	1.032	1.036	0.996	+	1.045	1.051	0.994	+	0.937	0.952	0.984	+	1.052	1.067	0.986
天津	1.011	1.012	0.999	+	0.808	0.825	0.979	-	0.712	0.714	0.996	+	0.646	0.649	0.995	-	0.502	0.505	0.994	+	0.736	0.741	0.993
河北	0.591	0.599	0.988	+	0.601	0.602	0.998	-	0.545	0.546	0.998	+	0.499	0.520	0.958	-	0.532	0.581	0.916	-	0.554	0.570	0.972
山西	0.499	0.508	0.984	+	0.424	0.447	0.947	+	0.395	0.428	0.924	+	0.480	0.503	0.956	+	0.640	0.661	0.969	+	0.488	0.509	0.956
内蒙古	0.393	0.431	0.910	+	0.300	0.332	0.903	+	0.323	0.353	0.916	+	0.334	0.351	0.953	+	0.403	0.423	0.954	+	0.350	0.378	0.927
辽宁	0.857	0.866	0.990	+	0.749	0.751	0.997	-	0.571	0.579	0.987	+	0.717	0.719	0.998	+	0.739	0.750	0.984	+	0.727	0.733	0.991
吉林	0.631	0.648	0.974	+	0.748	0.781	0.957	+	1.010	1.062	0.951	+	1.254	1.293	0.970	+	1.235	1.247	0.990	-	0.975	1.006	0.968
黑龙江	0.306	0.311	0.983	+	0.296	0.312	0.948	+	0.269	0.308	0.874	+	0.310	0.334	0.926	+	0.361	0.382	0.946	+	0.308	0.330	0.935
上海	1.144	1.260	0.908	-	1.148	1.228	0.935	-	1.007	1.019	0.988	-	1.007	1.056	0.953	-	1.020	1.056	0.966	-	1.065	1.124	0.950
江苏	0.770	1.227	0.628	-	0.829	1.265	0.655	-	0.750	1.134	0.661	-	0.692	0.894	0.774	-	0.651	0.781	0.833	-	0.738	1.060	0.710
浙江	1.010	1.254	0.805	-	0.828	1.183	0.700	-	0.845	1.255	0.673	-	0.684	1.233	0.554	-	0.637	1.045	0.609	-	0.801	1.194	0.668
安徽	0.853	0.854	0.999	+	1.016	1.046	0.971	-	1.022	1.023	0.999	+	1.031	1.038	0.993	-	1.006	1.034	0.974	-	0.986	0.999	0.987
福建	0.571	0.572	0.998	+	0.528	0.531	0.995	+	0.488	0.494	0.987	+	0.455	0.463	0.984	-	0.460	0.460	1.000	+	0.500	0.504	0.993

续表

地区	2012年				2013年				2014年				2015年				2016年				均值		
	CRS	VRS	SE	RTS	CRS	VRS	SE	RTS	CRS	VRS	SE	RTS	CRS	VRS	SE	RTS	CRS	VRS	SE	RTS	CRS	VRS	SE
江西	0.824	0.860	0.958	+	0.629	0.648	0.972	+	0.702	0.734	0.956	+	0.838	0.839	0.999	−	0.865	0.867	0.997	−	0.772	0.790	0.976
山东	0.764	1.059	0.721	−	0.678	0.924	0.733	−	0.630	0.928	0.678	−	0.608	0.807	0.754	−	0.627	0.795	0.789	−	0.661	0.903	0.735
河南	0.739	0.740	0.999	+	0.694	0.703	0.987	−	0.678	0.678	1.000	+	0.554	0.615	0.901	−	0.594	0.695	0.854	−	0.652	0.686	0.948
湖北	0.745	0.746	0.999	+	0.736	0.736	0.999	+	0.713	0.715	0.998	+	0.792	0.794	0.997	−	0.732	0.752	0.974	−	0.744	0.749	0.993
湖南	1.204	1.220	0.987	−	1.066	1.102	0.967	−	1.167	1.272	0.918	−	1.024	1.228	0.834	−	1.020	1.077	0.947	−	1.096	1.180	0.931
广东	1.155	2.518	0.459	−	1.266	2.332	0.543	−	1.365	2.949	0.463	−	1.449	2.939	0.493	−	1.254	2.887	0.434	−	1.298	2.725	0.478
广西	0.815	0.851	0.958	+	0.695	0.733	0.949	+	0.755	0.796	0.948	+	1.035	1.048	0.988	+	1.059	1.075	0.985	+	0.872	0.900	0.966
海南	1.067	2.267	0.471	+	1.306	2.208	0.591	+	0.762	1.743	0.437	+	0.787	1.309	0.601	+	1.169	2.125	0.550	+	1.018	1.931	0.530
重庆	0.917	0.970	0.946	+	1.114	1.127	0.989	+	1.121	1.131	0.991	+	1.001	1.078	0.929	−	0.881	1.039	0.848	−	1.007	1.069	0.940
四川	0.726	0.727	0.998	+	0.803	0.811	0.990	+	0.685	0.702	0.975	+	0.698	0.707	0.987	+	0.744	0.754	0.987	+	0.731	0.740	0.987
贵州	0.627	0.662	0.948	+	0.793	0.815	0.973	+	0.714	0.824	0.866	+	0.682	0.744	0.917	+	0.658	0.675	0.974	+	0.695	0.744	0.935
云南	0.667	0.697	0.957	+	0.733	0.746	0.983	+	0.745	0.828	0.900	+	0.518	0.548	0.944	+	0.489	0.529	0.926	+	0.630	0.669	0.942
陕西	0.521	0.528	0.987	+	0.447	0.452	0.988	+	0.348	0.371	0.937	+	0.445	0.456	0.976	+	0.512	0.528	0.969	+	0.455	0.467	0.972

续表

地区	2012年				2013年				2014年				2015年				2016年				均值		
	CRS	VRS	SE	RTS	CRS	VRS	SE	RTS	CRS	VRS	SE	RTS	CRS	VRS	SE	RTS	CRS	VRS	SE	RTS	CRS	VRS	SE
甘肃	0.631	0.690	0.914	+	0.683	0.798	0.856	+	0.505	0.602	0.839	+	0.310	0.353	0.877	+	0.333	0.396	0.841	+	0.492	0.568	0.866
青海	0.457	3.169	0.144	+	0.452	4.620	0.098	+	0.350	9.892	0.035	+	0.492	1.000	0.492	+	0.501	3.547	0.141	+	0.450	4.446	0.182
宁夏	0.642	0.827	0.776	+	0.463	0.643	0.721	+	0.560	0.851	0.659	+	0.385	0.519	0.741	+	0.496	0.602	0.823	+	0.509	0.688	0.744
新疆	0.618	0.777	0.796	+	0.743	0.940	0.791	+	0.808	1.030	0.785	+	0.655	0.730	0.896	+	0.568	0.677	0.838	+	0.678	0.831	0.821
总均值	0.766	1.003	0.873		0.753	1.023	0.869		0.719	1.200	0.844		0.714	0.861	0.878		0.721	0.963	0.867		0.735	1.010	0.866

注:此处 CRS 为综合技术效率,VRS 为纯技术效率,SE 为规模效率,RTS 为规模报酬。

（1）综合技术效率分析。通过观察表 8-3 可以发现以下三点。

① 30 个省（区、市）的文化企业产学研研发合作在 2012—2016 年间的综合效率总均值偏低，在 0.7 到 0.8 之间变动，整体效率在 2012 年达到最高值 0.766 后，一直呈下降趋势，2015—2016 年有小幅度回升。5 年间综合效率值达到有效前沿面的只有 6 个省（区、市），分别为北京、上海、湖南、广东、海南、重庆，DEA 有效决策单元数占比仅为 20%。

② 从每年文化企业所在各地区产学研研发合作的运算结果来分析，2012—2016 年达到 DEA 有效的省（区、市）个数分别为 7、7、7、8、7，其中，上海、湖南和广东 5 年的综合技术效率值都大于 1，都达到 DEA 有效，其余省（区、市）的研究合作效率值都存在一定的改进空间。

③ 5 年期间有河北、黑龙江、山东、湖北、四川等 19 个省（区、市）文化企业的综合效率值一直未达到有效前沿面，说明这 19 个省（区、市）在产学研中合作效率不佳，存在投入过剩或者产出不足的现象，其余 11 个省（区、市）规模以上文化企业则至少有 1 年的产学研研发合作效率达到了 DEA 有效。

（2）纯技术效率和规模效率分析。观察表 8-3 可以发现以下三点。

① 从各省（区、市）每年的总均值角度来看，各省（区、市）文化企业产学研研发合作的规模效率值相对偏低，且表现相对稳定，在 0.86 上下波动。而纯技术效率值较高，在样本时期内呈现出上升的趋势并在 2012 年至 2014 年达到有效前沿面，但随后两年又处于低于有效值 1 的水平。各省（区、市）在 2012—2016 年间纯技术效率值达到 DEA 有效的省（区、市）有 10 个，而规模效率值未出现达到 DEA 有效的省（区、市）。

② 从各个省（区、市）产学研研发合作的具体情况分析，上海、浙江、山东、湖南、海南、青海 6 个地区在样本时期内，规模效率值一直显著低于纯技术效率值，而其余 24 个省（区、市）均有年份规模效率值高于纯技术效率值。

③ 每年产学研研发合作纯技术效率值达到有效前沿面的省（区、市）数量为 8—11 个，而规模效率值只有河南在 2014 年和福建在 2016 年达到

了DEA有效，这说明各省（区、市）之间的产学研研发合作在技术创新和合作规模上都存在着较大的差距。

（3）规模报酬变动趋势分析。观察表8-3可以发现以下两点。

① 30个省（区、市）中文化企业产学研研发合作处于规模报酬递增的地区数量每年都在50%以上，因此对于大部分地区的文化企业来说，扩大产学研研发合作规模，可以为企业自身带来更大的产出，进一步提升产学研研发合作的效率。

② 处于规模报酬递减的省（区、市），说明需要提高纯技术效率或适当地缩减合作规模，以扩大产出达到规模报酬递增态势，提高各地区文化企业产学研的合作效率，其中，2015年处于规模报酬递减的省（区、市）最多，数量达到14个。

以上分析表明，我国各地区规模以上文化企业产学研整体合作效率不高，主要是由于规模效率低下，规模效率值的下降趋势和纯技术效率值的小幅度下降导致了综合效率值的下降。

2. 无效率投入指标分析

采用Hybrid模型进行各个省（区、市）文化企业产学研研发合作效率的评价，可以通过投影分析测算出导致各决策单元无效率的来源，并给出改进比例，进一步分析造成合作无效率的投入指标的组成，以及讨论如何以增加或减少投入值的方式来使各省（区、市）文化企业产学研研发合作的效率值达到DEA有效。通过Hybrid模型测算可以得出30个省（区、市）产学研研发合作的投入冗余率和产出不足率，投入冗余率是指各项投入指标的冗余值与实际投入值的比值，产出不足率是指产出指标不足值与实际产出值的比值。由于篇幅有限，本研究只节选了2016年的数据测算结果列示，并对无效率投入指标和投入冗余率做出相关分析，分别见表8-4和表8-5。

表 8-4　2016 年合作效率投入指标改进比例

地区	R&D 人员全时当量			R&D 经费支出			R&D 项目数		
	比例改进值	松弛改进值	目标值	比例改进值	松弛改进值	目标值	比例改进值	松弛改进值	目标值
北京	−5.25	0.00	877.19	−192.18	−6613.37	25475.69	0.00	−23.23	120.44
天津	−392.57	0.00	959.07	−12874.92	0.00	31454.21	0.00	−113.22	124.57
河北	−407.20	−47.45	976.97	−11120.77	0.00	27977.58	0.00	−71.84	116.76
山西	−118.91	−59.65	329.59	−2893.88	0.00	9472.78	0.00	−7.99	40.90
内蒙古	−247.59	0.00	272.22	−7721.94	0.00	8490.08	0.00	−11.67	33.04
辽宁	−109.08	0.00	740.78	−3935.40	−1077.66	25649.37	0.00	−30.76	95.84
吉林	0.00	0.00	404.95	0.00	0.00	11509.35	0.00	0.00	44.57
黑龙江	−251.38	−93.10	211.44	−5068.80	0.00	6140.63	0.00	−31.67	29.03
上海	0.00	0.00	1702.52	0.00	0.00	62078.61	0.00	0.00	215.82
江苏	−1367.06	−417.57	6012.41	−36812.90	0.00	173149.44	0.00	−416.63	761.22
浙江	−643.88	−1238.57	3670.81	−13743.96	0.00	104793.13	0.00	−744.69	424.31
安徽	0.00	0.00	1715.97	0.00	0.00	46985.08	0.00	0.00	310.55
福建	−617.01	−38.32	1108.94	−17199.96	0.00	31981.70	0.00	−111.80	142.40
江西	0.00	0.00	602.59	0.00	−3170.66	19599.21	0.00	−50.78	74.87
山东	−752.03	0.00	3419.43	−32313.21	−32294.01	114632.58	0.00	−296.35	412.61
河南	−532.22	−364.78	1393.21	−12060.17	0.00	39836.42	0.00	−84.70	163.83

续表

地区	R&D 人员全时当量			R&D 经费支出			R&D 项目数		
	比例改进值	松弛改进值	目标值	比例改进值	松弛改进值	目标值	比例改进值	松弛改进值	目标值
湖北	−254.30	0.00	1408.00	−8641.93	0.00	47848.52	0.00	−33.02	172.01
湖南	0.00	0.00	1491.48	0.00	0.00	49777.20	0.00	0.00	156.27
广东	0.00	0.00	7311.23	0.00	0.00	212335.29	0.00	0.00	1003.85
广西	0.00	0.00	334.77	0.00	0.00	10478.83	0.00	0.00	52.70
海南	0.00	0.00	46.38	0.00	0.00	1011.07	0.00	0.00	10.92
重庆	0.00	0.00	817.72	0.00	−4368.43	25714.13	0.00	−53.78	96.82
四川	−119.17	0.00	918.62	−3742.02	−2166.63	26678.81	0.00	−49.34	126.13
贵州	−46.49	−24.29	201.39	−1204.77	0.00	5848.94	0.00	−14.79	27.65
云南	−82.16	0.00	214.03	−2606.64	−494.57	6295.84	0.00	−38.80	29.27
陕西	−276.31	0.00	506.38	−8247.02	−407.27	14706.56	0.00	−19.24	69.53
甘肃	−109.59	0.00	107.99	−3249.04	−29.51	3171.89	0.00	−14.21	14.78
青海	−8.28	0.00	21.91	−270.88	0.00	716.39	0.00	−3.14	2.71
宁夏	−25.62	0.00	72.49	−792.67	0.00	2242.67	0.00	−15.98	10.57
新疆	−31.72	0.00	94.41	−1245.39	−387.83	3018.93	0.00	−7.25	12.57

注：表中“0.00”表示该决策单元的该项指标无松弛值。

表 8-5　2016 年合作效率投入冗余率和产出不足率

地区	投入冗余率			产出不足率	
	R&D 人员全时当量	R&D 经费支出	R&D 项目数	外观设计专利数	新产品销售收入
北京	−0.59%	−21.08%	−16.17%	0.59%	1.54%
天津	−29.04%	−29.04%	−47.61%	29.04%	29.04%
河北	−31.76%	−28.44%	−38.09%	28.44%	28.44%
山西	−35.14%	−23.40%	−16.34%	23.41%	23.40%
内蒙古	−47.63%	−47.63%	−26.10%	47.63%	47.63%
辽宁	−12.84%	−16.35%	−24.30%	12.84%	12.83%
吉林	0.00%	0.00%	0.00%	0.00%	0.00%
黑龙江	−61.97%	−45.22%	−52.18%	45.22%	47.73%
上海	0.00%	0.00%	0.00%	0.00%	0.00%
江苏	−22.89%	−17.53%	−35.37%	17.53%	17.53%
浙江	−33.90%	−11.59%	−63.70%	11.59%	11.59%
安徽	0.00%	0.00%	0.00%	0.00%	0.00%
福建	−37.14%	−34.97%	−43.98%	34.97%	34.97%
江西	0.00%	−13.92%	−40.41%	0.00%	0.00%
山东	−18.03%	−36.05%	−41.80%	18.03%	18.03%
河南	−39.17%	−23.24%	−34.08%	23.24%	23.24%
湖北	−15.30%	−15.30%	−16.11%	15.30%	15.30%
湖南	0.00%	0.00%	0.00%	0.00%	0.00%
广东	0.00%	0.00%	0.00%	0.00%	0.00%
广西	0.00%	0.00%	0.00%	0.00%	0.00%

续表

地区	投入冗余率			产出不足率	
	R&D人员全时当量	R&D经费支出	R&D项目数	外观设计专利数	新产品销售收入
海南	0.00%	0.00%	0.00%	0.00%	0.00%
重庆	0.00%	−14.52%	−35.71%	0.00%	0.00%
四川	−11.48%	−18.13%	−28.12%	11.48%	18.93%
贵州	−26.01%	−17.08%	−34.85%	17.08%	58.59%
云南	−27.74%	−33.00%	−56.99%	27.73%	27.74%
陕西	−35.30%	−37.05%	−21.67%	35.30%	40.80%
甘肃	−50.37%	−50.83%	−49.03%	50.37%	50.37%
青海	−27.42%	−27.44%	−53.62%	27.36%	27.44%
宁夏	−26.11%	−26.11%	60.19%	26.13%	26.11%
新疆	−25.15%	−39.04%	−36.57%	25.15%	25.15%

注：表中“0.00%”表示该决策单元的该项指标无松弛值。

表8-4中的目标值即为投入指标在理论上应达到的投入目标值，比例改进值对应的是径向指标，松弛改进值对应的是非径向指标，以上3个数值构成了30个省（区、市）文化企业产学研研发合作效率全部的改进值。表8-5中的投入冗余率和产出不足率代表了各省（区、市）文化企业产学研研发合作中的投入产出结构，同时也反映出合作效率达到DEA有效的省（区、市）与非DEA有效的省（区、市）之间投入产出结构的差别，为提高我国各地区文化企业产学研研发合作效率提供改进的方向。从投入指标的角度来分析表8-4和表8-5可以发现以下五点。

（1）30个省（区、市）规模以上文化企业产学研研发合作在2016年普遍呈现出投入冗余和产出不足的情况，就R&D人员全时当量、R&D经费支出和R&D项目数三项投入指标而言，R&D项目数量需要比例改进的情况最严重，冗余率也普遍较高。

（2）在R&D人员全时当量、R&D经费支出和R&D项目数三项投入指标上比例改进值和松弛改进值均为0的省（区、市）有吉林、上海、安徽、湖南、广东、广西、海南7个省（区、市），这表明在2016年这7个省（区、市）规模以上文化企业的产学研研发合作中，R&D人员全时当量、R&D经费支出和R&D项目数三项投入的利用效率达到最优状态，合作中不存在投入冗余的情况。

（3）23个省（区、市）在R&D人员全时当量、R&D经费支出和R&D项目数三项投入指标上都存在不同程度的投入冗余情况，其中，在R&D人员全时当量指标中存在最大投入冗余的是黑龙江，需减少61.97%R&D人员量才能达到产学研研发合作效率有效；在R&D经费支出指标中存在最大投入冗余的是甘肃，需减少50.83%R&D经费的投入才能达到DEA有效；在R&D项目数指标中存在最大投入冗余的是浙江，需减少63.70%R&D项目数才能提高合作效率。

（4）黑龙江和甘肃分别作为R&D人员全时当量、R&D经费支出两项投入指标上资源浪费最严重的地区，说明黑龙江和甘肃显著拉低了我国30个省（区、市）文化企业产学研研发合作效率，主要体现在R&D经费利用效率低下，R&D人员全时当量和R&D项目数量较大而科研成果产出不高。因为非径向指标R&D项目数的相关系数较低，所以在此对整体研发合作效率的影响暂不讨论。

（5）除去7个在三项中利用效率均达到最优状态的省市外，北京在R&D人员全时当量指标上的改进比例最低，减少0.59%的科研人员便可避免研究人才的浪费；浙江在R&D经费支出指标上的改进比例最低，减少11.59%的科研经费便可提高资金的利用效率；湖北在R&D项目数指标上的改进比例最低，减少16.11%的项目数可提高产学研的合作效率。

以上分析表明，对于省市之间规模以上文化企业产学研的合作效率，投入冗余的情况较为严重，这表明盲目地扩大对产学研研发合作的投入，没有科学合理地调整投入产出比，只会造成人才和资源的浪费，导致各地区文化企业的产学研研发合作效率长期低下。

3. 非径向指标无效率分析

在前文的相关系分析中，R&D项目数与产出的相关性不高，因此被列为非径向指标，表8-6和表8-7为将非径向投入指标R&D项目数通过MaxDEA 7.0软件测算后得到的2012—2016年间无效率省（区、市）的改进比例结果，用以找出R&D项目数改进比例变动区间，说明无效率的投入项变量。

表 8-6 R&D 项目数改进比例

地区	2012年			2013年			2014年			2015年			2016年		
	R&D项目数	Hybrid DEA投影值	改进比例	R&D项目数	Hybrid DEA投影值	改进比例	R&D项目数	Hybrid DEA投影值	改进比例	R&D项目数	Hybrid DEA投影值	改进比例	R&D项目数	Hybrid DEA投影值	改进比例
北京	126.97	126.97	0.00%	1527.16	1527.16	0.00%	144.95	144.95	0.00%	140.33	140.33	0.00%	143.67	120.44	−16.17%
天津	186.18	186.18	0.00%	1963.38	1483.46	−24.44%	242.19	135.15	−44.20%	211.65	117.32	−44.57%	237.79	124.57	−47.61%
河北	116.91	78.00	−33.28%	1159.10	1049.83	−9.43%	140.18	91.48	−34.74%	155.27	87.92	−43.38%	188.60	116.76	−38.09%
山西	43.14	37.09	−14.02%	438.96	334.62	−23.77%	43.85	31.94	−27.16%	41.46	28.78	−30.59%	48.89	40.90	−16.34%
内蒙古	28.66	22.25	−22.38%	324.54	199.64	−38.49%	36.44	22.61	−37.96%	33.46	20.68	−38.20%	44.71	33.04	−26.10%
辽宁	119.01	114.49	−3.79%	1188.77	1149.53	−3.30%	138.48	89.99	−35.02%	100.73	70.48	−30.02%	126.60	95.84	−24.30%
吉林	30.72	24.56	−20.03%	976.97	423.47	−56.66%	36.42	36.42	0.00%	37.41	37.41	0.00%	44.57	44.57	0.00%
黑龙江	65.31	24.07	−63.15%	655.32	233.30	−64.40%	69.56	22.08	−68.25%	57.22	20.57	−64.05%	60.70	29.03	−52.17%
上海	198.08	198.08	0.00%	2045.09	2045.09	0.00%	222.34	222.34	0.00%	206.00	206.00	0.00%	215.82	215.82	0.00%
江苏	687.95	518.34	−24.65%	7383.99	5605.20	−24.09%	854.51	603.18	−29.41%	960.82	584.33	−39.18%	1177.85	761.22	−35.37%
浙江	549.22	549.22	0.00%	6414.47	4182.26	−34.80%	734.85	510.96	−30.47%	964.90	344.67	−64.28%	1169.00	424.31	−63.70%
安徽	183.40	108.29	−40.95%	2190.09	2190.09	0.00%	235.65	235.65	0.00%	261.94	261.94	0.00%	310.55	310.55	0.00%
福建	140.15	91.17	−34.95%	1586.35	954.04	−39.86%	176.14	104.33	−40.75%	203.03	102.68	−49.42%	254.21	142.40	−43.98%
江西	45.23	43.20	−4.48%	652.43	494.28	−24.24%	70.54	48.29	−31.55%	81.80	49.91	−38.98%	125.65	74.87	−40.41%
山东	464.89	414.41	−10.86%	4854.59	4304.29	−11.34%	552.65	361.71	−34.55%	571.77	319.23	−44.17%	708.96	412.61	−41.80%

续表

地区	2012年			2013年			2014年			2015年			2016年		
	R&D项目数	Hybrid DEA投影值	改进比例	R&D项目数	Hybrid DEA投影值	改进比例	R&D项目数	Hybrid DEA投影值	改进比例	R&D项目数	Hybrid DEA投影值	改进比例	R&D项目数	Hybrid DEA投影值	改进比例
河南	144.30	110.39	−23.50%	1712.79	1508.79	−11.91%	203.26	138.07	−32.07%	218.54	122.60	−43.90%	248.53	163.83	−34.08%
湖北	124.44	111.22	−10.62%	1448.80	1250.00	−13.72%	160.15	142.95	−10.74%	160.64	128.96	−19.72%	205.02	172.01	−16.10%
湖南	116.74	116.74	0.00%	1281.89	1281.89	0.00%	151.11	151.11	0.00%	123.46	123.46	0.00%	156.27	156.27	0.00%
广东	578.20	578.20	0.00%	6201.60	6201.60	0.00%	690.80	690.80	0.00%	694.33	694.33	0.00%	1003.85	1003.85	0.00%
广西	54.42	34.42	−36.75%	439.72	394.13	−10.37%	52.44	37.07	−29.32%	44.53	44.53	0.00%	52.70	52.70	0.00%
海南	7.38	7.38	0.00%	117.01	117.01	0.00%	15.03	5.47	−63.57%	10.59	4.98	−52.99%	10.92	10.92	0.00%
重庆	78.92	60.63	−23.17%	881.57	881.57	0.00%	126.75	126.75	0.00%	121.57	121.57	0.00%	150.60	96.82	−35.71%
四川	152.31	70.24	−53.88%	1566.87	821.38	−47.58%	177.39	87.17	−50.86%	122.78	82.35	−32.93%	175.47	126.13	−28.12%
贵州	25.45	14.16	−44.37%	261.25	162.19	−37.92%	27.06	18.00	−33.48%	30.08	18.03	−40.07%	42.44	27.65	−34.84%
云南	25.70	18.85	−26.64%	263.07	165.72	−37.01%	33.82	19.41	−42.60%	56.05	21.24	−62.11%	68.08	29.27	−57.00%
陕西	79.71	50.91	−36.13%	927.98	451.57	−51.34%	107.27	44.30	−58.71%	75.31	46.77	−37.90%	88.77	69.53	−21.68%
甘肃	29.51	14.56	−50.67%	263.38	206.08	−21.75%	30.47	16.18	−46.90%	29.20	10.78	−63.07%	28.98	14.78	−49.02%
青海	2.27	2.27	0.00%	22.06	17.11	−22.47%	2.51	1.61	−35.89%	2.79	1.50	−45.99%	5.86	2.71	−53.66%
宁夏	18.06	6.55	−63.71%	163.26	58.51	−64.16%	18.28	7.35	−59.80%	20.90	5.83	−72.11%	26.55	10.57	−60.18%
新疆	14.40	11.09	−23.00%	164.02	134.11	−18.23%	14.43	11.59	−19.67%	18.06	10.11	−44.04%	19.82	12.57	−36.59%

注：表中“0.00%”表示该决策单元的该项指标无松弛值。

根据表8-6可见以下五点。

(1) 2012—2016年各省（区、市）R&D项目数的改进比例的绝对值普遍较高，且各地区改进比例数值参差不齐，有着较大的差距，5年期间R&D项目数效率一直达到有效前沿面的只有上海、湖南和广东3个地区，这说明30个省（区、市）之间在R&D项目数的投入指标上差距较大，地区产学研研发合作发展不平衡，其余省（区、市）需向上海、湖南和广东借鉴学习。

(2) 从我国七大地区的角度看，每个地区的省（区、市）产学研研发合作R&D项目数投入指标的效率差距也较大，如在华北地区，北京5年来基本处于R&D项目数投入指标有效，而河北R&D项目数投入指标的改进比例绝对值在9.43%～43.38%之间波动。

(3) 2012—2016年R&D项目数一直未达到DEA有效的有河北、黑龙江、四川、宁夏等18个省（区、市），其中黑龙江和宁夏的改进比例绝对值分别都在两年中达到最高，效率表现最为不佳。黑龙江的R&D项目数改进比例绝对值在2013年、2014年都位居第一，需要调整改进的数值最大，分别为－64.40%、－68.25%，2012年和2015年改进比例值最大的为宁夏，分别为－63.71%和－72.11%。

(4) 30个省（区、市）规模以上文化企业产学研研发合作的R&D项目数在2012年的改进比例变动区间为－63.71%至－3.79%，2013年的改进比例变动区间为－64.40%至－3.30%，2014年的改进比例变动区间为－68.25%至－10.74%，2015年的改进比例变动区间为－72.11%至－19.72%，2016年的改进比例变动区间为－63.70%至－16.10%。

(5) 对比每年的R&D项目数非径向投入指标与R&D人员全时当量和R&D经费支出两个径向投入指标，有半数以上的省（区、市）非径向指标的改进比例大于径向指标的改进比例，由此说明R&D项目数投入效率低下是导致大部分省（区、市）文化企业产学研研发合作效率低下的重要原因。

以上分析表明，我国各省（区、市）规模以上文化企业产学研研发合作在R&D项目数指标上普遍效率较低，且区域差距显著，合作效率低下主要是由R&D项目数效率低下引起的。

综上所述，我国30个省（区、市）规模以上文化企业产学研研发合作效率整体较低，主要是由规模效率较低、产学研研发合作的投入冗余情况较为严重和非径向投入指标R&D项目数投入效率低下导致的，产学研研发合作综合效率随着规模效率和纯技术效率的下降而呈下降趋势，各省（区、市）之间合作效率差距较大。以上说明只有提高我国文化企业产学研研发合作的技术创新能力，扩大合作规模，优化资源投入和成果产出结构，加强省（区、市）之间以及区域之间互相学习，才能提高我国文化企业的产学研研发合作效率。

（三）超效率 DEA 模型测算结果分析

结合超效率 DEA 模型，得出历年各省（区、市）产学研研发合作效率的排名，并将各省（区、市）按最新《中国科技统计年鉴》区域划分标准划分为东部地区、东北地区、中部地区和西部地区 4 个地区，按效率得分划分为高效率、中效率和低效率 3 个等级。表 8-7 是各省（区、市）在 2012—2016 年合作效率值的超效率排名，表 8-8 为各省（区、市）5 年产学研研发合作按综合效率均值划分的等级。

表 8-7　2012—2016 年产学研研发合作超效率排名

地区	省（区、市）	2012 年	2013 年	2014 年	2015 年	2016 年
东部地区	北京	1	7	4	3	8
	天津	6	10	16	18	23
	河北	24	23	23	22	21
	上海	4	3	7	7	5
	江苏	13	8	12	14	15
	浙江	7	9	8	15	17
	福建	25	24	25	25	27
	山东	14	21	20	19	18
	广东	3	2	1	1	1
	海南	5	1	10	11	3
东北地区	黑龙江	30	30	30	29	29
	吉林	20	14	6	2	2
	辽宁	9	13	21	12	12
中部地区	山西	27	28	26	24	16
	安徽	10	6	5	5	7
	江西	11	22	17	9	10

续表

地区	省（区、市）	2012 年	2013 年	2014 年	2015 年	2016 年
中部地区	河南	16	19	19	20	19
	湖北	15	16	15	10	13
	湖南	2	5	2	6	6
西部地区	内蒙古	29	29	29	28	28
	广西	12	18	11	4	4
	重庆	8	4	3	8	9
	四川	17	11	18	13	11
	贵州	22	12	14	16	14
	云南	18	17	13	21	26
	陕西	26	27	28	26	22
	甘肃	21	20	24	30	30
	青海	28	26	27	23	24
	宁夏	19	25	22	27	25
	新疆	23	15	9	17	20

表 8-8　各省（区、市）产学研研发合作效率等级划分

等级	高效率	中效率	低效率
省（区、市）	广东　湖南　上海 北京　海南　重庆	安徽　吉林　广西 浙江　江西　湖北 江苏　天津　四川 辽宁	贵州　新疆　山东　河南 云南　河北　宁夏　福建 甘肃　山西　陕西　青海 内蒙古　黑龙江

注：高效率划分标准为效率值≥1，中效率划分标准为 0.7≤效率值<1，低效率划分标准为 0≤效率值<0.7。

通过观察表 8-7 和表 8-8 可以发现以下五点。

（1）从 5 年效率均值的角度看，处于高效率的省（区、市）主要分布在我国的东部地区，西部地区除了广西、重庆和四川，其他省市都被划分为低效率等级。中效率等级的 10 个省（区、市）中，东部地区占了 3 个，东北地区占了 2 个，中部地区占了 3 个，西部地区占了 2 个，说明我国东部、中部和西部地区规模以上文化企业产学研研发合作效率差距较大，东部地区优势显著，西部地区还需大力提升合作效率。

（2）结合表8-6发现，发达地区如江苏、浙江等省（区、市）主要受非径向指标R&D项目数的影响而被划分为中效率等级，说明该指标对样本研发合作效率值具有拉低作用。

（3）北京、上海、广东、安徽、湖南、重庆这6个省（区、市）在2012—2016年间每年的效率值排名都位居前十名，说明这些省（区、市）文化企业产学研的合作效率情况较为良好。其中，东部地区有3个省（区、市），中部地区有2个省（区、市），西部地区有1个省（区、市），广东排名长期位于前列。

（4）河北、福建、内蒙古、黑龙江、陕西、青海5年间每年的效率值排名都落后于其他省（区、市），排名在后十位，说明这6个省（区、市）文化企业产学研的合作效率低下，未来的发展有着很大的提升空间。其中，东部地区有2个省（区、市），东北地区有1个省（区、市），西部地区有3个省（区、市），内蒙古和黑龙江排名长期位于末尾。

（5）天津、吉林、辽宁、江西、广西、云南、新疆7个省（区、市）的效率值排名波动幅度较大，其中，辽宁、江西排名波动无规律性，天津的排名一直呈下降趋势，云南、新疆排名先升后降说明这两部分省（区、市）地区的文化企业产学研研发合作较为不稳定，成果产出也较为不稳定，可能缺乏一定的政策引导。而吉林的产学研研发合作效率值排名一直呈现上升趋势，逐年赶超其他高效率省（区、市），说明这些省（区、市）有着积极的鼓励产学研研发合作发展的政策和科研环境。

综上，我国东部地区、东北地区、中部地区和西部地区文化企业产学研研发合作效率有着较大的差距，东部地区有着领先的优势，东北地区、中部地区和西部地区虽然排名较东部地区落后，但部分省（区、市）一直在提高本地区的合作效率，且受到非径向指标R&D项目数的影响，也拉低了江苏、浙江等发达省（区、市）产学研研发合作效率。

五、结论与建议

（一）本研究结论

本研究结合Hybrid模型和超效率DEA模型对我国30个省（区、市）

规模以上文化企业产学研研发合作效率进行测算，分析和评价合作效率低下的原因以及省际合作效率分布状况，得出以下三点结论。

（1）规模效率较低、科研人员和科研经费投入冗余、非径向指标科研项目数投入效率低下是导致我国30个省（区、市）规模以上文化企业的产学研研发合作效率普遍较低的主要原因，说明要适当缩减科研合作的投入，扩大合作规模，优化投入产出结构，加强省际和地区之间的合作交流。

（2）受到纯技术效率的影响，规模效率一直呈下降趋势，且纯技术效率近年来也有小幅度下降，导致各省（区、市）文化企业产学研研发合作效率也随之逐年下降，说明提高技术创新能力和科研项目成果转化的效率是提高纯技术效率的途径。

（3）我国各省（区、市）之间及区域之间产学研研发合作效率差距显著，且部分省（区、市）效率变化幅度较大。东部地区各省（区、市）产学研研发合作效率情况普遍良好，其次是东北地区和中部地区，西部地区产学研研发合作效率情况最不乐观。

（二）建议与展望

针对以上对我国30个省（区、市）规模以上文化企业产学研研发合作效率的分析与评价，本研究为提高文化企业的产学研研发合作效率提出以下四点建议。

（1）优化文化企业产学研研发合作的投入产出结构。一方面要避免科研人员和科研经费等资源的盲目投入，合理分配投入资源，加大技术创新；另一方面要扩大产学研研发合作成果的产出，提高合作效率。

（2）重视投入与产出转化的过程。加强文化企业支持政策对提高产出的作用，各省（区、市）可推出促进文化企业、高校、科研机构三者之间合作深度融合的政策，鼓励产学研主体之间的合作创新，促进知识间的流动，提高各类资源的利用率。加强对科研人员的培养，鼓励研究人员提高自身的专业素质，加强不同合作单位之间的人才交流，提高团队的多样性，以达到提高产学研研发合作效率的目的。

（3）调整产学研研发合作效率与投入的匹配度。对于产学研研发合作效率较高而投入较低的文化企业，应重点提高合作资源的投入，通过人才引进和增加资金投入等方面的扶持政策，加大R&D人员全时当量、R&D

经费支出等方面的投入，从而增加其合作成果的产出。而对于产学研研发合作效率较低而投入较高的文化企业，则应在适度提高合作投入的同时，将如何提高科研资金和科研人员的使用效率作为重点需要解决的问题，通过更加有效地使用科研经费和发掘科研人员的创新能力，以达到提高产学研研发合作效率，增加成果产出的要求。

(4) 针对不同类型的地区进行特色化和差异化发展。发挥广东、北京、吉林、湖南、上海等在文化企业产学研研发合作中有着全面优势的省（区、市）地区龙头的引领作用，带动周边省（区、市）的发展。中西部地区可针对各省（区、市）具体的地域特色进行文化创意开发，适当提高研究经费和研究人员等资源的投入。

然而，本研究由于数据来源有限，只选取了最近 5 年的数据，对整个文化企业产学研的合作效率研究尚存在一定的不足之处。此外，传统 DEA 模型只需使用最初的输入数据和最终的产出结果便可对各决策单元进行分析和评价，不必考虑由投入到产出的中间数据和中间环节。而产学研的合作作为一个多个系统相结合的过程，采用传统的投入产出 DEA 模型会由于缺少中间环节而丢失许多参考评价的信息。因此，打开产学研研发合作的“黑箱”，结合其中多个合作系统的效率值来提高对整个文化企业产学研研发合作的评价可信度是十分必要的。

第九章　文化产业上市公司投资效率研究

——基于超效率 SBM 模型与 Malmquist-Luenberger 模型

作为战略性新兴产业，文化产业为国民经济的发展作出了重要贡献，而企业的投资效率又直接关系到其能否实现价值最大化。基于此，本研究在对我国文化产业上市公司投资效率进行数据测量的基础上，采用超效率 SBM 模型和 Malmquist 指数方法从静态和动态的角度全面评价和分析了我国文化产业上市公司的投资效率。研究结果表明：2013—2017 年文化产业上市公司的投资效率值总体较低，效率均值为 0.56，尚有 44%的提升空间；2013—2017 年低效率企业所占比率较高，每年平均都超过 50%；2013—2017 年我国文化产业上市公司在技术创新效率上呈现两极分化状态；2013—2017 年文化产业上市公司的全要素生产率呈现出 13.6%的上升趋势；技术效率变化指数是影响文化产业上市公司投资效率的主要因素。根据实证分析结果，提出以下政策建议：充分利用行业政策，采取差异化投资策略；强化投资导向作用，合理发展企业规模；加大创新投入，提高企业竞争力。

一、引言

党的十九大报告充分肯定了我国文化事业和文化产业取得的重大成绩，明确指出中国特色社会主义进入了新时代。十九大报告既是中国未来发展的总纲领，也是文化事业与文化产业发展的总指南。报告将“中国特色社会主义文化”置于前所未有的战略高度，为文化事业的发展和文化产业的创新提供了新一轮的动力和深入改革的政策红利。

在经历了“十一五”“十二五”时期的快速发展后，我国文化产业呈现出向纵深发展的趋势，进入“十三五”转型升级、结构性调整的重要时期。据国家统计局数据显示，文化产业增加值从2004年的近0.4万亿元增加到2017年的约3.5万亿元，呈逐年上升趋势，占GDP的比重由2004年的2.15%提高到2017年的4.29%。文化产业的发展，不仅为促进国民经济的发展作出了重大贡献，而且为我国经济结构的转型升级提供了有力支撑。

文化产业上市公司作为文化产业的典型代表，其投资效率的状况对于指导整个文化产业的发展具有导向和示范效应，对于开展相关研究具有较为明显的理论和实践意义。

二、文献综述

作为战略性新兴产业，文化产业近年来的发展优势和成长态势越来越凸显出其重要地位。同时，近年来研究文化产业的文献也越来越多，早期就已经有很多学者以文化产业为视角，对其进行了各种分析，如王家庭等人（2009）考虑到环境变量和随机因素可能对文化产业效率产生影响，于是选用三阶段DEA模型分析了我国31个省（区、市）文化产业的面板数据，结果发现环境变量和随机因素确实会影响到文化产业的效率，并影响其发展。同时，他又剔除了环境变量和随机因素，再次对文化产业效率进行分析，并提出了相关建议，为文化产业的发展研究作出了贡献。类似研究还有张仁寿（2011）、蒋萍（2011）、Raj Aggarwal（2011）等。

随着“十二五”“十三五”将文化产业提上国家战略性产业的重要位置后，近年来研究文化产业的文献大量涌现，主要分成两个视角。第一，从投融资视角出发的研究。储安全（2013）从融资结构和投资行为角度出发，对文化产业上市公司进行分析，得出要让文化产业的投资建立在融资基础上，通过不同的途径进行融资后进行恰当的投资，提高文化产业投融资的效率。类似研究还有秦智（2013）、王健（2015）、Krista（2015）等。在前人提出要将文化产业的投资建立在融资基础上后，Victor Hiller（2014）通过进一步分析文化企业投资选择与市场结构的双向关系，分析了企业层面的最优激励投资方案，得出市场规模效应、全球市场整合或技术冲击影响投资模式选择的结论。张桂玲（2016）在前人的基础上，实证研究了我国文化产业投融资的效率，从所有者权益、负债两个指标分析了融资效率，从地区从业人数、总资产、利润总额三个指标分析了投资效率，并从多方面为提高文化产业投融资效率提出了建议。类似研究还有车树林（2017）等。随着互联网经济的发展，宋虹桥（2018）将“互联网+”与文化产业投融资结合起来，以陕西文化产业为例，分析在当今的互联网时代如何开拓新的投资渠道和投资方式，为文化产业投融资创新提供了对策。类似研究还有王志标（2018）、吴鹤（2018）等。

第二，从效率评价视角出发的典型研究。马跃如（2012）考虑到不同的环境因素和发展规模可能对文化产业效率产生影响，于是选用随机前沿生产函数（SFA）模型进行实证研究，发现环境变量对文化产业效率有显著影响，同时得出文化产业发展速度很快的结论，但尚未形成规模经济，并为提高文化产业效率提出了建议。类似研究还有袁海（2012）、Hamed Taheri（2013）等。随着产业规模的扩大，赵琼和姜惠宸（2014）继续对文化产业效率进行了实证研究，他们主要选择对影视相关行业和新闻出版两大子行业进行 DEA 分析，提出企业注重规模化发展的同时要考虑到集约化经营。郭淑芬等人（2014）从文化产业的全要素生产率角度出发，构建 DEA 模型，分析了 30 家文化产业上市公司，得出了文化产业上市公司的全要素生产率一般、企业的整体效率一般的结论，提出企业应重视技术研发，关注技术进步率。类似研究还有王凡一（2015）、Amar Oukil（2016）等。随着文化产业规模的发展，技术进步的重要作用日渐突出，郭淑芬和郭金花（2017）从综合效率角度出发，构建了 SBM-DEA 模型和 Malmquist 指数，对文化制造业、文化批零业和文化服务业的面板数据进行分析，研究结论表明这三大子行业整体效率偏低，同时呈现出非均衡特征发展。他们提出各省（区、市）应鼓励产业的差异化发展，重视技术的输入和支持。类似研究还有杨晓琳（2017）等。随着互联网经济的发展，文化产业企业的创新创造活力越来越受到重视，朱伟（2018）从文化创意产业的全要素生产率变化的角度出发，构建 DEA 模型，探索了京沪深三大城市和东、中、西部三大区域的文化创意产业，对它们进行了分析对比，得出效率差异的原因，提出了要提高我国文化创意产业生产效率、缩减区域差异的建议。

通过对以上国内外文献进行梳理后，可以发现：其一，从分析视角上来看，有选择文化产业投融资视角的，也有选择文化产业效率评价视角的；其二，从分析方法来看，DEA模型进行实证研究是主流分析方法；其三，从面板数据的选取来看，有选取省（区、市）文化产业面板数据进行省（区、市）分析的，也有选取文化产业上市公司为代表性进行全局分析的；其四，从指标选取来看，投入指标多从人力、物力角度出发，用应付职工薪酬、员工人数来衡量人力投入，用总资产、固定资产来衡量物力投入；其五，当前文献中较多用径向模型对效率进行评价，且当有效DMU比较多时，有效DMU效率值相同，均为1，无法进行排序，Tone Kaoru（2002）提出的基于超效率SBM模型很好地解决了这些问题，Malmquist指数方法最早由R. Färe等人（1992）采用。这两个模型已经被很多学者应用到效率评价中。如Tao Xueping（2016）、H. Ebrahimzadeh（2016）、Huang Jianhuan（2014）等。

基于此，本研究首先从静态角度运用超效率SBM模型对2013—2017年我国67家文化产业上市公司的财务数据进行分析，得出每年文化产业上市公司投资效率的静态值，分析样本内的文化产业上市公司的投资效率现状，然后从动态角度运用Malmquist模型对面板数据进行探索，得出我国67家文化产业上市公司投资效率的变动趋势。

三、变量选择、数据来源与模型构建

（一）变量选择

1. 投入产出指标选取和说明

在投入产出效率评价模型中，投入产出指标的确定会直接影响到DEA模型评价结果的可靠性，因此，指标的选取对于DEA模型的判定至关重要，投入指标与产出指标的选取需具有较好的代表性，本研究根据数据的有效性和可获得性要求，在充分借鉴赵琼和姜惠宸（2014）、郭淑芬等人（2014）对文化产业上市公司研究文献的基础上确定了本研究的指标，即以营业收入和净利润作为产出指标，以营业成本、总资产和应付职工薪酬作为投入指标。这些指标具有很好的代表性，能分别反映投入产出的各个方面，如表9-1所示。

表 9-1 投入和产出指标汇总

指标类型	指标名称	指标说明
投入指标	营业成本	反映企业的投资成本，是为获得营业收入而耗费的资源的价值体现，也是维持公司经营的必须投入，是公司的运营基础
	总资产	反映资本的投入量，总资产的规模不仅衡量一个企业的规模大小，对企业的投资效率也有重要影响
	应付职工薪酬	反映企业的人力投入成本，是企业在人力成本上所付出的各种薪酬及相关性支出
产出指标	营业收入	反映企业投资效率，是企业从事业务活动所取得的收入，是衡量企业获利能力的指标
	净利润	反映企业投资效率，是衡量企业获利能力的指标，指用总利润减去所得税后的净收入

其中，总资产、应付职工薪酬来自资产负债表。营业收入、营业成本、净利润来自利润表。根据和讯网 67 家企业的原始数据，计算得出各年投入产出指标的描述性统计结果，如表 9-2 所示。

表 9-2 2013—2017 年投入产出指标的统计性描述 单位：元

年份	统计性描述	营业成本	总资产	应付职工薪酬	营业收入	净利润
2013	Max	15145030828	17852634835	908450066.5	18414283897	1587994151
	Min	8523292.1	81771926.49	44045.2	16792186.93	−107257246.3
	Average	1898441841	4393134564	67178350.53	2664931486	295904734.4
	SD	3024178319	4070667677	123459420.6	3745883993	335994522.2
2014	Max	16775334290	21707795061	1057100560	20678595926	1898247121
	Min	5694384.4	120938448.4	75509.89	22400850.38	−448718956.5
	Average	2266775796	5491279879	81839019.9	3204842657	353448369.7
	SD	3353828654	4842833127	146154104	4201993803	421184756.3

续表

年份	统计性描述	营业成本	总资产	应付职工薪酬	营业收入	净利润
2015	Max	16089511873	35278981149	982914426.8	21291878165	3090305459
	Min	11704716.83	367993667.7	828376.99	88326691.05	−445678149.5
	Average	2773845762	7610525841	99550582.24	3908611856	434445936.9
	SD	3761108816	6985392752	150839750.7	4728105598	557881105
2016	Max	18229220565	36796554225	951496667	22389793667	3196303206
	Min	29067050.46	372665942.7	2712381.93	96919585.7	−1760110055
	Average	3222555322	8958132879	117312403.7	4448897359	445694708.2
	SD	4333073324	7854907524	169144789	5410807800	637900926.1
2017	Max	19848025108	41844755126	1085193069	28282286666	2934550222
	Min	34531178.49	606993946.2	1228870.12	100510607.4	−18184307477
	Average	3287532599	9639740090	131780947.6	4501567217	193282361.1
	SD	4279909444	8419216320	200298609.8	5386355863	2323418949

注：Max 为最大值；Min 为最小值；Average 为平均数值；SD 为标准差。

2. Pearson 相关性检验

为了确保随着投入的增加，产出不会减少，即指标符合“同向性”原则，本研究采用 Pearson 相关性检验法对其进行检测，计算结果如表 9-3 所示。

表 9-3　Pearson 相关性检验法

	营业成本	总资产	应付职工薪酬	营业收入	净利润
营业成本	1.000	0.795	0.718	0.994	0.833
总资产	0.795	1.000	0.703	0.834	0.867
应付职工薪酬	0.718	0.703	1.000	0.734	0.744
营业收入	0.994	0.834	0.734	1.000	0.877
净利润	0.833	0.867	0.744	0.877	1.000

由表 9-3 可以看出，选取的 67 家文化产业上市公司的投入、产出指标间的 Pearson 相关系数均大于 0，说明投入变量和产出变量之间确实存在着显著的正相关关系，且符合“同向性”原则，具有合理性。

（二）数据来源

本研究根据《文化及相关产业分类（2018）》标准，选取 2013 年以前上市的文化产业核心领域的上市公司，为了能够体现出文化产业上市公司的特点，同时能够增加公司之间的可比性，为文化产业投资效率评价结果提供更多有用的信息，本研究对我国沪深证券交易所的备选 DMU 进行筛选，其标准包括：一是 DMU 单元的数量应大于投入与产业指标数量的乘积，且大于指标数量之和的 2 倍以上；二是剔除已经退市的公司；三是通过在和讯网查询每家公司的主营收入，选取这 5 年一直主营与文化产业相关，且文化产业主营收入占比大于 50%的企业。因此，根据 DEA 方法的基本要求，并结合本研究的研究目的，最终选取了 67 家文化产业上市公司作为研究对象。

（三）模型构建——超效率 SBM 模型

在构建 DEA 模型对面板数据进行效率评价时，若有效 DMU 比较多，有效 DMU 效率值相同，均为 1，则无法进行排序，Tone Kaoru（2002）提出的基于超效率 SBM 模型很好地解决了这个问题。此外，投入导向和产出导向的超效率 SBM 模型可能会出现无可行性解的问题，为此，本研究选择了非导向的超效率 SBM 模型。

四、投资效率静态分析

（一）基于规模报酬不变情况下的综合效率值分析

通过 MaxDEA 7.0 软件对 67 家文化产业上市公司的投资效率进行测算，本研究选择非导向型模型，即同时考虑投入和产出对投资效率的影响。首先分析基于规模报酬不变情况下的综合效率值，得出结果如表 9-4 和图 9-1 所示。

表 9-4 2013—2017 年基于规模报酬不变情况下的综合效率值、平均值及排名

序号	DMU	2013 年		2014 年		2015 年		2016 年		2017 年		平均值
		Score	Rank	Score	Rank	Score	Rank	Score	Rank	Score	Rank	
1	捷成股份	1.037	9	1.091	7	1.999	1	1.661	1	1.036	9	1.365
2	新文化	2.338	1	2.366	2	0.696	22	0.674	22	0.739	13	1.362
3	北巴传媒	1.434	2	1.271	4	1.071	9	1.119	6	1.398	2	1.258
4	宋城演艺	1.225	3	1.314	3	1.207	6	1.214	3	1.303	4	1.253
5	吉视传媒	0.467	38	4.567	1	0.459	42	0.418	41	0.335	41	1.250
6	顺网科技	1.063	8	1.203	5	1.327	3	1.326	2	1.138	6	1.211
7	丽江旅游	1.145	6	1.039	10	0.955	13	1.003	12	0.816	11	0.992
8	光线传媒	1.184	5	0.787	14	0.637	27	0.865	13	1.437	1	0.982
9	方直科技	1.037	10	1.067	8	0.732	19	1.044	9	1.010	10	0.978
10	中国国旅	1.001	14	0.334	45	1.073	8	1.101	7	1.213	5	0.944
11	四维图新	1.001	15	1.055	9	0.428	44	1.024	11	1.072	7	0.916
12	东方财富	0.044	64	1.020	12	1.719	2	1.173	4	0.383	38	0.867
13	华谊兄弟	1.012	12	1.022	11	0.764	17	0.702	19	0.788	12	0.857
14	国旅联合	1.203	4	1.112	6	1.298	4	0.046	62	0.576	21	0.847

续表

序号	DMU	2013 年		2014 年		2015 年		2016 年		2017 年		平均值
		Score	Rank	Score	Rank	Score	Rank	Score	Rank	Score	Rank	
15	省广集团	1.127	7	0.490	29	1.096	7	1.065	8	0.013	65	0.758
16	东方明珠	1.010	13	0.625	17	0.765	16	0.761	14	0.537	26	0.740
17	人民网	0.890	16	0.944	13	1.054	10	0.510	33	0.299	44	0.739
18	浙数文化	0.511	32	0.428	34	0.674	24	0.583	27	1.318	3	0.705
19	华策影视	1.025	11	0.572	20	0.560	35	0.514	31	0.439	34	0.622
20	皖新传媒	0.628	22	0.335	44	0.775	15	0.734	16	0.629	16	0.620
21	张家界	0.744	18	0.373	38	0.963	12	0.256	51	0.658	14	0.599
22	中南传媒	0.625	23	0.372	39	0.756	18	0.693	21	0.546	24	0.598
23	北京文化	0.351	52	0.603	19	0.204	59	1.157	5	0.639	15	0.591
24	时代出版	0.487	36	0.399	36	0.722	20	0.736	15	0.567	22	0.582
25	大智慧	0.005	66	0.561	21	1.219	5	0.003	67	1.045	8	0.566
26	中原传媒	0.643	21	0.292	46	0.675	23	0.649	23	0.548	23	0.564
27	美盛文化	0.369	51	0.638	16	0.673	25	0.595	25	0.461	29	0.549
28	奥飞娱乐	0.533	30	0.520	25	1.025	11	0.508	34	0.088	60	0.535

续表

序号	DMU	2013 年		2014 年		2015 年		2016 年		2017 年		平均值
		Score	Rank	Score	Rank	Score	Rank	Score	Rank	Score	Rank	
29	掌趣科技	0.572	25	0.609	18	0.627	28	0.522	29	0.296	46	0.525
30	中青旅	0.511	33	0.216	51	0.607	30	0.701	20	0.589	19	0.525
31	天舟文化	0.281	53	0.530	23	0.852	14	0.605	24	0.333	42	0.520
32	华录百纳	0.722	19	0.349	42	0.525	37	0.724	17	0.255	49	0.515
33	凤凰传媒	0.463	41	0.396	37	0.626	29	0.592	26	0.499	27	0.515
34	黄山旅游	0.387	48	0.434	33	0.644	26	0.517	30	0.586	20	0.514
35	华闻传媒	0.705	20	0.525	24	0.572	34	0.512	32	0.237	52	0.510
36	长江传媒	0.436	44	0.138	58	0.415	45	1.031	10	0.460	30	0.496
37	当代东方	0.253	59	0.404	35	0.572	33	0.709	18	0.539	25	0.495
38	广田集团	0.529	31	0.480	31	0.351	50	0.450	38	0.621	18	0.486
39	大连圣亚	0.546	28	0.484	30	0.713	21	0.316	47	0.371	39	0.486
40	天威视讯	0.479	37	0.343	43	0.586	31	0.547	28	0.436	35	0.478
41	峨眉山 A	0.420	45	0.504	27	0.552	36	0.445	39	0.471	28	0.478
42	中文传媒	0.453	42	0.251	49	0.579	32	0.507	35	0.450	31	0.448

续表

序号	DMU	2013 年		2014 年		2015 年		2016 年		2017 年		平均值
		Score	Rank	Score	Rank	Score	Rank	Score	Rank	Score	Rank	
43	金螳螂	0.567	26	0.211	53	0.515	40	0.473	37	0.446	33	0.443
44	科大讯飞	0.502	35	0.535	22	0.463	41	0.371	44	0.298	45	0.434
45	二六三	0.833	17	0.775	15	0.291	55	0.018	66	0.106	58	0.405
46	立思辰	0.443	43	0.361	40	0.516	39	0.417	42	0.266	48	0.400
47	亚厦股份	0.603	24	0.505	26	0.375	46	0.231	52	0.209	53	0.384
48	华数传媒	0.373	50	0.351	41	0.363	48	0.357	46	0.319	43	0.353
49	蓝色光标	0.509	34	0.440	32	0.064	66	0.490	36	0.239	51	0.349
50	华谊嘉信	0.553	27	0.126	59	0.517	38	0.440	40	0.009	66	0.329
51	歌华有线	0.259	58	0.282	47	0.362	49	0.359	45	0.345	40	0.321
52	湖北广电	0.413	46	0.282	48	0.370	47	0.261	50	0.240	50	0.313
53	出版传媒	0.228	60	0.192	54	0.333	52	0.385	43	0.406	37	0.309
54	中青宝	0.463	40	0.053	64	0.438	43	0.064	61	0.408	36	0.285
55	博瑞传播	0.542	29	0.498	28	0.158	62	0.132	57	0.059	61	0.278
56	号百控股	0.219	61	0.182	56	0.239	58	0.082	59	0.628	17	0.270

续表

序号	DMU	2013 年		2014 年		2015 年		2016 年		2017 年		平均值
		Score	Rank	Score	Rank	Score	Rank	Score	Rank	Score	Rank	
57	曲江文旅	0.381	49	0.090	62	0.292	54	0.270	49	0.267	47	0.260
58	中视传媒	0.392	47	0.213	52	0.198	60	0.032	65	0.446	32	0.256
59	云南旅游	0.266	55	0.188	55	0.295	53	0.201	54	0.194	55	0.229
60	广电网络	0.260	57	0.172	57	0.247	57	0.189	56	0.208	54	0.215
61	电广传媒	0.277	54	0.225	50	0.253	56	0.193	55	0.002	67	0.190
62	粤传媒	0.465	39	0.005	67	0.020	67	0.292	48	0.113	57	0.179
63	三特索道	0.263	56	0.036	65	0.341	51	0.045	63	0.028	64	0.143
64	新华传媒	0.094	63	0.100	60	0.144	63	0.111	58	0.104	59	0.111
65	迪威讯	0.029	65	0.065	63	0.163	61	0.207	53	0.038	62	0.100
66	西安旅游	0.133	62	0.027	66	0.090	64	0.076	60	0.031	63	0.071
67	桂林旅游	0.005	67	0.092	61	0.082	65	0.036	64	0.117	56	0.066
	平均值	0.597		0.567		0.611		0.538		0.488		0.560

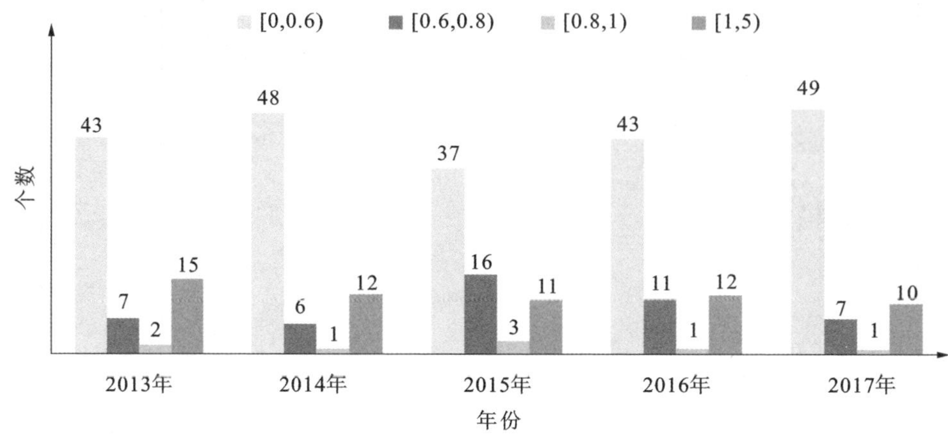

图 9-1　2013—2017 年的基于规模报酬不变情况下的综合效率值分布

图 9-1 反映了各文化产业上市公司 2013—2017 年在基于规模报酬不变情况下的综合效率值在不同区间内的分布，分析表 9-4 和图 9-1 可以得出几点。

（1）2013—2017 年的综合效率值总体较低，为 0.560。处在［0，0.6）区间的比率较高，平均每年都超过 50%。2013 年有 43 家，占比 64.2%；2014 年有 48 家，占比 71.6%；2015 年 37 家，占比 55.2%；2016 年 43 家，占比 64.2%；2017 年 49 家，占比 71.6%。处在［1，5）区间的 2013 年有 15 家，占比 22.4%；2014 年 12 家，占比 17.9%；2015 年 11 家，占比 16.4%；2016 年 12 家，占比 17.9%；2017 年 10 家，占比 14.9%。而处在中间阶段的企业相对较少。处在［0.8，1）区间的企业很少，2013 年仅有人民网和二六三；2014 年只有人民网一家；2015 年有丽江旅游、张家界和天舟文化三家；2016 年只有光线传媒一家；2017 年只有丽江旅游一家。说明从基于规模报酬不变情况下的综合效率值来看，在选定的 67 家样本中，2013—2017 年文化产业的投资的综合效率比较低。

（2）从 67 家文化产业上市公司 5 年的基于规模报酬不变情况下的综合效率平均值来看，2013—2017 年文化产业的投资效率呈现出波浪式发展，2013 年到 2014 年呈下降趋势，2015 年稍稍回升，2016 年后又迅速下滑。从数据结果来看，67 家文化产业上市公司在研究期间的投资效率明显有一定差距，表明我国 67 家文化产业上市公司投资效率值总体比较低。

（3）根据样本期间内的文化产业上市公司综合效率平均值，将这 5 年的平均值分为四类。

① 第一类是在［0，0.6）低效率的区间范围，属于低效率企业，如峨眉山 A、中文传媒、中视传媒、金螳螂、天威视讯、中青宝、出版传媒、歌华有线、华数传媒、科大讯飞、曲江文旅、立思辰、湖北广电、蓝色光标、广电网络、云南旅游、桂林旅游、粤传媒、新华传媒、博瑞传播、迪威讯、西安旅游、三特索道、华谊嘉信、电广传媒这 25 家上市公司在 2013—2017 年期间内效率值一直处在［0，0.6）区间范围内，占比 37.3%。从各家公司 5 年的平均值来看，有 47 家上市公司处在［0，0.6）区间范围内，占比 70.1%。说明这 5 年来投资效率较低的企业比较多，这些公司在投资效率方面应当受到重视，应考虑改变投资方式，增加企业投资效率。

② 第二类是在［0.6，0.8）的中低效率区间范围，属于中低效率企业。表 9-4 显示，在这 5 年内没有一家企业效率值一直处在［0.6，0.8）之间，同时由图 9-1 所示，2013 年有 7 家公司、2014 年有 6 家公司、2015 年有 16 家公司、2016 年有 11 家公司、2017 年有 7 家公司处在这个区间内，从各家公司 5 年的平均值来看，有 6 家公司均值处在［0.6，0.8）的范围内，这 6 家公司应当归属到第二类中低效率区间范围内，属于中低效率企业。由此可以表明，这类文化产业上市公司在这 5 年中投资效率不太稳定，变动幅度有点大。

③ 第三类是在［0.8，1）区间范围内的中高效率企业，以每年的综合效率值分别来看，2013 年的人民网综合效率值为 0.890，二六三综合效率值为 0.833；2014 年的仅有人民网，综合效率值为 0.944；2015 年的丽江旅游，综合效率值为 0.955，张家界综合效率值为 0.963，天舟文化综合效率值为 0.852；2016 年仅有光线传媒，综合效率值为 0.865；2017 年仅有丽江旅游，综合效率值为 0.816。从各家公司 5 年的综合效率平均值来看，有 8 家公司均值处在［0.8，1）范围内，这 8 家公司应当归属到第三类中高效率企业中，属于中高效率企业。这 8 家企业中，有 4 家企业的综合效率值在这 5 年内波动较大，中国国旅在其他年份综合效率值均大于 1，但在 2014 年综合效率值只有 0.334，导致整体平均值下降。类似的还有四维图新，在 2015 年的综合效率值只有 0.428，其他年份均大于 1。东方财富

在 2013 年的综合效率值只有 0.044，2017 年综合效率值只有 0.383，其他年份均大于 1，国旅联合也是如此，在 2016 年的综合效率值只有 0.046，2017 年的综合效率值只有 0.576，其他年份均大于 1。由此可以表明这几家公司在这 5 年内综合效率值很不稳定，说明企业在投资效率上还有很大的提升空间。

④ 第四类企业为高效率企业，如捷成股份、北巴传媒、宋城演艺、顺网科技这 4 家文化产业上市公司 5 年的综合效率值均大于 1。对于这类企业，企业投资效率的管理导向就是保持并引导企业按照目前的趋势继续发展。从各公司 5 年的平均值来看，捷成股份、新文化、北巴传媒、宋城演艺、吉视传媒、顺网科技这 6 家企业 5 年的均值大于 1，属于高效率企业，但是新文化只有在 2013 年、2014 两年内综合效率值超过 2，2015—2017 这 3 年均处在［0.6，0.8）的中低效率区间范围内，吉视传媒在这 5 年内，只有 2014 年效率值达到 4.567，其他年份均处在［0，0.6）低效率的区间范围内，说明这几家公司虽然均值大于 1，但总体效率值波动比较大，企业应该加强管理，采取措施，提高企业的投资效率。

（二）基于规模报酬可变情况下的技术效率值分析

通过 MaxDEA 7.0 软件对财务数据进行运算，得出基于规模报酬可变情况下技术效率值的分析结果，如表 9-5 和图 9-2 所示。

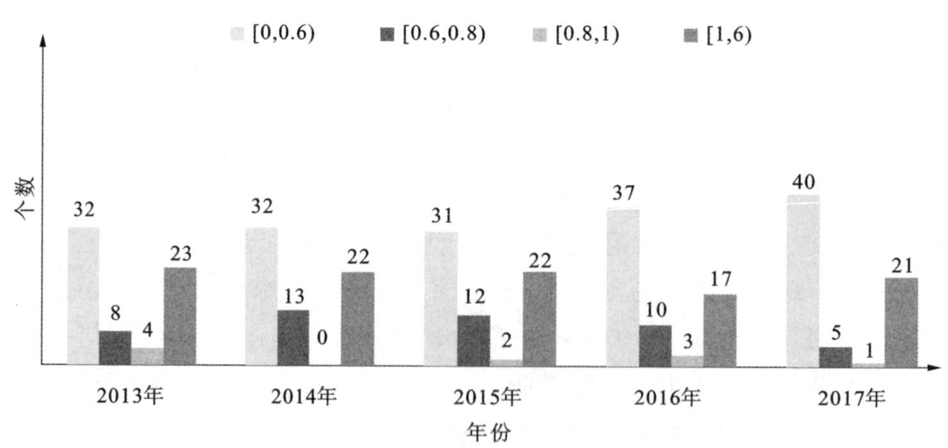

图 9-2　2013—2017 年基于规模报酬可变情况下的技术效率值分布（VRS）

表 9-5　2013—2017 年基于规模报酬可变情况下的技术效率值、平均值及排名

序号	DMU	2013年		2014年		2015年		2016年		2017年		平均值
		Score	Rank	Score	Rank	Score	Rank	Score	Rank	Score	Rank	
1	新文化	5.006	1	5.405	1	0.723	29	0.765	22	0.812	22	2.542
2	方直科技	2.532	2	1.967	4	1.442	6	3.857	1	2.726	1	2.505
3	捷成股份	1.038	19	1.161	11	2.380	2	1.748	2	1.223	7	1.510
4	当代东方	2.521	3	2.574	3	0.670	31	0.852	20	0.597	28	1.443
5	中国国旅	1.359	8	1.453	6	1.319	8	1.302	5	1.743	2	1.435
6	吉视传媒	0.555	40	4.817	2	0.515	42	0.418	43	0.335	46	1.328
7	北巴传媒	1.500	5	1.405	7	1.091	13	1.174	9	1.446	4	1.323
8	宋城演艺	1.333	9	1.320	9	1.267	9	1.260	6	1.306	6	1.297
9	华谊兄弟	1.495	6	1.512	5	1.232	10	1.008	16	1.008	18	1.251
10	东方明珠	1.034	20	0.790	23	1.660	3	1.588	3	1.143	10	1.243
11	顺网科技	1.067	16	1.212	10	1.369	7	1.344	4	1.142	11	1.227
12	国旅联合	1.206	10	1.140	14	1.660	4	0.994	18	1.122	12	1.224
13	省广集团	1.136	12	1.021	21	1.178	11	1.190	7	1.086	15	1.122
14	光线传媒	1.389	7	1.052	18	0.664	32	0.865	19	1.546	3	1.103

续表

序号	DMU	2013年		2014年		2015年		2016年		2017年		平均值
		Score	Rank	Score	Rank	Score	Rank	Score	Rank	Score	Rank	
15	四维图新	1.089	13	1.158	12	1.054	15	1.024	14	1.095	14	1.084
16	中南传媒	1.077	14	1.140	13	1.105	12	1.080	11	1.012	17	1.083
17	东方财富	0.046	65	1.080	16	2.619	1	1.185	8	0.387	41	1.063
18	丽江旅游	1.190	11	1.039	19	1.002	22	1.007	17	1.003	20	1.048
19	凤凰传媒	1.013	22	1.030	20	1.026	18	1.030	13	1.004	19	1.021
20	浙数文化	0.610	35	0.596	36	1.005	20	0.627	30	1.425	5	0.853
21	大智慧	1.050	18	0.562	38	1.469	5	0.003	67	1.097	13	0.836
22	亚厦股份	1.544	4	1.380	8	0.509	44	0.302	50	0.343	45	0.816
23	广田集团	0.786	28	1.061	17	0.497	45	0.575	32	1.156	9	0.815
24	中文传媒	0.586	38	0.650	31	0.743	27	1.014	15	1.002	21	0.799
25	人民网	0.942	24	1.016	22	1.057	14	0.533	36	0.327	47	0.775
26	张家界	0.930	25	0.430	45	1.039	17	0.276	54	1.198	8	0.775
27	金螳螂	1.062	17	1.085	15	0.586	38	0.585	31	0.517	35	0.767
28	皖新传媒	0.767	29	0.674	28	0.811	24	0.773	21	0.636	25	0.732

续表

序号	DMU	2013年		2014年		2015年		2016年		2017年		平均值
		Score	Rank	Score	Rank	Score	Rank	Score	Rank	Score	Rank	
29	华闻传媒	1.077	15	0.740	25	0.750	26	0.640	28	0.279	51	0.697
30	华策影视	1.026	21	0.584	37	0.621	36	0.562	34	0.529	34	0.664
31	时代出版	0.596	36	0.643	32	0.723	30	0.743	24	0.572	30	0.655
32	中原传媒	0.660	32	0.655	29	0.737	28	0.649	27	0.549	31	0.650
33	中青旅	0.635	34	0.610	34	0.626	35	0.701	25	0.589	29	0.632
34	北京文化	0.370	56	0.652	30	0.235	59	1.169	10	0.673	23	0.620
35	科大讯飞	0.526	44	0.546	40	0.514	43	0.427	42	1.023	16	0.607
36	美盛文化	0.397	53	0.674	27	0.788	25	0.654	26	0.492	36	0.603
37	奥飞娱乐	0.700	30	0.632	33	1.049	16	0.526	37	0.088	61	0.599
38	大连圣亚	0.548	41	0.531	41	1.004	21	0.375	47	0.534	33	0.598
39	天舟文化	0.388	54	0.549	39	0.918	23	0.637	29	0.351	43	0.567
40	华录百纳	0.859	26	0.349	49	0.533	40	0.746	23	0.264	53	0.550
41	长江传媒	0.532	43	0.273	53	0.416	50	1.035	12	0.461	38	0.543
42	黄山旅游	0.434	50	0.435	44	0.649	33	0.523	39	0.617	27	0.532

续表

序号	DMU	2013年		2014年		2015年		2016年		2017年		平均值
		Score	Rank	Score	Rank	Score	Rank	Score	Rank	Score	Rank	
43	掌趣科技	0.577	39	0.609	35	0.632	34	0.524	38	0.296	49	0.528
44	华谊嘉信	1.006	23	0.126	59	1.009	19	0.458	41	0.009	66	0.522
45	峨眉山A	0.422	51	0.518	42	0.558	39	0.458	40	0.483	37	0.488
46	天威视讯	0.480	45	0.348	50	0.588	37	0.559	35	0.454	39	0.486
47	蓝色光标	0.669	31	0.715	26	0.079	66	0.565	33	0.314	48	0.467
48	华数传媒	0.442	48	0.408	46	0.463	47	0.396	46	0.362	42	0.414
49	二六三	0.842	27	0.777	24	0.300	55	0.019	66	0.124	58	0.412
50	立思辰	0.466	47	0.375	47	0.525	41	0.417	44	0.267	52	0.410
51	歌华有线	0.309	58	0.307	51	0.428	49	0.360	48	0.345	44	0.350
52	湖北广电	0.436	49	0.285	52	0.452	48	0.282	53	0.250	54	0.341
53	中青宝	0.470	46	0.055	64	0.476	46	0.074	62	0.618	26	0.338
54	电广传媒	0.659	33	0.369	48	0.353	52	0.307	49	0.003	67	0.338
55	出版传媒	0.233	62	0.192	57	0.341	53	0.409	45	0.441	40	0.323
56	博瑞传播	0.592	37	0.498	43	0.159	62	0.135	58	0.062	62	0.289

续表

序号	DMU	2013 年		2014 年		2015 年		2016 年		2017 年		平均值
		Score	Rank	Score	Rank	Score	Rank	Score	Rank	Score	Rank	
57	号百控股	0.250	61	0.208	55	0.243	58	0.087	61	0.646	24	0.287
58	中视传媒	0.406	52	0.221	54	0.211	60	0.037	65	0.543	32	0.284
59	曲江文旅	0.384	55	0.093	61	0.301	54	0.290	52	0.284	50	0.271
60	广电网络	0.320	57	0.195	56	0.273	57	0.191	57	0.211	55	0.238
61	云南旅游	0.267	60	0.188	58	0.297	56	0.209	56	0.205	56	0.233
62	粤传媒	0.541	42	0.005	66	0.020	67	0.296	51	0.117	59	0.196
63	三特索道	0.269	59	0.038	65	0.363	51	0.048	63	0.033	65	0.150
64	新华传媒	0.114	64	0.107	60	0.144	63	0.116	59	0.115	60	0.119
65	迪威讯	0.032	66	0.072	63	0.182	61	0.239	55	0.055	63	0.116
66	西安旅游	0.151	63	0.031	67	0.101	64	0.092	60	0.039	64	0.083
67	桂林旅游	0.005	67	0.092	62	0.085	65	0.039	64	0.131	57	0.070
	平均值	0.820		0.813		0.744		0.662		0.640		0.736

图 9-2 反映了各文化产业上市公司 2013—2017 年在基于规模报酬可变情况下的技术效率值在不同区间内的分布，从基于规模报酬可变情况下得出的技术效率角度分析表 9-5 和图 9-2 可以得出以下三点。

（1）基于规模报酬可变情况下的技术效率值在区间分布上显示出两极分化的状态，从各公司 5 年的均值来看，处在区间［0.8，1）的企业数量很少，只有浙数文化、大智慧、亚厦股份、广田集团 4 家企业。处在区间［0.6，0.8）的企业有 13 家。

（2）总体来看，技术效率值大于 1 的企业数量分布比基于规模报酬不变情况下的综合效率值大于 1 的分布好。有 19 家企业的技术效率值大于 1，占比 28.4%。说明随着互联网经济的发展，这 5 年来越来越多的文化产业上市公司开始注重对于技术上的创新投入。2013—2017 年的技术效率值均大于 1 的有方直科技、捷成股份、中国国旅、北巴传媒、宋城演艺、华谊兄弟、顺网科技、省广集团、四维图新、中南传媒、丽江旅游、凤凰传媒这 12 家企业，占企业总数量的 17.9%，表示 5 年来这 12 家企业在技术效率上始终有效。

（3）通过 67 家上市公司的每年整体的技术效率均值可以看出，2013—2017 年技术效率值分别为 0.820、0.813、0.744、0.662 和 0.640，呈现下降的趋势，说明技术效率值整体不高，平均值仅在 0.7 左右，离有效的效率水平还有一定的差距。这主要因为处于低效率阶段的企业偏多，有 31 家企业属于低效率状态。所以企业投资效率的提高还需要各企业顺应经济、社会、环境的变化提高现有资源的利用率，从而达到投入产出最有效状态，增强自身的竞争力。

五、投资效率动态分析

上文对文化产业上市公司的综合效率和技术效率进行了分析，可以更好地了解文化产业上市公司的投资效率变化趋势。因此，本研究结合 Malmquist 指数模型对投资效率增长率的变动进行分析和评价。

Malmquist 指数也被称为“全要素生产率指数”，用公式可以表示为：全要素生产率指数＝技术效率变化指数×技术进步变化指数；技术效率变化指数＝纯技术效率变动指数×规模效率变化指数。Malmquist 指数和分解的各类指数数值均有特定的含义：如果指数数值大于 1，则表示在评价时间段里相应指数效率呈现上升态势；反之，则说明其处于下降的趋势。

各指数在文化产业上市公司投资效率研究中所表示的含义如下：全要素生产率指数反映企业投资规模、社会的技术进步、企业的资源配置和利用水平等情况。如果指数大于1，表明投资效率提高；若小于1，则表明投资效率下降。规模效率变化指数反映文化产业上市公司的投资规模对投资效率的影响；纯技术效率变动指数反映企业资源配置和利用水平的发展情况，通过管理水平的变化影响投资效率。技术效率变化指数则总体反映投资的规模、投资的资源配置和利用水平的发展情况。技术进步变化指数反映社会技术进步程度对投资效率的影响。

（一）文化产业上市公司2013—2017年的投资效率Malmquist指数分析

本研究使用MaxDEA7.0软件，对2013—2017年67家文化产业上市公司的投入、产出面板数据进行分析，可得到2013—2017年文化产业上市公司分年份的全要素生产率指数及其分解的计算结果，如表9-6所示。

表9-6　2013—2017年文化产业上市公司分年份的全要素生产率指数及其分解

年份	全要素生产率指数	技术效率变化指数	规模效率变化指数	技术进步变化指数	纯技术效率变化指数
2013—2014年	1.468	1.29	0.94	1.14	1.36
2014—2015年	1.082	1.26	1.09	0.86	1.15
2015—2016年	0.892	0.92	1.08	0.97	0.85
2016—2017年	1.100	1.08	0.99	1.02	1.09
平均值	1.136	1.136	1.027	0.997	1.114

分析表9-6，可以看出以下三点。

（1）全要素生产率指数角度：2013—2017年5年的全要素生产率指数平均值为1.136，说明文化产业上市公司的全要素生产率呈现13.6%的上升趋势。其中，技术效率变化指数上升13.6%，虽然技术进步变化指数下降了0.3%，但并未导致全要素生产率指数的下降，说明技术效率变化指数的上升是文化产业上市公司投资效率上升的主要影响因素。同时，2013—2014年、2014—2015年、2016—2017年的全要素生产率指数大于

1，说明文化产业上市公司的投资效率在这几年都出现了增长的情况，只有2015—2016年的全要素生产率小于1，说明在这一年投资效率出现了下降的情况。

(2) 技术效率变化指数角度：2013—2017年5年的技术效率的平均值为1.136。2013—2014年、2014—2015年、2016—2017年的纯技术效率变动指数均大于1，说明这几年企业资源配置和管理水平处于较高水平；2015—2016年纯技术效率变动指数小于1，说明这一年企业未能充分利用资源或管理上出现了漏洞。文化产业上市公司的规模效率变化指数在2014—2016年度大于1，说明该期间投资规模结构合理，但在2013—2014年、2016—2017年的规模效率值小于1，说明投资规模结构不合理，需要进一步调整优化。综上说明文化产业上市公司的技术效率变化指数是规模效率变化指数与纯技术效率变化指数共同作用的结果。

(3) 技术进步变化指数角度：2013—2017年5年的技术进步变化指数平均值为0.997，整体呈现先减少再增加的变化趋势，其中，只有2013—2014年、2016—2017年的技术进步变化指数大于1，说明这段时间的技术进步变化指数促进了文化产业上市公司投资效率的提高，同时也说明技术进步变化指数是制约文化产业上市公司投资效率提高的主要影响因素。

（二）文化产业上市公司的投资效率 Malmquist 指数分析

为了更好地探究不同时期我国文化产业上市公司的投资效率的变动情况，利用 MaxDEA 7.0 软件，对2013—2017年67家文化产业上市公司的投入、产出面板数据进行分析，可得到文化产业上市公司的全要素生产率指数及其分解的计算结果，如表9-7所示。

表 9-7　文化产业上市公司的全要素生产率指数及其分解

序号	DMU	全要素生产率指数	技术效率变化指数	规模效率变化指数	技术进步变化指数	纯技术效率变化指数
1	奥飞娱乐	0.983	0.975	1.011	1.009	0.964
2	北巴传媒	0.849	0.974	1.131	0.872	0.861
3	北京文化	1.144	1.156	1.005	0.990	1.150
4	博瑞传播	0.893	0.893	1.030	1.000	0.866
5	长江传媒	1.009	0.995	1.026	1.013	0.970

续表

序号	DMU	全要素生产率指数	技术效率变化指数	规模效率变化指数	技术进步变化指数	纯技术效率变化指数
6	出版传媒	1.022	1.011	0.998	1.011	1.013
7	大连圣亚	0.995	1.003	0.980	0.992	1.024
8	大智慧	2.792	2.822	1.497	0.989	1.885
9	当代东方	1.059	1.052	1.060	1.007	0.992
10	迪威讯	1.083	1.081	0.979	1.002	1.105
11	电广传媒	0.939	0.937	1.045	1.001	0.897
12	东方财富	1.840	1.725	1.023	1.067	1.686
13	东方明珠	1.342	1.308	1.025	1.026	1.277
14	峨眉山 A	0.982	0.985	0.992	0.996	0.993
15	二六三	0.990	0.989	0.993	1.001	0.995
16	方直科技	0.914	0.947	1.062	0.965	0.892
17	凤凰传媒	1.000	0.996	1.025	1.005	0.971
18	歌华有线	1.005	0.996	1.019	1.009	0.977
19	光线传媒	1.166	1.353	1.078	0.861	1.255
20	广电网络	0.969	0.955	1.024	1.015	0.932
21	广田集团	1.109	1.139	0.930	0.974	1.224
22	桂林旅游	0.978	0.993	1.012	0.985	0.981
23	国旅联合	1.009	1.025	0.927	0.984	1.106
24	号百控股	1.058	1.058	1.010	1.001	1.047
25	湖北广电	1.000	0.980	0.984	1.020	0.997
26	华策影视	0.920	0.936	0.994	0.983	0.942
27	华录百纳	0.947	1.004	0.998	0.943	1.006
28	华数传媒	1.009	0.978	0.983	1.032	0.995
29	华闻传媒	0.918	0.884	1.005	1.038	0.879
30	华谊嘉信	1.112	1.035	1.012	1.075	1.023
31	华谊兄弟	0.767	0.828	1.258	0.926	0.659
32	黄山旅游	0.988	0.986	1.018	1.002	0.969

续表

序号	DMU	全要素生产率指数	技术效率变化指数	规模效率变化指数	技术进步变化指数	纯技术效率变化指数
33	吉视传媒	6.494	6.323	1.036	1.027	6.104
34	捷成股份	2.464	2.663	1.108	0.925	2.403
35	金螳螂	0.991	0.935	1.135	1.059	0.824
36	科大讯飞	1.047	1.060	0.967	0.988	1.096
37	蓝色光标	1.014	1.008	1.015	1.007	0.993
38	立思辰	0.984	0.958	1.001	1.027	0.957
39	丽江旅游	0.932	0.942	1.009	0.989	0.934
40	美盛文化	1.016	1.012	1.000	1.005	1.012
41	曲江文旅	1.005	0.984	0.991	1.022	0.993
42	人民网	0.949	0.960	1.000	0.988	0.959
43	三特索道	1.006	1.030	1.005	0.977	1.024
44	省广集团	1.017	0.995	0.961	1.022	1.035
45	时代出版	0.996	0.998	1.018	0.998	0.980
46	顺网科技	1.044	1.034	0.999	1.010	1.035
47	四维图新	0.941	1.015	1.055	0.927	0.962
48	宋城演艺	0.872	0.933	1.064	0.934	0.877
49	天威视讯	1.008	0.988	0.998	1.020	0.990
50	天舟文化	0.944	0.984	1.007	0.959	0.977
51	皖新传媒	0.992	0.960	1.026	1.033	0.935
52	西安旅游	1.031	0.975	0.986	1.057	0.988
53	新华传媒	0.985	0.997	1.022	0.988	0.976
54	新文化	0.943	1.032	1.113	0.915	0.927
55	亚厦股份	0.804	0.821	1.221	0.978	0.673
56	粤传媒	0.889	0.881	1.020	1.009	0.864
57	云南旅游	1.003	1.011	0.997	0.992	1.015
58	张家界	1.525	1.490	0.868	1.023	1.716
59	掌趣科技	0.991	1.025	1.000	0.966	1.025

续表

序号	DMU	全要素生产率指数	技术效率变化指数	规模效率变化指数	技术进步变化指数	纯技术效率变化指数
60	浙数文化	1.568	1.475	0.976	1.063	1.511
61	中国国旅	1.034	1.076	1.086	0.961	0.991
62	中南传媒	1.012	0.980	1.032	1.033	0.950
63	中青宝	1.039	1.055	0.971	0.985	1.087
64	中青旅	1.016	0.985	1.025	1.031	0.961
65	中视传媒	1.048	1.019	0.983	1.028	1.036
66	中文传媒	1.071	1.040	0.982	1.030	1.059
67	中原传媒	1.034	0.995	1.020	1.040	0.976
	平均值	1.136	1.136	1.027	0.997	1.114

分析表 9-7，可以看出以下三点。

（1）全要素生产率指数角度：有 38 家文化产业上市公司全要素生产率指数大于 1，占比接近 56.7%，说明大部分文化产业上市公司投资效率呈现增长态势，其中，吉视传媒、大智慧、捷成股份这 3 家公司增长幅度较大，全要素生产率指数大于 2。其余 29 家公司小于 1，说明这 29 家文化产业上市公司的投资效率表现为不同程度的下降态势，且下降幅度差距较大，如下降幅度最小的有皖新传媒、金螳螂、掌趣科技、二六三、黄山旅游，约为 1%。而下降幅度最大的是华谊兄弟，约为 23%。67 家文化产业上市公司的技术效率变化指数的变化幅度显著大于技术进步变化指数的变化幅度，说明技术效率变化指数是影响文化产业上市公司投资效率的主要影响因素。

（2）技术效率变化指数角度：有 31 家文化产业上市公司技术效率变化指数大于 1，其中有 44 家企业规模效率变化指数大于 1，27 家企业纯技术效率变动指数大于 1。说明这些企业的资源配置和管理水平处于较高水平，同时说明规模效率变化指数是影响技术效率变化指数的主要影响因素。另有 36 家企业技术效率变化指数小于 1，说明这些企业的投资规模、资源要素配置及利用水平都需要进一步扩大和提高。

（3）技术进步变化指数角度：有 38 家企业技术进步变化指数大于 1，

呈现正增长态势，说明技术进步提高了这些企业的投资效率，另有29家企业技术进步变化指数小于1，呈现负增长态势，说明技术进步变化指数是影响这些企业的投资效率的主要因素。

六、结论与建议

（一）结论

本研究首先从静态角度运用超效率SBM模型对2013—2017年67家文化产业上市公司的财务数据进行分析，得出每年文化产业上市公司投资效率的静态值，了解到样本内的文化产业上市公司的投资效率现状。然后从动态角度运用Malmquist模型对面板数据进行分析，得出文化产业上市公司投资效率的变动趋势。

基于超效率SBM模型从静态角度得出的结论如下。

（1）从基于规模报酬不变情况下的综合效率值角度来看，在选定的67家样本期间内，2013—2017年文化产业的投资综合效率比较低。2013—2017年的综合效率均值为0.560，从5年的综合效率平均值来看，投资效率呈现波浪式发展，2013年到2014年呈下降趋势，2015年稍稍回升，2016年后又迅速下滑。从数据结果来看，67家文化产业上市公司在研究期间的投资效率明显有一定差距，表明我国67家文化产业上市公司投资效率值总体比较低。

（2）本研究将文化产业上市公司5年的综合效率平均值分为四类，结果显示低效率企业所占比率较高，从各家公司5年的平均值来看，有47家上市公司处在［0，0.6）区间范围内，占比70.1%。说明这5年来投资效率较低的企业比较多，这些公司在投资效率方面应当受到重视，应考虑改变投资方式，增加企业投资效率。

（3）从基于规模报酬可变情况下的技术效率值角度来看，有19家企业技术创新效率值大于1，占比28.4%。2013—2017年技术创新效率值呈现下降的趋势，平均值仅在0.7左右，离有效的效率水平还有一定的差距。说明技术效率值整体不算高，这主要是因为处于低效率阶段的企业偏多，有31家企业属于低效率状态，说明技术创新效率值呈现出两极分化的状态。

基于Malmquist指数模型从动态角度得出的结论如下。

（1）2013—2017年5年的全要素生产率平均值为1.136，同时，2013—2014年、2014—2015年、2016—2017年的全要素生产率大于1，说明文化产业上市公司的投资效率在这几年都出现增长，只有2015—2016年的全要素生产率小于1，说明在这一年投资效率出现了下降。

（2）技术效率变化指数上升13.6%，虽然其技术进步变化指数下降了0.3%，但并未导致全要素生产率的下降，说明技术效率变化指数的上升是文化产业上市公司投资效率上升的主要影响因素。文化产业上市公司的规模效率变化指数在2014—2016年度大于1，说明在这期间投资规模结构合理，但在2013—2014年、2016—2017年的规模效率值小于1，说明投资规模结构不合理，需要进一步调整优化。

（二）建议

基于以上研究结论，为提高我国文化产业上市公司的投资效率，本研究提出以下三点建议。

（1）充分利用行业政策，采取差异化投资策略。2013—2017年文化产业上市公司的投资效率值总体较低，说明文化产业上市公司应该充分利用行业政策，采取差异化的投资策略。党的十九大报告强调要加强文化建设，将我国建设成文化强国，明确了文化产业的地位，这对文化事业的发展和文化产业的创新提供了新一轮的动力和深入改革的政策红利。企业应该充分抓住政策机遇，协同企业的经济资源、人力资源等，采取差异化的投资策略，优化资源配置，提高企业的投资效率。

（2）强化投资导向作用，合理发展企业规模。根据对效率的分类，我们得知这5年来低效率企业比较多，这些低效率企业在投资时很可能出现投资过度或投资不足的情况，说明企业应该把重点放在调结构、促改革、推动转型升级上，在促进本企业经济健康运行的同时，按照“总量稳定、结构优化”的要求，着力盘活存量、用好增量，加强对文化产业投资的管理，积极制定相关政策，优化投资结构，使其在进行投资决策时更侧重于考虑企业的经济效益，减少盲目或过度投资，及时调整低效率项目上的资金，提高企业的投资效率，引导企业健康发展。

（3）加大创新投入，提高企业竞争力。创新是企业发展的根本，是提高企业竞争力的有效手段。足够的创新资金投入，是企业不断实现技术创新的前提，在保证拥有自身核心竞争力的同时要将技术效率转化为经济效益。2013—2017 年我国文化产业上市公司在技术效率上呈现出两极分化状态，在技术效率上表现好的企业要继续维持发展态势，表现不好的企业要加大企业创新投入，提高企业竞争力。随着互联网技术的发展，“文化＋”与相关产业的携手联姻已经成了必然趋势，许多新兴领域尤其是数字文化产业领域的发展势如破竹。在这样的环境下，文化产业企业必须跟上时代的潮流，加大企业创新投入，提升技术效率，将产品的生产与创新相结合，改善或创造产品，节约资源，降低成本，进一步满足顾客需求，才能提高市场竞争力，提高企业的投资效率。

附录 A
国家统计局《文化及相关产业分类（2018）》

一、分类目的和作用

（一）为深化文化体制改革和持续推进社会主义文化强国建设提供统计保障，建立科学可行的文化及相关产业统计制度，制定本分类。

（二）本分类为反映我国文化及相关产业生产活动提供标准分类依据，为文化及相关产业统计提供统一的定义和范围，为发展文化产业、推进社会主义文化繁荣兴盛提供统计服务。

二、分类定义和范围

（一）定义。

本分类规定的文化及相关产业是指为社会公众提供文化产品和文化相关产品的生产活动的集合。

（二）范围。

1. 以文化为核心内容，为直接满足人们的精神需要而进行的创作、制造、传播、展示等文化产品（包括货物和服务）的生产活动。具体包括新闻信息服务、内容创作生产、创意设计服务、文化传播渠道、文化投资运营和文化娱乐休闲服务等活动。

2. 为实现文化产品的生产活动所需的文化辅助生产和中介服务、文化装备生产和文化消费终端生产（包括制造和销售）等活动。

三、编制原则

（一）以《国民经济行业分类》为基础。

本分类以《国民经济行业分类》（GB/T 4754—2017）为基础，根据文化生产活动的特点，将行业分类中相关的类别重新组合，是《国民经济行业分类》的派生分类。

（二）兼顾文化管理需要和可操作性。

根据我国文化体制改革和发展的实际，本分类在考虑文化生产活动特点的同时，兼顾文化主管部门管理的需要；同时立足于现行统计制度和方法，充分考虑分类的可操作性。

（三）与国际分类标准相衔接。

本分类借鉴了联合国教科文组织的《文化统计框架—2009》的分类方法，在定义和覆盖范围上与其衔接。

四、结构和编码

本分类采用线分类法和分层次编码方法，将文化及相关产业划分为三层，分别用阿拉伯数字编码表示。第一层为大类，用01—09数字表示，共有9个大类；第二层为中类，用3位数字表示，共有43个中类；第三层为小类，用4位数字表示，共有146个小类。

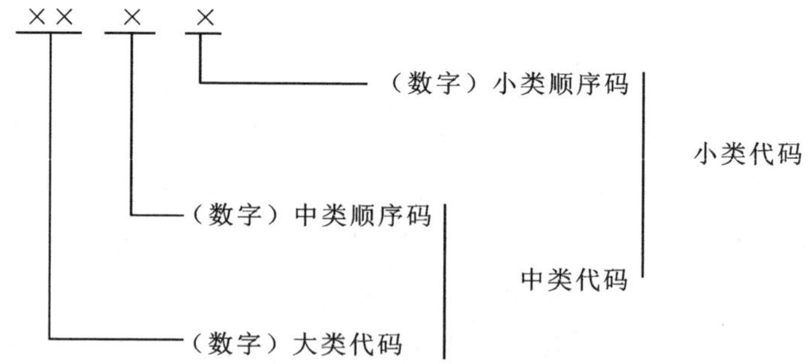

五、有关说明

（一）本分类建立了与《国民经济行业分类》（GB/T 4754—2017）的对应关系。在本分类中，如国民经济某行业小类仅部分活动属于文化及相关产业，则在行业代码后加“*”做标识，并对属于文化生产活动的内容进行说明；如国民经济某行业小类全部纳入文化及相关产业，则小类类别名称与行业类别名称完全一致。

（二）本分类全部小类对应或包含在《国民经济行业分类》（GB/T 4754—2017）相应的行业小类中，具体范围和说明可参见《2017国民经济行业分类注释》。

（三）本分类01—06大类为文化核心领域，07—09大类为文化相关领域。

六、文化及相关产业分类表

附表 A-1　文化及相关产业分类表

代码			类别名称	说明	行业分类代码
大类	中类	小类			
			文化核心领域	本领域包括 01—06 大类。	
01			**新闻信息服务**		
	011		**新闻服务**		
		0110	新闻业	包括新闻采访、编辑、发布和其他新闻服务。	8610
	012		**报纸信息服务**		
		0120	报纸出版	包括党报出版、综合新闻类报纸出版和其他报纸出版服务。	8622
	013		**广播电视信息服务**		
		0131	广播	指广播节目的现场制作、播放及其他相关活动，还包括互联网广播。	8710
		0132	电视	指有线和无线电视节目的现场制作、播放及其他相关活动，还包括互联网电视。	8720
		0133	广播电视集成播控	指 IP 电视、手机电视、互联网电视等专网及定向传播视听节目服务的集成播控，还包括普通广播电视节目集成播控。	8740
	014		**互联网信息服务**		
		0141	互联网搜索服务	指互联网中的特殊站点，专门用来帮助人们查找存储在其他站点上的信息。	6421

续表

代码			类别名称	说明	行业分类代码
大类	中类	小类			
		0142	互联网其他信息服务	包括网上新闻、网上软件下载、网上音乐、网上视频、网上图片、网上动漫、网上文学、网上电子邮件、网上新媒体、网上信息发布、网站导航和其他互联网信息服务。	6429
02			**内容创作生产**		
	021		**出版服务**		
		0211	图书出版	包括书籍出版、课本类书籍出版和其他图书出版服务。	8621
		0212	期刊出版	包括综合类杂志出版，经济、哲学、社会科学类杂志出版，自然科学、技术类杂志出版，文化、教育类杂志出版，少儿读物类杂志出版和其他杂志出版服务。	8623
		0213	音像制品出版	包括录音制品出版和录像制品出版服务。	8624
		0214	电子出版物出版	包括马列毛泽东思想、哲学等分类别电子出版物，综合类电子出版物和其他电子出版物出版服务。	8625
		0215	数字出版	指利用数字技术进行内容编辑加工，并通过网络传播数字内容产品的出版服务。	8626
		0216	其他出版业	指其他出版服务。	8629

续表

代码			类别名称	说明	行业分类代码
大类	中类	小类			
	022		**广播影视节目制作**		
		0221	影视节目制作	指电影、电视和录像(含以磁带、光盘为载体)节目的制作活动,该节目可以作为电视、电影播出、放映,也可以作为出版、销售的原版录像带(或光盘),还可以在其他场合宣传播放,还包括影视节目的后期制作,但不包括电视台制作节目的活动。	8730
		0222	录音制作	指从事录音节目、音乐作品的制作活动,其节目或作品可以在广播电台播放,也可以制作成出版、销售的原版录音带(磁带或光盘),还可以在其他宣传场合播放,但不包括广播电台制作节目的活动。	8770
	023		**创作表演服务**		
		0231	文艺创作与表演	指文学、美术创造和表演艺术(如戏曲、歌舞、话剧、音乐、杂技、马戏、木偶等表演艺术)等活动。	8810
		0232	群众文体活动	指对各种主要由城乡群众参与的文艺类演出、比赛、展览等公益性文化活动的管理活动。	8870
		0233	其他文化艺术业	包括网络(手机)文化服务,史料、史志编辑服务,艺(美)术品、收藏品鉴定和评估服务,街头报刊橱窗管理服务和其他未列明文化艺术服务。	8890

续表

代码			类别名称	说明	行业分类代码
大类	中类	小类			
	024		**数字内容服务**		
		0241	动漫、游戏数字内容服务	指将动漫和游戏中的图片、文字、视频、音频等信息内容运用数字化技术进行加工、处理、制作并整合应用的服务，使其通过互联网传播，在计算机、手机、电视等终端播放，在存储介质上保存。	6572
		0242	互联网游戏服务	指以互联网为传输媒介，以游戏运营商服务器和用户计算机为处理终端，以游戏客户端软件为信息交互窗口，旨在实现娱乐、休闲、交流和取得虚拟成就的具有可持续性的个体性多人在线游戏。包括互联网电子竞技服务。	6422
		0243	多媒体、游戏动漫和数字出版软件开发	仅指通用应用软件中的多媒体软件、游戏动漫软件、数字出版软件开发。该小类包含在应用软件开发行业小类中。	6513*
		0244	增值电信文化服务	仅指固定网增值电信、移动网增值电信、其他增值电信中的文化服务。该小类包含在其他电信服务行业小类中。	6319*
		0245	其他文化数字内容服务	仅指文化宣传领域数字内容服务。该小类包含在其他数字内容服务行业小类中。	6579*
	025		**内容保存服务**		
		0251	图书馆	包括公共图书馆、高等院校图书馆、专业图书馆和其他图书馆管理服务。	8831

续表

代码			类别名称	说明	行业分类代码
大类	中类	小类			
		0252	档案馆	包括综合档案馆、专门档案馆、部门档案馆、企业档案馆、事业单位档案馆和其他档案馆管理服务。	8832
		0253	文物及非物质文化遗产保护	指对具有历史、文化、艺术、科学价值,并经有关部门鉴定,列入文物保护范围的不可移动文物的保护和管理活动 对我国口头传统和表现形式,传统表演艺术,社会实践、意识、节庆活动,有关的自然界和宇宙的知识和实践,传统手工艺等非物质文化遗产的保护和管理活动。	8840
		0254	博物馆	指收藏、研究、展示文物和标本的博物馆的活动,以及展示人类文化、艺术、科技、文明的美术馆、艺术馆、展览馆、科技馆、天文馆等管理活动。	8850
		0255	烈士陵园、纪念馆	包括烈士陵园和烈士纪念馆管理服务。	8860
	026		**工艺美术品制造**		
		0261	雕塑工艺品制造	指以玉石、宝石、象牙、角、骨、贝壳等硬质材料,木、竹、椰壳、树根、软木等天然植物,以及石膏、泥、面、塑料等为原料,经雕刻、琢、磨、捏或塑等艺术加工而制成的各种供欣赏和实用的工艺品的制作活动。	2431
		0262	金属工艺品制造	指以金、银、铜、铁、锡等各种金属为原料,经过制胎、浇铸、锻打、錾刻、搓丝、焊接、纺织、镶嵌、点兰、烧制、打磨、电镀等各种工艺加工制成的造型美观、花纹图案精致的工艺美术品的制作活动。	2432

续表

代码			类别名称	说明	行业分类代码
大类	中类	小类			
		0263	漆器工艺品制造	指将半生漆、腰果漆加工调配成各种鲜艳的漆料，以木、纸、塑料、铜、布等作胎，采用推光、雕填、彩画、镶嵌、刻灰等传统工艺和现代漆器工艺进行的工艺制品的制作活动。	2433
		0264	花画工艺品制造	指以绢、丝、绒、纸、涤纶、塑料、羽毛、通草以及鲜花草等为原料，经造型设计、模压、剪贴、干燥等工艺精制而成的花、果、叶等人造花类工艺品，以画面出现、可以挂或摆的具有欣赏性、装饰性的画类工艺品的制作活动。	2434
		0265	天然植物纤维编织工艺品制造	指以竹、藤、棕、草、柳、葵、麻等天然植物纤维为材料，经编织或镶嵌而成具有造型艺术或图案花纹，以欣赏为主的工艺陈列品以及工艺实用品的制作活动。	2435
		0266	抽纱刺绣工艺品制造	指以棉、麻、丝、毛及人造纤维纺织品等为主要原料，经设计、刺绣、抽、拉、钩等工艺加工各种生活装饰用品，以及以纺织品为主要原料，经特殊手工工艺或民间工艺方法加工成各种具有较强装饰效果的生活用纺织品的制作活动。	2436
		0267	地毯、挂毯制造	指以羊毛、丝、棉、麻及人造纤维等为原料，经手工编织、机织、栽绒等方式加工而成的各种具有装饰性的地面覆盖物或可用于悬挂、垫坐等用途的生活装饰用品的制作活动。	2437
		0268	珠宝首饰及有关物品制造	指以金、银、铂等贵金属及其合金以及钻石、宝石、玉石、翡翠、珍珠等为原料，经金属加工和连结组合、镶嵌等工艺加工制作各种图案的装饰品的制作活动。	2438

续表

代码			类别名称	说明	行业分类代码
大类	中类	小类			
		0269	其他工艺美术及礼仪用品制造	指其他工艺美术品的制造活动。	2439
	027		**艺术陶瓷制造**		
		0271	陈设艺术陶瓷制造	指以粘土、瓷土、瓷石、长石、石英等为原料，经制胎、施釉、装饰、烧制等工艺制成，主要供欣赏、装饰的陶瓷工艺美术品制造。	3075
		0272	园艺陶瓷制造	指专门为园林、公园、室外景观内摆设或具有一定功能的大型陶瓷制造。	3076
03			**创意设计服务**		
	031		**广告服务**		
		0311	互联网广告服务	指提供互联网广告设计、制作、发布及其他互联网广告服务。包括网络电视、网络手机等各种互联网终端的广告的服务。	7251
		0312	其他广告服务	指除互联网广告以外的广告服务。	7259
	032		设计服务		
		0321	建筑设计服务	仅包括房屋建筑工程，体育、休闲娱乐工程，室内装饰和风景园林工程专项设计服务。该小类包含在工程设计活动行业小类中。	7484*

续表

代码			类别名称	说明	行业分类代码
大类	中类	小类			
		0322	工业设计服务	指独立于生产企业的工业产品和生产工艺设计，不包括工业产品生产环境设计、产品传播设计、产品设计管理等活动。	7491
		0323	专业设计服务	包括时装、包装装潢、多媒体、动漫及衍生产品、饰物装饰、美术图案、展台、模型和其他专业设计服务。	7492
04			**文化传播渠道**		
	041		**出版物发行**		
		0411	图书批发	包括书籍、课本和其他图书的批发和进出口。	5143
		0412	报刊批发	包括报纸、杂志的批发和进出口。	5144
		0413	音像制品、电子和数字出版物批发	包括音像制品及电子出版物的批发和进出口。	5145
		0414	图书、报刊零售	包括图书零售服务，报纸、杂志专门零售服务，图书、报刊固定摊点零售服务。	5243
		0415	音像制品、电子和数字出版物零售	包括音像制品专门零售店、电子出版物专门零售、音像制品及电子出版物固定摊点零售服务。	5244
		0416	图书出租	指各种图书出租服务，不包括图书馆的租书业务。	7124

续表

代码			类别名称	说明	行业分类代码
大类	中类	小类			
		0417	音像制品出租	指各种音像制品出租服务，不包括以销售音像制品为主的出租音像活动。	7125
	042		**广播电视节目传输**		
		0421	有线广播电视传输服务	指有线广播电视网和信号的传输服务。	6321
		0422	无线广播电视传输服务	指无线广播电视信号的传输服务。	6322
		0423	广播电视卫星传输服务	包括卫星广播电视信号的传输、覆盖与接收服务，卫星广播电视传输、覆盖、接收系统的设计、安装、调试、测试、监测等服务。	6331
	043		**广播影视发行放映**		
		0431	电影和广播电视节目发行	包括电影发行和进出口交易、非电视台制作的电视节目发行和进出口服务。	8750
		0432	电影放映	指专业电影院以及设在娱乐场所独立（或相对独立）的电影放映等活动。	8760
	044		**艺术表演**		
		0440	艺术表演场馆	指有观众席、舞台、灯光设备，专供文艺团体演出的场所管理活动。	8820

续表

代码			类别名称	说明	行业分类代码
大类	中类	小类			
	045		**互联网文化娱乐平台**		
		0450	互联网文化娱乐平台	仅包括互联网演出购票平台、娱乐应用服务平台、音视频服务平台、读书平台、艺术品鉴定拍卖平台和文化艺术平台。该小类包含在互联网生活服务平台行业小类中。	6432*
	046		**艺术品拍卖及代理**		
		0461	艺术品、收藏品拍卖	指艺术品、收藏品拍卖活动。包括艺(美)术品拍卖服务、文物拍卖服务、古董和字画拍卖服务。	5183
		0462	艺术品代理	指艺术品代理活动。包括字画代理、古玩收藏品代理、画廊艺术经纪代理和其他艺术品代理。	5184
	047		**工艺美术品销售**		
		0471	首饰、工艺品及收藏品批发	指首饰、工艺品及收藏品的批发活动。	5146
		0472	珠宝首饰零售	指珠宝首饰的零售活动。	5245
		0473	工艺美术品及收藏品零售	指专门经营具有收藏价值和艺术价值的工艺品、艺术品、古玩、字画、邮品等的店铺零售活动。	5246

续表

代码			类别名称	说明	行业分类代码
大类	中类	小类			
05			**文化投资运营**		
	051		**投资与资产管理**		
		0510	文化投资与资产管理	仅指政府主管部门转变职能后，成立的国有文化资产管理机构和文化行业管理机构的活动；文化投资活动，不包括资本市场的投资。该小类包含在投资与资产管理行业小类中。	7212*
	052		**运营管理**		
		0521	文化企业总部管理	仅指文化企业总部的活动，其对外经营业务由下属的独立核算单位或单独核算单位承担，还包括派出机构的活动(如办事处等)。该小类包含在企业总部管理行业小类中。	7211*
		0522	文化产业园区管理	仅指非政府部门的文化产业园区管理服务。该小类包含在园区管理服务行业小类中。	7221*
06			**文化娱乐休闲服务**		
	061		**娱乐服务**		
		0611	歌舞厅娱乐活动	指各种歌舞厅娱乐活动。	9011
		0612	电子游艺厅娱乐活动	指各种电子游艺厅娱乐服务。	9012

续表

代码			类别名称	说明	行业分类代码
大类	中类	小类			
		0613	网吧活动	指通过计算机等装置向公众提供互联网上网服务的网吧、电脑休闲室等营业性场所的服务。	9013
		0614	其他室内娱乐活动	包括儿童室内游戏娱乐服务、室内手工制作娱乐服务和其他室内娱乐服务。	9019
		0615	游乐园	指配有大型娱乐设施的室外娱乐活动及以娱乐为主的活动。	9020
		0616	其他娱乐业	指公园、海滩和旅游景点内小型设施的娱乐活动及其他娱乐活动。	9090
	062		**景区游览服务**		
		0621	城市公园管理	指主要为人们提供休闲、观赏、游览以及开展科普活动的城市各类公园管理活动。	7850
		0622	名胜风景区管理	指对具有一定规模的自然景观、人文景观的管理和保护活动，以及对环境优美、具有观赏、文化和科学价值风景名胜区的保护与管理活动。	7861
		0623	森林公园管理	指国家自然保护区、名胜景区以外的，以大面积人工林或天然林为主体而建设的公园管理活动。	7862
		0624	其他游览景区管理	指其他未列明的游览景区的管理活动。	7869
		0625	自然遗迹保护管理	包括地质遗迹保护管理、古生物遗迹保护管理等。	7712

续表

代码			类别名称	说明	行业分类代码
大类	中类	小类			
		0626	动物园、水族馆管理服务	指以保护、繁殖、科学研究、科普、供游客观赏为目的，饲养野生动物场所的管理服务。	7715
		0627	植物园管理服务	指以调查、采集、鉴定、引种、驯化、保存、推广、科普为目的，并供游客游憩、观赏的园地管理服务。	7716
	063		**休闲观光游览服务**		
		0631	休闲观光活动	指以农林牧渔业、制造业等生产和服务领域为对象的休闲观光旅游活动。	9030
		0632	观光游览航空服务	指直升机、热气球等游览飞行服务。	5622
			文化相关领域	本领域包括07—09大类。	
07			**文化辅助生产和中介服务**		
	071		**文化辅助用品制造**		
		0711	文化用机制纸及纸板制造	仅指未涂布印刷书写用纸、涂布类印刷用纸、感应纸及纸板制造。该小类包含在机制纸及纸板制造行业小类中。	2221*
		0712	手工纸制造	指采用手工操作成型，制成纸的生产活动。包括手工纸（宣纸、国画纸、其他手工纸）及手工纸板。	2222

续表

代码			类别名称	说明	行业分类代码
大类	中类	小类			
		0713	油墨及类似产品制造	指由颜料、联接料（植物油、矿物油、树脂、溶剂）和填充料经过混合、研磨调制而成，用于印刷的有色胶浆状物质，以及用于计算机打印、复印机用墨等的生产活动。	2642
		0714	工艺美术颜料制造	指油画、水粉画、广告等艺术用颜料的制造。	2644
		0715	文化用信息化学品制造	指电影、照相、医用、幻灯及投影用感光材料、冲洗套药，磁、光记录材料，光纤维通讯用辅助材料，及其专用化学制剂的制造。	2664
	072		**印刷复制服务**		
		0721	书、报刊印刷	指书、报刊的印刷活动。	2311
		0722	本册印制	指由各种纸及纸板制作的，用于书写和其他用途的本册生产活动。	2312
		0723	包装装潢及其他印刷	指根据一定的商品属性、形态，采用一定的包装材料，经过对商品包装的造型结构艺术和图案文字的设计与安排来装饰美化商品的印刷，以及其他印刷活动。	2319
		0724	装订及印刷相关服务	指专门企业从事的装订、压印媒介制造等与印刷有关的服务。	2320
		0725	记录媒介复制	指将母带、母盘上的信息进行批量翻录的生产活动。	2330
		0726	摄影扩印服务	包括摄影服务、照片扩印及处理服务。	8060

续表

代码			类别名称	说明	行业分类代码
大类	中类	小类			
	073		**版权服务**		
		0730	版权和文化软件服务	仅指版权服务、文化软件服务。该小类包含在知识产权服务行业小类中。	7520*
	074		**会议展览服务**		
		0740	会议、展览及相关服务	指以会议为主，也可附带展览及其他相关的活动形式，包括项目策划组织、场馆租赁保障、相关服务。	7281—7284 7289
	075		**文化经纪代理服务**		
		0751	文化活动服务	指策划、组织、实施各类文化、晚会、娱乐、演出、庆典、节日等活动的服务。	9051
		0752	文化娱乐经纪人	指各种文化娱乐经纪人活动。包括演员挑选、推荐服务，艺术家、作家经纪人服务，演员经纪人服务，模特经纪人服务，其他演员、艺术家经纪人服务。	9053
		0753	其他文化艺术经纪代理	指其他文化艺术经纪代理活动。	9059
		0754	婚庆典礼服务	仅指婚庆礼仪服务。该小类包含在婚姻服务行业小类中。	8070*
		0755	文化贸易代理服务	仅指文化贸易代理服务。该小类包含在贸易代理行业小类中。	5181*
		0756	票务代理服务	指除旅客交通票务代理外的各种票务代理服务。	7298

续表

代码			类别名称	说明	行业分类代码
大类	中类	小类			
	076		**文化设备(用品)出租服务**		
		0761	休闲娱乐用品设备出租	指各种休闲娱乐用品设备出租活动。	7121
		0762	文化用品设备出租	指各种文化用品设备出租活动。	7123
	077		**文化科研培训服务**		
		0771	社会人文科学研究	指各种社会人文科学研究活动。	7350
		0772	学术理论社会(文化)团体	仅指学术理论社会团体、文化团体的服务。该小类包含在专业性团体行业小类中。	9521*
		0773	文化艺术培训	指国家学校教育制度以外，由正规学校或社会各界办的文化艺术培训活动，不包括少年儿童的课外艺术辅导班。	8393
		0774	文化艺术辅导	仅包括美术、舞蹈、音乐、书法和武术等辅导服务。该小类包含在其他未列明教育行业小类中。	8399*
08			**文化装备生产**		
	081		**印刷设备制造**		
		0811	印刷专用设备制造	指使用印刷或其他方式将图文信息转移到承印物上的专用生产设备的制造。	3542

续表

代码			类别名称	说明	行业分类代码
大类	中类	小类			
		0812	复印和胶印设备制造	指各种用途的复印设备和集复印、打印、扫描、传真为一体的多功能一体机的制造；以及主要用于办公室的胶印设备、文字处理设备及零件的制造。	3474
	082		**广播电视电影设备制造及销售**		
		0821	广播电视节目制作及发射设备制造	指广播电视节目制作、发射设备及器材的制造。	3931
		0822	广播电视接收设备制造	指专业广播电视接收设备的制造，但不包括家用广播电视接收设备的制造。	3932
		0823	广播电视专用配件制造	指专业用录像重放及其他配套的广播电视设备的制造，但不包括家用广播电视装置的制造。	3933
		0824	专业音响设备制造	指广播电视、影剧院、录音棚、会议、各种场地等专业用录音、音响设备及其他配套设备的制造。	3934
		0825	应用电视设备及其他广播电视设备制造	指应用电视设备、其他广播电视设备和器材的制造。	3939
		0826	广播影视设备批发	指广播影视设备的批发和进出口活动。	5178

续表

代码			类别名称	说明	行业分类代码
大类	中类	小类			
		0827	电影机械制造	指各种类型或用途的电影摄影机、电影录音摄影机、影像放映机及电影辅助器材和配件的制造。	3471
	083		**摄录设备制造及销售**		
		0831	影视录放设备制造	指非专业用录像机、摄像机、激光视盘机等影视设备整机及零部件的制造，包括教学用影视设备的制造，但不包括广播电视等专业影视设备的制造。	3953
		0832	娱乐用智能无人飞行器制造	指按照国家有关安全规定标准，经允许生产并主要用于娱乐的智能无人飞行器的制造。该小类包含在智能无人飞行器制造行业小类中。	3963*
		0833	幻灯及投影设备制造	指通过媒体将在电子成像器件上的文字图像、胶片上的文字图像、纸张上的文字图像及实物投射到银幕上的各种设备、器材及零配件的制造。	3472
		0834	照相机及器材制造	指各种类型或用途的照相机的制造。包括用以制备印刷板，用于水下或空中照相的照相机制造，以及照相机用闪光装置、摄影暗室装置和零件的制造。	3473
		0835	照相器材零售	指照相器材专门零售。	5248
	084		**演艺设备制造及销售**		
		0841	舞台及场地用灯制造	指演出舞台、演出场地、运动场地、大型活动场地用灯制造。	3873
		0842	舞台照明设备批发	仅指各类舞台照明设备的批发。该小类包含在电气设备批发行业小类中。	5175*

续表

代码			类别名称	说明	行业分类代码
大类	中类	小类			
	085		**游乐游艺设备制造**		
		0851	露天游乐场所游乐设备制造	指主要安装在公园、游乐园、水上乐园、儿童乐园等露天游乐场所的电动及非电动游乐设备和游艺器材的制造。	2461
		0852	游艺用品及室内游艺器材制造	指主要供室内、桌上等游艺及娱乐场所使用的游乐设备、游艺器材和游艺娱乐用品，以及主要安装在室内游乐场所的电子游乐设备的制造。	2462
		0853	其他娱乐用品制造	指其他未列明的娱乐用品制造。	2469
	086		**乐器制造及销售**		
		0861	中乐器制造	指各种中乐器的制造活动。	2421
		0862	西乐器制造	指各种西乐器的制造活动。	2422
		0863	电子乐器制造	指各种电子乐器的制造活动。	2423
		0864	其他乐器及零件制造	指其他未列明的乐器、乐器零件及配套产品的制造。	2429
		0865	乐器批发	指各种乐器的批发活动。	5147
		0866	乐器零售	指各种乐器的零售活动。	5247

续表

代码			类别名称	说明	行业分类代码
大类	中类	小类			
09			**文化消费终端生产**		
	091		**文具制造及销售**		
		0911	文具制造	指办公、学习等使用的各种文具的制造。	2411
		0912	文具用品批发	指文具用品的批发活动。	5141
		0913	文具用品零售	指文具用品的零售活动。	5241
	092		**笔墨制造**		
		0921	笔的制造	指用于学习、办公或绘画等用途的各种笔制品的制造。	2412
		0922	墨水、墨汁制造	指各种墨水、墨汁及墨汁类似品的制造活动。	2414
	093		**玩具制造**		
		0930	玩具制造	指以儿童为主要使用者，用于玩耍、智力开发等娱乐器具的制造。	2451—2456 2459
	094		**节庆用品制造**		
		0940	焰火、鞭炮产品制造	指节日、庆典用焰火及民用烟花、鞭炮等产品的制造。	2672

续表

代码			类别名称	说明	行业分类代码
大类	中类	小类			
	095		**信息服务终端制造及销售**		
		0951	电视机制造	指非专业用电视机制造。包括彩色、黑白电视机以及其他视频设备(移动电视机和其他未列明视频设备)的制造。	3951
		0952	音响设备制造	指非专业用音箱、耳机、组合音响、功放、无线电收音机、收录音机等音响设备的制造。	3952
		0953	可穿戴智能文化设备制造	指由用户穿戴和控制,并且自然 持续地运行和交互的个人移动计算文化设备产品的制造。该小类包含在可穿戴智能设备制造行业小类中。	3961*
		0954	其他智能文化消费设备制造	指虚拟现实设备制造活动。该小类包含在其他智能消费设备制造行业小类中。	3969*
		0955	家用视听设备批发	指家用视听设备批发活动。	5137
		0956	家用视听设备零售	指专门经营电视、音响设备、摄录像设备等的店铺零售活动。	5271
		0957	其他文化用品批发	包括玩具批发服务以及玩具、游艺及娱乐用品、照相器材和其他文化娱乐用品批发和进出口。	5149
		0958	其他文化用品零售	指专门经营游艺用品及其他未列明文化用品的店铺零售活动。	5249

注:行业分类代码后标有“*”的表示该行业类别仅有部分内容属于文化及相关产业。

附表 A-2 带“*”行业分类文化生产活动内容的说明

序号	国民经济行业分类及代码	文化及相关产业类别名称及小类代码	文化生产活动的内容
1	应用软件开发（6513*）	多媒体、游戏动漫和数字出版软件开发（0243）	包括应用软件开发中的多媒体软件、游戏动漫软件、数字出版软件开发活动。
2	其他电信服务（6319*）	增值电信文化服务（0244）	仅指固定网增值电信、移动网增值电信、其他增值电信中的文化服务，包括手机报、个性化铃音等业务服务。
3	其他数字内容服务（6579*）	其他文化数字内容服务（0245）	仅指文化宣传领域数字内容服务。
4	工程设计活动（7484*）	建筑设计服务（0321）	仅包括房屋建筑工程，体育、休闲娱乐工程，室内装饰和风景园林工程专项设计服务。
5	互联网生活服务平台（6432*）	互联网文化娱乐平台（0450）	仅包括互联网演出购票平台、娱乐应用服务平台、音视频服务平台、读书平台、艺术品鉴定拍卖平台和文化艺术平台。
6	投资与资产管理（7212*）	文化投资与资产管理（0510）	指政府主管部门转变职能后，成立的国有文化资产管理机构和文化行业管理机构的活动；文化投资活动，不包括资本市场的投资。

续表

序号	国民经济行业分类及代码	文化及相关产业类别名称及小类代码	文化生产活动的内容
7	企业总部管理（7211*）	文化企业总部管理（0521）	指不具体从事对外经营业务，只负责文化企业的重大决策、资产管理，协调管理下属各机构和内部日常工作的文化企业总部的活动，其对外经营业务由下属的独立核算单位或单独核算单位承担，还包括派出机构的活动（如办事处等）。
8	园区管理服务（7221*）	文化产业园区管理（0522）	仅指非政府部门的文化产业园区管理服务。
9	机制纸及纸板制造（2221*）	文化用机制纸及纸板制造（0711）	包括未涂布印刷书写用纸制造、涂布类印刷用纸制造、感应纸及纸板制造。
10	知识产权服务（7520*）	版权和文化软件服务（0730）	版权服务包括版权代理服务，版权鉴定服务，版权咨询服务，著作权登记服务，著作权使用报酬收转服务，版权交易、版权贸易服务和其他版权服务。文化软件服务指与文化有关的软件服务，包括软件代理、软件著作权登记、软件鉴定等服务。
11	婚姻服务（8070*）	婚庆典礼服务（0754）	指婚庆礼仪服务。包括婚礼策划、组织服务，婚礼租车服务，婚礼用品出租服务，婚礼摄像服务和其他婚姻服务。

续表

序号	国民经济行业分类及代码	文化及相关产业类别名称及小类代码	文化生产活动的内容
12	贸易代理 （5181*）	文化贸易代理服务 （0755）	包括文化用品、图书、音像、文化用家用电器和广播电视器材等国际国内贸易代理服务。
13	专业性团体 （9521*）	学术理论社会（文化）团体 （0772）	学术理论社会团体包括党的理论研究、史学研究、思想工作研究、社会人文科学研究等团体的服务。文化团体包括新闻、图书、报刊、音像、版权、广播、电视、电影、演员、作家、文学艺术、美术家、摄影家、文物、博物馆、图书馆、文化馆、游乐园、公园、文艺理论研究、民族文化等团体的服务。
14	其他未列明教育 （8399*）	文化艺术辅导 （0774）	包括美术、舞蹈、音乐、书法和武术等辅导服务。
15	智能无人飞行器制造 （3963*）	娱乐用智能无人飞行器制造 （0832）	指按照国家有关安全规定标准，经允许生产并主要用于娱乐的智能无人飞行器的制造。
16	电气设备批发 （5175*）	舞台照明设备批发 （0842）	包括各类舞台照明设备的批发。

续表

序号	国民经济行业分类及代码	文化及相关产业类别名称及小类代码	文化生产活动的内容
17	可穿戴智能设备制造（3961*）	可穿戴智能文化设备制造（0953）	指由用户穿戴和控制，并且自然、持续地运行和交互的个人移动计算文化设备产品的制造。
18	其他智能消费设备制造（3969*）	其他智能文化消费设备制造（0954）	仅指虚拟现实设备制造活动。

附录 B
中国文化产业上市公司名录

中国文化产业上市公司名录，见附表 B-1。

附表 B-1 中国文化产业上市公司名录

股票代码	名称	股票代码	名称
sz300654	世纪天鸿	sz002137	麦达数字
sz300640	德艺文创	sz002131	利欧股份
sz300612	宣亚国际	sz002123	梦网集团
sz300592	华凯创意	sz002113	天润数娱
sz300533	冰川网络	sz002103	广博股份
sz300528	幸福蓝海	sz002095	生意宝
sz300518	盛讯达	sz002071	长城影视
sz300494	盛天网络	sz002027	分众传媒
sz300467	迅游科技	sz000917	电广传媒
sz300459	金科文化	sz000892	欢瑞世纪
sz300431	暴风集团	sz000835	长城动漫
sz300426	唐德影视	sz000802	北京文化
sz300418	昆仑万维	sz000793	华闻传媒
sz300392	腾信股份	sz000719	中原传媒
sz300364	中文在线	sz000693	* ST 华泽
sz300359	全通教育	sz000681	视觉中国
sz300343	联创互联	sz000676	智度股份

续表

股票代码	名称	股票代码	名称
sz300338	开元股份	sz000673	当代东方
sz300336	新文化	sz000665	湖北广电
sz300315	掌趣科技	sz000607	华媒控股
sz300299	富春股份	sz000526	紫光学大
sz300295	三六五网	sz000504	南华生物
sz300291	华录百纳	sz000156	华数传媒
sz300269	联建光电	sz000038	深大通
sz300251	光线传媒	sh603999	读者传媒
sz300242	佳云科技	sh603888	新华网
sz300226	上海钢联	sh603825	华扬联众
sz300148	天舟文化	sh603729	龙韵股份
sz300144	宋城演艺	sh603721	中广天择
sz300133	华策影视	sh603598	引力传媒
sz300113	顺网科技	sh603533	掌阅科技
sz300104	乐视网	sh603466	风语筑
sz300071	华谊嘉信	sh603444	吉比特
sz300063	天龙集团	sh603258	电魂网络
sz300061	康旗股份	sh603103	横店影视
sz300059	东方财富	sh603096	新经典
sz300058	蓝色光标	sh603000	人民网
sz300052	中青宝	sh601999	出版传媒
sz300051	三五互联	sh601949	中国出版
sz300043	星辉娱乐	sh601929	吉视传媒
sz300038	数知科技	sh601928	凤凰传媒
sz300031	宝通科技	sh601900	南方传媒
sz300027	华谊兄弟	sh601858	中国科传
sz002905	金逸影视	sh601811	新华文轩
sz002878	元隆雅图	sh601801	皖新传媒

续表

股票代码	名称	股票代码	名称
sz002858	力盛赛车	sh601595	上海电影
sz002739	万达电影	sh601098	中南传媒
sz002712	思美传媒	sh601019	山东出版
sz002699	美盛文化	sh600996	贵广网络
sz002659	凯文教育	sh600986	科达股份
sz002654	万润科技	sh600977	中国电影
sz002638	勤上股份	sh600959	江苏有线
sz002624	完美世界	sh600936	广西广电
sz002619	艾格拉斯	sh600892	大晟文化
sz002602	世纪华通	sh600880	博瑞传播
sz002591	恒大高新	sh600831	广电网络
sz002558	巨人网络	sh600825	新华传媒
sz002555	三七互娱	sh600757	长江传媒
sz002517	恺英网络	sh600715	文投控股
sz002502	骅威文化	sh600661	昂立教育
sz002464	众应互联	sh600652	游久游戏
sz002447	晨鑫科技	sh600640	号百控股
sz002445	ST 中南	sh600637	东方明珠
sz002425	凯撒文化	sh600634	* ST 富控
sz002400	省广集团	sh600633	浙数文化
sz002354	天神娱乐	sh600576	祥源文化
sz002343	慈文传媒	sh600551	时代出版
sz002315	焦点科技	sh600455	博通股份
sz002292	奥飞娱乐	sh600386	北巴传媒
sz002261	拓维信息	sh600381	青海春天
sz002247	聚力文化	sh600373	中文传媒
sz002238	天威视讯	sh600242	中昌数据
sz002188	* ST 巴士	sh600229	城市传媒

续表

股票代码	名称	股票代码	名称
sz002181	粤传媒	sh600158	中体产业
sz002175	东方网络	sh600136	当代明诚
sz002174	游族网络	sh600088	中视传媒
sz002148	北纬科技	sh600037	歌华有线
sz002143	印纪传媒		

附录 C
《国家“十三五”时期文化发展改革规划纲要》

为深入贯彻落实党的十八大和十八届三中、四中、五中、六中全会精神，加快文化发展改革，建设社会主义文化强国，根据《中共中央关于制定国民经济和社会发展第十三个五年规划的建议》和《中华人民共和国国民经济和社会发展第十三个五年规划纲要》，编制本规划纲要。

序言

文化是民族的血脉，是人民的精神家园，是国家强盛的重要支撑。坚持“两手抓、两手都要硬”，推动物质文明和精神文明协调发展，繁荣发展社会主义先进文化，是党和国家的战略方针。

“十二五”时期我国文化建设取得显著成就，《国家“十二五”时期文化改革发展规划纲要》确定的各项任务顺利完成。特别是党的十八大以来，以习近平同志为核心的党中央团结带领全党全国各族人民，开辟了治国理政新境界，开创了中国特色社会主义事业新局面，社会主义文化建设进一步呈现出繁荣发展的生动景象。中国特色社会主义理论体系最新成果的学习宣传教育不断加强，中华民族伟大复兴的中国梦和社会主义核心价值观深入人心，主旋律更响亮、正能量更强劲。文化体制改革进一步深化，文化事业文化产业持续健康发展，文艺创作日益繁荣，中华优秀传统文化广为弘扬，人民群众精神文化生活更加丰富多彩。文化走出去步伐加快，国际传播能力大幅提高，中华文化国际影响力进一步提升。我们比历史上任何时期都更接近实现中华民族伟大复兴的目标，更有信心和能力铸就中华文化新的辉煌。

“十三五”时期是全面建成小康社会决胜阶段，也是促进文化繁荣发展关键时期。在新的历史起点上，夺取中国特色社会主义新胜利，赢得具有许多新的历史特点的伟大斗争，必须充分发挥文化引领风尚、教育人民、服务社会、推动发展的作用。全面建成小康社会，迫切需要补齐文化发展短板、实现文化小康，丰富人们精神文化生活，提高国民素质和社会文明程度。适应把握引领经济发展新常态，推动改革全面深化，促进社会和谐稳定，迫切需要牢固树立和贯彻落实创新、协调、绿色、开放、共享的发展理念，增进社会共识、营造良好氛围，激发全民族创造活力。高新技术发展日新月异，社会信息化持续推进，互联网影响广泛而深刻，迫切需要拓展文化发展新领域，发展壮大网上主流舆论阵地，更好运用先进技术发展和传播先进文化。世界多极化、经济全球化、文化多样化、社会信息化深入发展，综合国力竞争日趋激烈，迫切需要提高文化开放水平，广泛参与世界文明对话，增强国际话语权，展示中华文化独特魅力，增强国家文化软实力。面对新形势新要求，要进一步坚定文化自信，增强文化自觉，奋力开创中国特色社会主义文化建设新局面，为做好党和国家各项工作提供强大的价值引领力、文化凝聚力和精神推动力。

一、总体要求

（一）牢牢把握文化发展改革的指导思想

高举中国特色社会主义伟大旗帜，全面贯彻党的十八大和十八届三中、四中、五中、六中全会精神，以马克思列宁主义、毛泽东思想、邓小平理论、“三个代表”重要思想、科学发展观为指导，深入学习贯彻习近平总书记系列重要讲话精神和治国理政新理念新思想新战略，切实增强政治意识、大局意识、核心意识、看齐意识，紧紧围绕统筹推进“五位一体”总体布局和协调推进“四个全面”战略布局，坚持以社会主义核心价值观为引领，坚持社会主义先进文化前进方向，坚持中国特色社会主义文化发展道路，坚持依法治国和以德治国相结合，坚持以人民为中心的发展思想和工作导向，坚持把社会效益放在首位、社会效益和经济效益相统一，全面推进文化发展改革，全面完成文化小康建设各项任务，建设社会主义文化强国，更好地构筑中国精神、中国价值、中国力量、中国贡献，为实现“两个一百年”奋斗目标、实现中华民族伟大复兴的中国梦奠定更加坚实的思想文化基础。

（二）把新发展理念贯穿于文化发展改革全过程

——坚持创新发展。适应社会主义市场经济和高新技术发展要求，体现文化例外要求，加大改革力度，全面推进文化内容形式、方法手段、载体渠道、体制机制、政策法规等创新，激发动力、增强活力、释放潜力，推动出精品出人才出效益。

——坚持协调发展。统筹城乡、区域文化发展，统筹文化发展、改革和管理，正确处理政府与市场、国有与民营、对内与对外等重要关系，促进文化事业全面繁荣、文化产业更好发展、优秀传统文化传承弘扬。

——坚持绿色发展。尊重规律，增加优秀精神文化产品和优质文化服务供给，净化社会文化环境，提升文化产业发展质量和效益，推动形成绿色发展方式和生活方式。

——坚持开放发展。推动中华文化走出去，提高国际传播能力，更好发出中国声音、展现中国精神、提出中国主张，借鉴吸收世界有益文化成果，深化不同文明交流互鉴。

——坚持共享发展。面向基层，贴近群众、依靠群众、服务群众，保障人民基本文化权益，满足人民群众日益增长的精神文化需求，提高群众文化参与度和获得感。

（三）全面实现文化发展改革的目标任务

——马克思主义中国化最新成果广泛普及，中国梦引领凝聚作用进一步增强，富强民主文明和谐、自由平等公正法治、爱国敬业诚信友善的社会主义核心价值观更加深入人心，国民思想道德素质、科学文化素质和社会文明程度显著提高。

——精神文化产品创作生产更加活跃繁荣，哲学社会科学创新发展能力不断提升，文化精品不断涌现，网络文化健康发展，社会精神文化生活丰富多彩。

——现代传播体系逐步建立，传统媒体与新兴媒体融合发展取得阶段性成果，形成一批新型主流媒体和主流媒体集团，网络空间更加清朗，社会舆论积极向上。

——现代公共文化服务体系基本建成，基本公共文化服务标准化、均等化水平稳步提高，体现地方和民族特色的文化设施网络基本形成，公共文化供给与群众文化需求有效匹配。

——现代文化产业体系和现代文化市场体系更加完善，文化市场的积极作用进一步发挥，做优做强做大一批文化企业和文化品牌，文化整体实力和竞争力明显增强，“十三五”末文化产业成为国民经济支柱性产业。

——中华优秀传统文化传承体系基本形成，中华民族文化基因与当代文化相适应、与现代社会相协调，实现传统文化创造性转化和创新性发展。

——文化开放格局日益完善，中华文化影响力持续扩大，中国故事、中国声音广泛传播，良好国家形象全面展示，国家文化软实力和国际话语权进一步增强，促进世界文化多样化发展。

——文化宏观管理体制改革不断深化，微观运行机制进一步健全，文化法治建设深入推进，中国特色社会主义文化制度更加成熟更加定型。

二、加强思想理论建设

坚持用马克思列宁主义、毛泽东思想、邓小平理论、“三个代表”重要思想、科学发展观和习近平总书记系列重要讲话精神武装全党、教育人民、推动实践，不断巩固马克思主义在意识形态领域的指导地位，增强广大干部群众中国特色社会主义道路自信、理论自信、制度自信、文化自信。

（一）深化中国特色社会主义理论体系的学习研究宣传。把深入学习宣传贯彻习近平总书记系列重要讲话精神和治国理政新理念新思想新战略作为重中之重，深化中国特色社会主义和中国梦的学习宣传教育。继续编辑出版《习近平谈治国理政》、修订出版《习近平总书记系列重要讲话读本》等。结合“学党章党规、学系列讲话，做合格党员”学习教育深化理论宣传。深入实施马克思主义理论研究和建设工程规划纲要。抓好马克思主义哲学和党史国史、社会主义发展史的学习研究。发展中国特色社会主义政治经济学。坚持和创新党内学习制度，制定党委（党组）中心组学习规则。组织开展面向基层群众的对象化、互动化的理论宣讲。加强对各种社会思潮的辨析和引导，出版一批通俗理论读物。深入实施高校思想政治理论课建设体系创新计划。加强青少年理想信念教育。

（二）繁荣发展哲学社会科学。坚持马克思主义立场观点方法，按照立足中国、借鉴国外，挖掘历史、把握当代，关怀人类、面向未来的思路，着力构建中国特色哲学社会科学。建立健全哲学社会科学管理体制，加强哲学社会科学创新平台、研究基地、传播中心建设。加强话语体系建设，注重以我为主设置议题，积极开展中国哲学社会科学国际学术研讨活动。举办当代中国马克思主义论坛系列理论研讨会。加强对各类讲座论坛、社科机构的引导和管理。发挥国家哲学社会科学基金示范引导作用，强化考核评价工作。充分发挥中国特色新型智库作用，形成定位明晰、特色鲜明、规模适度、布局合理、能进能出的中国特色新型智库体系。扶持哲学社会科学优秀著作出版。编写哲学社会科学普及读本。

（三）加强意识形态领域管理。落实党委（党组）意识形态工作责任制，建立健全考核、督查、问责机制。推动各级党校、行政学院和干部学院开设意识形态工作课程和讲座。坚持党管宣传、党管意识形态、党管媒体，落实属地管理、分级负责和谁主管谁负责的原则，加强意识形态阵地管理，建立健全网络意识形态工作机制，维护国家意识形态安全。

三、提高舆论引导水平

牢牢坚持党性原则、坚持马克思主义新闻观、坚持正确舆论导向、坚持正面宣传为主，把政治方向摆在第一位，高举旗帜、引领导向，围绕中心、服务大局，团结人民、鼓舞士气，成风化人、凝心聚力，澄清谬误、明辨是非，联接中外、沟通世界，加快构建现代传播体系，健全舆情引导机制，强化媒体社会责任，发展壮大主流媒体，切实提高新闻舆论传播力、引导力、影响力、公信力。

（一）做强做大主流舆论。适应分众化、差异化传播趋势，加快构建主流舆论矩阵。加强党报党刊、通讯社、电台电视台等重点新闻媒体建设，提高宣传报道专业化水平。加强和改进正面宣传，做亮党中央治国理政新理念新思想新战略重大主题宣传，做活经济宣传，做好热点引导。综合运用微博、微信、移动新闻客户端等传播方式，拓展主流舆论传播空间。建立和完善民意调查等制度。做好重大突发事件新闻报道和权威信息发布，把握舆论引导的时度效。加强和改进舆论监督，发挥舆论监督建设性作用。

（二）推动媒体融合发展。扶持重点主流媒体创新思路，推动融合发展尽快从相“加”迈向相“融”，形成新型传播模式。支持党报党刊、通讯社、电台电视台建设统一指挥调度的融媒体中心、全媒体采编平台等“中央厨房”，重构新闻采编生产流程，生产全媒体产品。明确不同类型、不同层级媒体定位，统筹推进媒体结构调整和融合发展，打造一批新型主流媒体和媒体集团。

（三）发展壮大网上舆论阵地。遵循网络传播规律，强化互联网思维，加快网络媒体发展。加强重点新闻网站和政府网站建设。加强移动互联网建设和生态治理。强化网站主体责任，健全网站分级分层管理体制。加强教育引导，进一步提升网民网络文明素养。将新闻网站采编人员纳入新闻记者证制度统一管理，纳入新闻采编人员职业资格制度，健全职称评价体系。统筹推进网络舆论引导、网络文化建设、网络文明传播、网络公益活动，增亮网络底色、激发网络正气。

（四）规范传播秩序。规范地方媒体、行业媒体管理。规范推进电台电视台实质性合并，健全节目退出机制。建设视听新媒体集成播控平台。开展视听类智能终端设备入网认证工作。制定互联网分类管理办法。完善互联网法律法规，将现行新闻出版法律法规延伸覆盖到网络媒体管理。完善网站新闻来源许可机制，加强新闻信息采编转载资质管理，规范商业网站转载行为和网络转载版权秩序。建立完善网络版权使用机制。实行新闻采编专业人员职业资格制度，加强职务行为信息管理。加强互联网信息搜索引擎、即时通信工具、移动新闻客户端等管理，明确微博、微信等的运营主体对所传播内容的主体责任。加大对新闻界突出问题治理力度。严厉打击网络谣言、有害信息、虚假新闻、新闻敲诈和假媒体假记者。

四、培育和践行社会主义核心价值观

把社会主义核心价值观融入经济社会发展各领域、贯穿社会生活全过程，加强教育引导、舆论宣传、文化熏陶、实践养成和制度保障，注重通过法律和政策向社会传导正确价值取向，推动社会主义核心价值观宣传教育落细落小落实，不断增强价值观自信，巩固全党全国各族人民团结奋斗的共同思想基础。

（一）推进社会主义核心价值观学习实践具体化系统化。加强对社会主义核心价值观的研究阐释和宣传普及，充分运用各类媒体、文艺作品、公益广告和群众性文化活动等开展主题宣传。强化实践养成，注重典型示范，开展文化培育，精心设计开展多样化的人民群众喜闻乐见的活动。修订和实施爱国主义教育实施纲要，丰富教育内容、创新教育载体，增强中华民族归属感、认同感、尊严感、荣誉感和命运共同体意识。把社会主义核心价值观纳入国民教育体系，增强学生爱国精神、社会责任感和实践创新能力。发扬红色传统、传承红色基因，用好革命历史类纪念设施、遗址和各类爱国主义教育示范基地等红色资源。弘扬社会主义法治精神，把社会主义核心价值观融入法治建设，推动公正文明执法司法，彰显社会主流价值。推动社会治理体现社会主义核心价值观要求，强化公共政策的价值导向，探索建立重大公共政策道德风险评估和纠偏机制。

（二）加强和改进群众性思想政治工作。加强对社会热点难点问题的应对解读，合理引导社会预期，组织开展理论宣讲和形势政策教育，设计有特色有实效的活动载体。推动基层党组织、基层单位、城乡社区有针对性地加强思想政治工作，创新新经济组织和新社会组织的思想政治工作方式。加强青少年思想政治工作。加强高校思想政治建设。持续深入推进“基层工作加强年”活动。健全人文关怀和心理疏导机制，培育自尊自信、理性平和、积极向上的社会心态。

（三）深入推进公民道德建设。加强社会公德、职业道德、家庭美德、个人品德教育。发挥党员干部的模范带头作用。举办中国公民道德论坛。礼敬英雄人物，加强对全国重大典型和道德模范、时代楷模的学习宣传，广泛推出“最美人物”、善行义举和身边好人。建立健全先进模范发挥作用的长效机制。弘扬中华传统美德，创新发展乡贤文化，开展孝敬教育、勤劳节俭教育、文明礼仪教育。加强社会诚信建设，推进诚信建设制度化。弘扬劳动最光荣、劳动者最伟大的观念，加强企业文化建设，培育创新创业精神。

（四）深化拓展群众性精神文明创建活动。广泛开展群众性精神文明创建活动，修订完善各类创建测评体系。加强和改进文明城市创建管理，培育城市精神。加强农村精神文明建设。加强文明行业文明单位创建。培育优良家风家教，传承优良校风校训。针对群众反映强烈的突出问题，开展专项文明行动。完善文化科技卫生“三下乡”长效机制。倡导文明健康生活方式。制定国家礼仪规程。实施全民文明礼仪教育养成行动，培育文明行为习惯。规范升国旗仪式、成人仪式、入党入团入队仪式等礼仪制度。广泛开展军民警民共建精神文明活动。落实党和国家有关政策规定，加强对各类评比活动的规范管理。

五、繁荣文化产品创作生产

深入贯彻《中共中央关于繁荣发展社会主义文艺的意见》，着力扶持优秀文化产品创作生产，推出更多传播当代中国价值观念、体现中华文化精神、反映中国人审美追求的精品力作。

（一）把握正确创作导向。牢固树立以人民为中心的创作导向，坚持“二为”方向和“双百”方针，努力为人民抒写、抒情、抒怀。抓好中国梦和爱国主义主题文艺创作，讲好国家民族宏大故事，讲好百姓身边日常故事。建立支持文艺工作者长期深入生活扎根基层的长效保障机制。

（二）推动文化内容形式创新。加强规划指导，加大对具有示范性、引领性作用原创精品的扶持力度。抓好文学、剧本、作曲等基础性环节，支持戏剧、电影、电视、音乐、舞蹈、美术、摄影、书法、曲艺、杂技等艺术门类创新发展，鼓励戏曲流派创新，推动交响乐、歌剧、芭蕾舞等艺术品种的中国化、民族化。推进高雅艺术进校园活动。发挥国家艺术基金、国家出版基金的积极作用。

（三）发展网络文艺。加强网络文化产品创作生产，推动网络文学、网络剧、微电影等新兴文艺类型繁荣有序发展。推动传统文艺与网络文艺创新性融合，促进优秀作品多渠道传输、多平台展示、多终端推送。培养优秀的网络文艺创作、生产、传播和评论人才。健全网络文艺思潮研究分析机制，加大对网络文艺引导力度。

（四）完善评价激励机制。建立健全科学合理的文化产品评价体系，把价值取向、艺术水准、受众反应、社会影响等作为主要指标，合理设置反映市场接受程度的量化指标。建立健全中国特色的收视率调查系统。深化全国性文艺评奖制度改革。引导和规范出版物推荐活动。加强马克思主义文艺理论与评论建设，培养高素质评论队伍。

（五）加强版权保护。全面实施国家知识产权战略，以版权保护促进文化创新。完善版权相关法律法规、行政执法体制和社会服务体系，推进国家版权监管平台建设，依法打击侵权盗版行为，保护版权权利人利益。建立健全信息网络传播权长效保护机制，推进软件正版化工作。推进原创文化作品的版权保护，规范网络使用。完善版权运用的市场机制，推动版权贸易规范化。发展版权产业，形成全产业链的版权开发经营模式。

六、加快现代公共文化服务体系建设

坚持政府主导、社会参与、重心下移、共建共享，坚持缺什么补什么，注重有用、适用、综合、配套，统筹建设、使用与管理，加快构建普惠性、保基本、均等化、可持续的现代公共文化服务体系。

（一）完善公共文化服务网络。鼓励各地按照国家基本公共文化服务指导标准，自主制定富有特色的地方实施办法，健全各级各类公共文化基础设施。立足实际，注重实效，做好公共文化馆、图书馆、博物馆、美术馆、乡镇（街道）综合文化站、村（社区）综合性文化服务中心等的规划建设。提高广播电视播出机构的制播能力和发射（监测）台、卫星地球站、直播卫星平台的承载能力。建设国家和地方应急广播体系。探索农村电影放映长效机制。鼓励社会力量投资或捐助公共文化设施设备。

（二）推动基层公共文化设施资源共建共享。统筹公共文化设施网络和重点文化惠民工程，避免重复建设。整合宣传文化、党员教育、科普普法、体育健身等资源，建设乡镇（街道）、村（社区）的综合文化服务设施。合理利用历史街区、民宅村落、闲置厂房等，兴办公共文化项目。以县级图书馆、文化馆为中心推进总分馆制。推进公共文化设施免费开放。

（三）创新公共文化服务运行机制。推动各级政府购买公共文化服务。鼓励社会组织和企业参与公共文化设施运营和产品服务供给。建立“按需制单、百姓点单”模式，明确由基层选定为主的公共文化服务项目，健全配送网络。推进数字图书馆、文化馆、博物馆建设。开发和提供适合老年人、未成年人、农民工、残疾人等群体的基本公共文化产品和服务。完善公共文化考核评价，探索建立第三方评价机制。

（四）推动老少边贫地区公共文化跨越发展。与国家脱贫攻坚战略相结合，实施一批公共文化设施建设项目。加强少数民族语言频率频道和涉农节目建设。为贫困地区配备或更新多功能流动文化服务车。支持少数民族电影事业发展。加大文化扶贫力度，建立健全“结对子、种文化”工作机制。

七、完善现代文化市场体系和现代文化产业体系

加快发展文化产业，促进产业结构优化升级，提高规模化集约化专业化水平，促进文化产品和要素在全国范围内合理流动，促进文化资源与文化产业有机融合，扩大和引导文化消费，提高文化产业发展质量和效益。

（一）发展壮大文化市场主体。发展骨干文化企业，推动产业关联度高、业务相近的国有文化企业联合重组，推动跨所有制并购重组。以党报党刊所属非时政类报刊、实力雄厚的行业报刊为龙头整合报刊资源，对长期经营困难的新闻出版单位实行关停并转。降低社会资本准入门槛，鼓励和引导非公有制文化企业发展。支持“专、精、特、新”中小微文化企业发展。

（二）推进文化市场建设。着力构建统一开放、竞争有序的现代文化市场体系，完善文化市场准入和退出机制。加快文化产品市场建设，发展基于互联网的新型文化市场业态，发展电子票务、电影院线、演出院线、网络书店等现代流通组织形式。健全文化要素市场，完善文化资产评估体系。创新文化投融资体制，推动文化资源与金融资本有效对接。鼓励有条件的国有文化企业利用资本市场发展壮大，推动资产证券化。加强文化消费场所建设，开发新型文化消费金融服务模式。发展文化旅游，扩大休闲娱乐消费。培育和发展农村文化市场。加强城乡出版物发行网点建设。规范出版物市场价格行为。加强文化行业组织建设，发展文化中介服务。规范文化产业统计。加强文化市场管理，深入开展“扫黄打非”。

（三）优化文化产业结构布局。加快发展网络视听、移动多媒体、数字出版、动漫游戏、创意设计、3D和巨幕电影等新兴产业，推动出版发

行、影视制作、工艺美术、印刷复制、广告服务、文化娱乐等传统产业转型升级，鼓励演出、娱乐、艺术品展览等传统业态实现线上线下融合。开发文化创意产品，扩大中高端文化供给，推动现代服务业发展。围绕“一带一路”建设、京津冀协同发展、长江经济带发展等国家战略，加强重点文化产业带建设。发掘城市文化资源，推进城市文化中心建设。支持中西部地区、民族地区、贫困地区发展特色文化产业。

（四）强化文化科技支撑。落实中央财政科技计划管理改革的有关要求，通过优化整合后的科技计划（专项、基金等），支持符合条件的文化科技项目。运用云计算、人工智能、物联网等科技成果，催生新型文化业态。加强虚拟现实技术的研发与运用。推动“三网融合”。制定文化产业领域技术标准，深入推进国家文化科技创新工程。依托国家级文化和科技融合示范基地，加强文化科技企业创新能力建设，提高文化核心技术装备制造水平。加强文化资源的数字化采集、保存和应用。

八、传承弘扬中华优秀传统文化

坚守中华文化立场，坚持客观科学礼敬的态度，扬弃继承、转化创新，推动中华文化现代化，让中华优秀传统文化拥有更多的传承载体、传播渠道和传习人群，增强做中国人的骨气和底气。

（一）加强中华优秀传统文化研究挖掘和创新发展。系统梳理中华文化的历史渊源、发展脉络、时代影响，阐明中华文化的独特创造、价值理念。厘清中华优秀传统文化的内涵，改造陈旧的表现形式，赋予新的时代内涵和现代表达形式。加强中华优秀传统文化典籍整理和出版，推进文化典籍资源数字化。推动文博单位开发相关文化创意产品。

（二）开展中华优秀传统文化普及。完善中华优秀传统文化教育，加强中华文化基因校园传承。推动中华优秀传统文化图书音像版权资源共享。加强戏曲保护与传承。普及中华诗词、音乐舞蹈、书法绘画等，举办经典诵读、国学讲堂、文化讲坛、专题展览等活动。鼓励媒体开办主题专栏、节目。利用互联网，推动中华优秀传统文化网络传播。加强语言文字研究和信息化开发应用，大力推广和规范使用国家通用语言文字，科学保护各民族语言文字。

（三）加强文化遗产保护。大力强化全社会文物保护意识，加强世界文化遗产、文物保护单位、大遗址、国家考古遗址公园、重要工业遗址、历史文化名城名镇名村和非物质文化遗产等珍贵遗产资源保护，推动遗产资源合理利用。加强馆藏文物保护和修复。建立健全国家文物督察制度，完善文物登录制度。规范文物流通市场，加大非法流失海外中国文物追索力度。加强考古发掘和整理研究。健全非物质文化遗产保护制度。加强国家级文化生态保护实验区建设，支持非物质文化遗产展览、展示、传习场所建设。推进非物质文化遗产生产性保护。

（四）传承振兴民族民间文化。加强对民间文学、民俗文化、民间音乐舞蹈戏曲、少数民族史诗的研究整理，对濒危技艺、珍贵实物资料进行抢救性保护。扶持民族民间文化社团组织发展。规范和支持非国有博物馆建设。把民族民间文化元素融入新型城镇化和新农村建设，发展有历史记忆、地域特色、民族特点的美丽城镇、美丽乡村。打造一批民间文化艺术之乡。

（五）保护和发展传统工艺。加强对中国传统工艺的传承保护和开发创新，挖掘技术与文化双重价值。推动传统工艺走进现代生活，运用现代设计改进传统工艺，促进传统工艺提高品质、形成品牌、带动就业。

九、提高文化开放水平

推动中华文化走出去，统筹对外文化交流、传播和贸易，创新方式方法，讲述好中国故事，阐释好中国特色，让全世界都能听到听清听懂中国声音，不断增强中国国际话语权，使当代中国形象在世界上不断树立和闪亮起来。

（一）加强国际传播能力建设。提升重点媒体国际传播能力，加强项目实施效果评估。建设国家新闻发布平台。推动理论创新、学术创新和表达创新，把话语体系建设研究成果转化为外宣工作资源，在国际上推动形成正确的中国观。

（二）扩大文化交流合作。用好中外人文交流机制，深化政府间文化交流。加强与“一带一路”沿线国家文化交流合作。推进国际汉学交流和中外智库合作。支持民间力量参与对外文化交流，发挥海外侨胞的积极作用。鼓励社会组织、中资机构等参与海外中国文化中心、孔子学院建设。扩大与海外青少年文化交流。加强与港澳台文化交流合作，共同弘扬中华文化。（下转第八版）

（三）发展对外文化贸易和投资。培育对外文化贸易主体，鼓励和引导各种所有制文化企业参与文化产品和服务出口，加大内容创新力度，打造外向型骨干文化企业。稳定传统优势文化产品出口，利用跨境电子商务、市场采购贸易等新兴贸易方式，提高数字文化产品的国际市场竞争力，推动文化装备制造技术标准走出去。支持中华医药、中华烹饪、中国园林、中国武术等走出去。大力发展文化服务外包。鼓励各类企业在境外开展文化投资合作，建设国际营销网络，扩大境外优质文化资产规模。支持文化企业参加重要国际性文化节展。

（四）吸收借鉴国外优秀文化成果。统筹引进来和走出去，以我为主、为我所用，积极吸收借鉴国外有益文化成果、先进经营管理理念和有益做法经验。吸引外商投资我国法律法规许可的文化产业领域，推动文化产业领域有序开放，提升引进外资质量和水平。鼓励文化单位同国外有实力的文化机构进行项目合作，学习先进制作技术和管理经验。开展知识产权保护国际合作。

十、推进文化体制改革创新

遵循社会主义精神文明建设规律，把握文化创作生产传播特点，进一步发挥市场在文化资源配置中的积极作用，加强制度创新，构建确保把社会效益放在首位、社会效益和经济效益相统一的体制机制，调动全社会参与文化发展改革的积极性、主动性、创造性。

（一）全面深化文化体制改革。正确处理党委、政府、市场、社会之间的关系，建立健全党委领导、政府管理、行业自律、社会监督、企事业单位依法运营的文化体制机制。加大供给侧结构性改革力度，增强文化产品和服务有效供给。深化公益性文化事业单位改革，强化社会服务功能。推动国有文化企业加快完善文化生产经营机制，提高市场开发和营销能力。引导非公有资本有序进入、规范经营，鼓励社会各方面参与文化创业。科学区分文化建设项目类型，可以产业化、市场化方式运作的以产业化、市场化方式运作。推广政府和社会资本合作（PPP）模式，允许社会资本参与图书馆、文化馆、博物馆、剧院等公共文化设施建设和运营。加强文化领域重要基础性制度研究和评估，进一步完善体制机制。

（二）完善文化管理体制。加快文化立法进程，强化文化法治保障，全面推进依法行政。抓好公共文化服务保障法、网络安全法、电影产业促进法等法律的实施。深化文化行政管理体制改革，推动政府职能转变，赋予文化企事业单位更多的法人自主权。健全互联网管理领导体制，加强互联网文化管理法规制度建设，完善有关管理工作联动机制。健全国有文化资产管理体制机制。深化文化市场综合行政执法改革，理顺执法机构与有关行政管理部门之间的关系，全面落实行政执法责任制。推进文化类社会组织和行业自律建设，深化文联、作协、记协改革。

（三）深化文化事业单位改革。分类推进文化事业单位改革，进一步明确不同单位的功能定位。深化人事、收入分配、社会保障、经费保障等制度改革，加强绩效评估考核。推动公共文化馆、图书馆、博物馆、美术馆等建立事业单位法人治理结构。加大对党报党刊、通讯社、电台电视台、时政类报刊社、公益性出版社等主流媒体扶持力度，加强内部管理，严格实行采编与经营分开，规范经营活动。在坚持出版权、播出权特许经营前提下，允许制作和出版、制作和播出分开。

（四）建立健全有文化特色的现代企业制度。加快国有文化企业公司制股份制改造，科学设置内部组织结构，强化经营管理。深化内部改革。完善社会效益和经济效益综合考核评价指标体系，建立健全社会效益的具体评价标准，建立考核结果与薪酬分配挂钩的绩效考核制度。推动党政部门逐步与所属文化企业脱钩，理顺主管主办单位与出资人机构关系。

十一、加强文化人才队伍建设

坚持党管干部、党管人才，突出抓好思想政治建设，全面提高能力素质，加快培养造就一支政治坚定、业务精湛、作风优良、党和人民放心的文化人才队伍。

（一）加强思想政治建设和职业道德建设。选好配强宣传思想文化单位领导班子，做到讲政治、强党性、敢担当、勇创新、严律己。大力加强马克思主义新闻观、文艺观教育，开展分层分类培训。深入开展“深入生活、扎根人民”、“走基层、转作风、改文风”等主题实践活动。

（二）培养造就高层次人才。加强领军人才建设，建立健全重大文化项目首席专家制度，培养集聚一批有深厚马克思主义理论素养、学贯中西的思想家和理论家，造就一批人民喜爱、有国际影响的学术大家、艺术大师和民族文化代表人物。加强新闻出版传媒领域高层次人才培养。实施中国特色新型智库高端人才培养计划，壮大公共政策研究和决策咨询队伍。加强文化产业投资运营、文化企业管理、媒体融合发展、网络信息服务等方面复合型人才、紧缺人才培养，多渠道引进海外优秀文化人才。

（三）加强基层宣传文化人才队伍建设。推动解决基层宣传文化单位人员配备、基本待遇、工作条件等方面的实际问题，表彰长期坚守基层、业绩突出的先进工作者，建强基层宣传文化队伍。打造专兼结合的基层工作队伍，扶持民间文艺社团、业余队伍，培养乡土文化能人、民族民间文化传承人和各类文化活动骨干。强化职业院校文化艺术类专业建设，鼓励民间艺人、技艺大师到职业院校兼职任教。深入推进服务农民、服务基层文化建设先进集体创建活动。加强西部及边疆地区基层文化人才队伍建设。大力发展文化志愿者队伍，鼓励社会各方面人士提供公共文化服务、参与基层文化活动。

十二、完善和落实文化经济政策

加大政策创新和执行力度，进一步健全文化经济政策体系，增强针对性、拓展覆盖面，更好地发挥引导激励和兜底保障作用，为坚持把社会效益放在首位、社会效益和经济效益相统一提供强有力的支撑。

（一）加强财政保障。完善公共财政文化投入机制，多渠道筹措资金支持文化发展改革。合理划分各级政府在文化领域的财政事权和支出责任，明确地方主体责任。进一步完善转移支付体制，加大中央和省级财政转移支付力度，重点向革命老区、民族地区、边疆地区、贫困地区倾斜，落实对国家在贫困地区安排的公益性文化建设项目取消县以下（含县）以及西部地区集中连片特困地区地市级配套资金的政策。加大政府性基金与一般公共预算的统筹力度。中央和省级财政继续设立宣传文化发展专项资金，整合设立中央补助地方公共文化服务体系建设专项资金。加大政府向社会力量购买公共文化服务的力度。中央和地方设立文艺创作专项资金或基金。创新文化产业发展专项资金管理模式，提高资金使用效益。加大文化企业国有资本经营预算投入，补充企业资本金。省属重点文化企业，经省级政府批准，2020 年年底前可免缴国有资本收益。建立财政文化预算安排与资金绩效评价结果挂钩制度。通过政府购买服务、原创剧目补贴、以奖代补等方式，着力扶持文艺院团发展改革。

（二）落实和完善文化税收政策。落实经营性文化事业单位转制为企业以及支持文化创意和设计服务、电影、动漫、出版发行等文化企业发展的相关政策，落实支持社会组织、机构、个人捐赠和兴办公益性文化事业的相关政策。研究非物质文化遗产项目经营等方面的税收优惠政策。按照财税体制改革的总体要求，结合文化产业发展的实际需要，完善相关政策，加强对政策执行情况的评估督察，推动文化企业把社会效益放在首位、更好实现社会效益和经济效益有机统一。

（三）发展文化金融。鼓励金融机构开发适合文化企业特点的文化金融产品。支持符合条件的文化企业直接融资，支持上市文化企业利用资本市场并购重组。规范引导面向文化领域的互联网金融业务发展。完善文化金融中介服务体系，促进文化金融对接。探索开展无形资产抵押、质押贷款业务。鼓励开发文化消费信贷产品。

（四）健全文化贸易促进政策。简化文化出口行政审批流程，清理规范出口环节经营性服务和收费，推进文化贸易投资外汇管理便利化，提高海关通关便利化。加强对外文化贸易公共信息服务，分领域、分国别发布国外文化市场动态和文化产业政策信息。支持开展涉外知识产权维权工作。

（五）加强文化建设用地保障。将文化用地纳入城乡规划、土地利用总体规划，在国家土地政策许可范围内，优先保证重要公益性文化设施和文化产业设施、项目用地。修改城市用地分类与规划建设用地标准，完善文化设施用地类型，增加建设用地混合使用要求，保障文化事业文化产业发展。新建、改建、扩建居民住宅区，按照国家有关规定规划和建设相应的文化体育设施。鼓励将城市转型中退出的工业用地根据相关规划优先用于发展文化产业。

十三、组织实施

各级党委和政府要从全局和战略高度，充分认识“十三五”时期文化发展改革的重要意义，把本规划纲要提出的目标任务纳入经济社会发展全局，作为评价地区发展水平、衡量发展质量和考核领导干部工作业绩的重要内容，切实加强组织领导，抓好贯彻实施，力戒形式主义。要牢牢把握文化发展改革的正确方向，坚持和完善党委统一领导、党政齐抓共管、宣传部门组织协调、有关部门分工负责、社会力量积极参与的工作体制和工作格局，形成推动文化建设的强大合力。

中央网信办、文化部、新闻出版广电总局要根据本规划纲要，抓紧制定本领域的专项规划，报中央文化体制改革和发展工作领导小组批准后实施。国家发展改革委、财政部、国土资源部、商务部、税务总局等要按照职责分工，切实落实有关政策，做好各项重点工程的实施和保障。中央文史馆、国务院参事室等相关部门要积极发挥作用。各地要结合实际，编制好本地区文化发展改革规划。各地区各有关部门要加强对本规划纲要实施情况的跟踪分析和监督检查，推动各项任务措施落到实处。

附录D
《文化产业发展专项资金管理暂行办法》

第一章　总则

第一条　为进一步规范和加强文化产业发展专项资金（以下简称“专项资金”）管理，提高资金使用效益，根据《中华人民共和国预算法》和有关法律法规，制定本办法。

第二条　专项资金由中央财政安排，专项用于提高文化产业整体实力，促进经济发展方式转变和结构战略性调整，推动文化产业跨越式发展。

第三条　专项资金的管理和使用应当体现国家文化发展战略和规划，符合国家宏观经济政策、文化产业政策、区域发展政策及公共财政基本要求，坚持公开、公正、公平的原则，确保专项资金的规范、安全和高效使用。

第四条　财政部负责专项资金预算管理、资金分配和拨付，对资金使用情况进行监督检查。

第二章　支持方向与方式

第五条　专项资金的支持方向：

（一）推进文化体制改革。对中央级经营性文化事业单位改革过程中有关费用予以补助，并对其重点文化产业项目予以支持。

（二）培育骨干文化企业。对中央确定组建的大型文化企业集团公司重点发展项目予以支持，对文化企业跨地区、跨行业、跨所有制联合兼并重组和股改等经济活动予以支持。

（三）构建现代文化产业体系。对国家文化改革发展规划所确定的重点工程和项目、国家级文化产业园区和示范基地建设、文化内容创意生产、人才培养等予以支持，并向中西部地区、特色文化产业和新兴文化业态倾斜。

（四）促进金融资本和文化资源对接。对文化企业利用银行、非银行金融机构等渠道融资发展予以支持；对文化企业上市融资、发行企业债等活动予以支持。

（五）推进文化科技创新和文化传播体系建设。对文化企业开展高新技术研发与应用、技术装备升级改造、数字化建设、传播渠道建设、公共技术服务平台建设等予以支持。

（六）推动文化企业“走出去”。对文化企业扩大出口、开拓国际市场、境外投资等予以支持。

（七）财政部确定的其他文化产业发展领域。

第六条 专项资金支持项目分为重大项目和一般项目，支持方式包括：

（一）项目补助。对符合支持条件的重点发展项目所需资金给予补助。

（二）贷款贴息。对符合支持条件的申报单位通过银行贷款实施重点发展项目所实际发生的利息给予补贴。

（三）保费补贴。对符合支持条件的申报单位通过保险公司实施重点发展项目所实际发生的保费给予补贴。

（四）绩效奖励。对符合支持条件的申报单位按照规定标准给予奖励。

（五）财政部确定的其他方式。

第三章 重大项目

第七条 本办法所称重大项目，是指财政部按照国家文化改革发展规划要求，组织实施的文化产业重点工程和项目。

第八条 财政部根据专项资金支持方向和文化产业发展需要印发年度专项资金重大项目申报通知，符合条件的申请人可按要求进行申报。

第九条 重大项目申请人应当是符合申报通知要求的部门或企事业单位。

第十条 重大项目申请人应按要求提交项目申请书及其他相关材料。

申请书包括以下内容：申请人基本情况、项目背景材料、项目目标及主要内容、项目执行进度安排、申请资金额及预算安排、地方财政资金支持情况和其他相关内容。

第十一条　重大项目申请人应按以下程序进行申报：

（一）中央各部门、资产财务关系在财政部单列的中央企业，直接向财政部申报；

（二）中央各部门归口管理的申报单位，由主管部门报财政部；

（三）地方申报单位，由各省、自治区、直辖市、计划单列市财政部门报财政部。

第十二条　财政部负责对重大项目的组织、立项、评审等工作，并根据评审结果研究确定具体支持项目和金额。

第十三条　财政部负责对重大项目的实施情况进行监督检查和追踪问效。

第四章　一般项目

第十四条　本办法所称一般项目，是指申请人按照本办法所确定的支持方向自行申报的文化产业项目。

第十五条　财政部根据专项资金支持方向和文化产业发展需要印发年度专项资金一般项目申报通知，符合条件的申请人可按要求进行申报。

第十六条　一般项目申请人为在中国境内设立的企业，以及从事文化产业相关工作的部门或事业单位。

第十七条　一般项目申请人除需按要求提交资质证明和专项资金申请文件外，还应提供下列材料：

（一）申请项目补助的，需提供项目可行性研究报告以及相关合同等复印件。

（二）申请贷款贴息的，需提供银行贷款合同、贷款承诺书、付息凭证等复印件。

（三）申请保费补贴的，需提供保险合同、保险费发票等复印件。

（四）申请绩效奖励的，需提供相关证明、合同、原始凭证等复印件。

（五）财政部要求提供的其他资料。

第十八条　一般项目申请人应按以下程序进行申报：

（一）中央各部门、资产财务关系在财政部单列的中央企业，直接向财政部申报；

（二）中央各部门归口管理的申报单位，由主管部门报财政部；

（三）地方申报单位向地方财政部门申报，由各省、自治区、直辖市、计划单列市财政部门汇总后报财政部。

（四）企业集团下属单位，通过企业集团统一进行申报。

第十九条　中央各部门负责组织本部门及归口管理单位的一般项目申报工作。各省、自治区、直辖市、计划单列市财政部门负责组织本地区一般项目申报工作。

第二十条　中央各部门和各省、自治区、直辖市、计划单列市财政部门要建立规范的项目审核机制，重点是审核申请人是否具备申请资格；申报程序是否符合要求；申请项目数量是否超出有关限制条件；有关申报文件材料是否真实有效等。

第二十一条　中央各部门和各省、自治区、直辖市、计划单列市财政部门在对申报项目初步审核、遴选的基础上，按规定向财政部汇总报送本部门或本地区申报项目。

第二十二条　财政部组织成立专项资金专家评审委员会，负责审核有关申请材料，重点是项目是否符合国家文化产业政策；项目可行性、实施计划及准备情况；项目投资概算、自筹资金情况、地方财政投入情况等，在此基础上提出扶持项目预算安排建议。

第二十三条　财政部根据专项资金专家评审委员会建议，结合预算管理要求及专项资金规模研究确定具体支持项目和金额。

第五章　资金使用

第二十四条　财政部确定资金分配方案后，按照预算和国库管理规定，及时下达并拨付资金。

第二十五条　专项资金预算一经批复，应严格执行。资金使用单位应按规定报告资金使用情况。

第二十六条　资金使用单位应当按照“专款专用、单独核算、注重绩效”的原则，及时制定内部管理办法，建立健全内部控制制度，加强对专项资金的管理。

第二十七条　财政部建立重点文化产业项目库，对获得补助资金的项目实施跟踪管理。

第二十八条　专项资金结转和结余按照财政部门有关规定执行。

第六章　监督管理

第二十九条　中央各部门和各省、自治区、直辖市、计划单列市财政部门应当建立专项资金监督检查制度，督促资金使用单位及时报告资金使用情况，并于每年3月31日前将有关材料汇总后报财政部备案。资产财务关系在财政部单列的中央企业，按上述要求直接报财政部备案。

第三十条　资金使用单位应遵守国家财政、财务规章制度和财经纪律，自觉接受财政、审计等部门的监督检查。

第三十一条　财政部驻各地财政监察专员办事处，对专项资金的拨付使用情况及项目实施情况进行监督检查。

第三十二条　财政部对专项资金使用情况进行跟踪检查，根据需要组织或委托有关机构对项目开展绩效评价，检查和评价结果作为以后年度安排资金的重要依据。

第三十三条　项目申请人存在下列情况之一的，不予支持：

（一）申报项目存在重大法律纠纷的；

（二）未按规定报告以往年度专项资金使用情况的；

（三）受补助项目经绩效评价不合格未按要求整改的；

（四）因违法行为被执法部门处罚未满2年的；

（五）违反本办法规定，正在接受有关部门调查的。

第三十四条　任何单位和个人不得滞留、截留、挤占、挪用专项资金。对以虚报、冒领等手段骗取专项资金的，一经查实，财政部将收回专项资金，并按《财政违法行为处罚处分条例》（国务院令第427号）的相关规定进行处理。

第七章　附则

第三十五条　本办法由财政部负责解释。

第三十六条　本办法自发布之日起施行，《财政部关于印发〈文化产业发展专项资金管理暂行办法〉的通知》（财政［2010］81号）同时废止。

附录E
《文化体制改革中经营性文化事业单位转制为企业的规定》

为进一步深化文化体制改革，继续推进国有经营性文化事业单位转企改制，特制定以下规定：

一、关于公司制股份制改革

（一）经营性文化事业单位转制为企业，要依法登记为有限责任公司或股份有限公司，加快构建有文化特色的现代企业制度，坚持正确导向和经营方向，坚持国有资本主导地位，积极稳妥推进混合所有制改革，形成有效制衡的公司法人治理结构和灵活高效的市场化经营机制，推动企业做强做优做大。

（二）完善法人治理结构。公司党委（党组）领导班子成员依法定程序，以双向进入、交叉任职的方式进入董事会、经理层、内设监事会，党委（党组）书记同时任董事长（执行董事）、公司法定代表人，党员总经理一般担任党委（党组）副书记，专职副书记，一般进入董事会。党委（党组）发挥领导作用，把方向、管大局、保落实，依照规定研究讨论涉及内容导向管理的重大事项及公司运营与发展的重大决策、重要人事任免、重大项目安排、大额度资金使用等事项，并作为董事会、经理层决策的前置程序。建立健全决策合法性审查机制，充分发挥法律顾问、公司律师的作用，促进依法经营、依法管理。

（三）从事内容创作生产传播的公司，设立总编辑或艺术总监等专门岗位，设董事会的，须设立编辑委员会或艺术委员会等专门委员会，为董事会有关内容导向管理的重大事项提供决策咨询。

（四）推进国有文化企业内部资源整合，进一步聚焦主业，压缩企业管理层级，将投资决策权向三级以上企业集中，减少法人户数。

二、关于国有文化资产管理

（五）建立健全党委和政府监管国有文化资产的管理机构，完善党委和政府监管有机结合、宣传部门有效主导的管理模式，实现管人管事管资产管导向相统一，推动党政部门与其所属的文化企业进一步理顺关系，推动主管主办制度与出资人制度相衔接。

（六）经营性文化事业单位转制为企业，要认真做好资产清查、资产评估、产权登记等基础工作，依法落实原有债权债务。国有文化企业公司章程制定和修改、注册资本增减、重组整合、破产解散、改制上市、国有产权转让、无偿划拨、组建集团、发行债券、法定代表人变更等重大变动事项，报同级国有文化资产管理机构审批，并按有关程序和规定办理。

（七）国有文化企业依照相关规定定期报告财务状况、生产经营状况、国有资产保值增值状况和社会效益情况。加强国有文化企业社会效益和经济效益综合考核，探索建立国有资产保值增值考核与社会效益考核相结合的综合评价体系。

（八）建立健全文化企业国有资本经营预算制度，通过国有资本金注入，优化国有资本配置，发挥国有资本引导作用，推进国有文化企业兼并重组、转型升级，促进文化产业布局优化。

（九）推进国有文化资本授权经营，形成国有文化资本流动重组、布局调整的有效平台，优化资源配置，推动国有文化企业增强实力、活力、抗风险能力，更好地发挥控制力、影响力。

三、关于资产和土地处置

（十）经营性文化事业单位在转制过程中，对于清查出的资产损失按规定报经批准后进行核销；切实维护银行合法债权安全，严肃处理各类借转制之名逃废银行债务行为，维护金融安全稳定。转制后财务制度应执行

《企业财务通则》，会计制度应执行《企业会计准则》或《小企业会计准则》。

（十一）经营性文化事业单位转制涉及的原划拨土地，转制后符合《划拨用地目录》的，可继续以划拨方式使用；不符合《划拨用地目录》的，应当依法实行有偿使用。经省级以上人民政府批准，经营性文化事业单位转制为国有独资或国有控股企业的，原生产经营性划拨用地，经批准可采用作价出资（入股）方式配置；经营性文化事业单位转制为国有参股企业或非国有企业的，原生产经营性划拨用地可采用协议出让或租赁方式进行土地资产处置。

四、关于收入分配

（十二）转制后执行企业收入分配制度。按照国家有关规定实行工资总额预算管理，由国有文化企业自主编制，按规定履行内部决策程序后，报有关部门核准或备案后执行。完善工资与效益联动机制，工资效益联动指标应同时选取反映社会效益和经济效益、国有资本保值增值的指标。建立健全以岗位工资为主的基本工资制度，以岗位价值为依据，以业绩为导向，参照劳动力市场工资价位并结合企业社会效益和经济效益，合理确定不同岗位的工资水平，使职工工资收入与其工作业绩和实际贡献紧密挂钩，合理拉开工资分配差距。人力资源社会保障部门、国有文化资产管理机构和企业主管主办部门要加强对国有文化企业工资收入分配的指导和监督，规范国有文化企业收入分配秩序。

（十三）完善国有文化企业负责人薪酬管理机制，国有独资及国有控股公司的负责人收入分配应与社会效益和经济效益综合评价考核结果挂钩。

五、关于社会保障

（十四）转制后自企业登记注册的次月起按企业办法参加社会保险。转制时在职人员按国家规定计算的连续工龄，视同缴费年限，不再补缴基本养老保险费。

（十五）离休人员的医疗保障继续执行现行办法，也可按照所在统筹地区相关规定纳入离休人员医药费单独统筹，所需资金按原渠道解决；转制前已退休人员中，原享受公费医疗的，在享受基本医疗保险待遇的基础上，可以参照国家公务员医疗补助办法，实行医疗补助。

（十六）中央各部门各单位设在地方的出版单位、中央各部门各单位出版单位在地方的派出（分支）机构的人员，转制后按规定纳入当地社会保障体系。

六、关于人员安置

（十七）对转制时距国家法定退休年龄五年以内的原事业编制内人员，本人申请并经转制单位批准，可以提前离岗，离岗期间的工资福利等基本待遇不变，单位和个人继续按规定缴纳各项社会保险费，达到国家法定退休年龄时，按照国家规定办理退休手续。

（十八）转制时，要按照国家相关法律规定，自企业登记注册之日起与在职职工全部签订劳动合同。职工在事业单位的工作年限合并计算为转制后企业的工作年限。转制后根据经营方向确需分流人员的，应按照规定处理劳动关系，对符合支付经济补偿条件的，应依法支付经济补偿。

（十九）转制企业应当切实保障职工的合法权益。转制时，对提前离岗人员所需的基本待遇及各项社会保险费、分流人员所需的经济补偿金，可从评估后的净资产中预留或从国有产权转让收入中优先支付。净资产不足的，财政部门也可给予一次性补助。

七、关于财政税收

（二十）财税部门应认真落实适用于转制企业的现行财税优惠政策。

（二十一）原事业编制内职工的住房公积金、住房补贴中由财政负担部分，转制后继续由财政部门在预算中拨付；转制前人员经费由财政负担的离退休人员的住房补贴尚未解决的，转制时由财政部门一次性拨付解决；转制前人员经费自理的离退休人员以及转制后离退休人员和在职职工住房补贴资金，由转制单位按照所在地市、县级人民政府有关企业住房分配货币化改革政策以及企业财务会计制度的规定，从本单位相应资金渠道列支。转制后原有的正常事业费继续拨付。

（二十二）为确保转制工作顺利进行，同级财政可一次性拨付一定数额的资金，主要用于资产评估、审计、政策法律咨询等。

（二十三）经营性文化事业单位转制为企业后，五年内免征企业所得税。2018年12月31日之前已完成转制的企业，自2019年1月1日起可继续免征五年企业所得税。

（二十四）由财政部门拨付事业经费的经营性文化事业单位转制为企业，对其自用房产五年内免征房产税。2018年12月31日之前已完成转制的企业，自2019年1月1日起对其自用房产可继续免征五年房产税。

（二十五）对经营性文化事业单位转制中资产评估增值、资产转让或划转涉及的企业所得税、增值税、城市维护建设税、契税等，符合现行规定的享受相应税收优惠政策。

（二十六）党报、党刊将其发行、印刷业务及相应的经营性资产剥离组建的文化企业，所取得的党报、党刊发行收入和印刷收入免征增值税。

（二十七）经省级人民政府批准，2020年年底前省属重点文化企业可免缴国有资本收益。

八、关于法人登记

（二十八）转制后的企业名称，应当符合企业名称登记管理的规定。原单位名称中冠以“中国”、“中华”、“全国”、“国家”、“国际”等字样的，按有关规定经批准可继续注册使用。

（二十九）转制后须核销事业编制，注销事业单位法人，并依法办理企业登记注册。

九、关于党的建设

（三十）经营性文化事业单位在转制过程中，要按照党章和有关党内法规，做好党组织设置工作，理顺党组织隶属关系，坚持党的建设同步谋划、党的组织及工作机构同步设置、党组织负责人及党务工作人员同步配备、党的工作同步开展，实现体制对接、机制对接、制度对接和工作对接，充分发挥企业党委（党组）领导作用。把党建工作要求写入企业章程，明确党组织的地位作用、职责权限、设置形式、经费保障等内容和要求，确保企业党的组织和党的工作全覆盖。企业党组织的领导关系要按照有利于加强党的领导和开展党的工作，有利于促进企业改革和发展的原则确定。党委宣传部门、组织部门要加强对国有文化企业党建工作的指导。

（三十一）转制企业要认真学习贯彻习近平新时代中国特色社会主义思想，坚持正确政治方向，站稳政治立场。根据实际需要设立党建工作机构、配备党务工作人员，大型文化企业（集团）应设置专门的党建工作机构和专职抓党建工作的副书记。积极吸收各方面人才特别是优秀青年入党，着力扩大在采编、创作等岗位的党员比例。建立企业党建工作责任制和意识形态工作责任制落实情况报告制度，开展党委（党组）书记抓基层党建述职评议考核工作。加强党员教育管理，推进“两学一做”学习教育常态化制度化，加强党支部标准化、规范化建设，创新党组织活动方式，充分发挥基层党组织战斗堡垒作用和党员先锋模范作用。

中央所属转制文化企业的认定，由中央宣传部会同财政部、税务总局确定并发布名单；地方所属转制文化企业的认定，按照登记管理权限，由地方各级宣传部门会同同级财政、税务部门确定和发布名单，并按程序抄送中央宣传部、财政部和税务总局。除第二十三条、第二十四条所列政策外，上述政策凡未注明具体期限的，执行期限为2019年1月1日至2023年12月31日。

附录 F
《进一步支持文化企业发展的规定》

为进一步深化文化体制改革，促进文化企业发展，特制定以下规定：

一、关于财政税收

（一）中央财政和地方财政应通过文化产业发展专项资金等现有资金渠道，创新资金投入方式，完善政策扶持体系，支持文化企业发展。

（二）对电影制片企业销售电影拷贝（含数字拷贝）、转让版权取得的收入，电影发行企业取得的电影发行收入，电影放映企业在农村的电影放映收入免征增值税。一般纳税人提供的城市电影放映服务，可以按现行政策规定，选择按照简易计税办法计算缴纳增值税。

（三）对广播电视运营服务企业收取的有线数字电视基本收视维护费和农村有线电视基本收视费，免征增值税。

（四）落实和完善有利于文化内容创意生产、非物质文化遗产项目经营的税收优惠政策。

（五）加大对国家文化出口重点企业和项目扶持力度，加强国家文化出口基地建设。

（六）加大财政对文化科技创新的支持，将文化科技纳入国家相关科技发展规划和计划，加强国家文化和科技融合示范基地建设，积极鼓励文化与科技深度融合，促进文化企业、文化产业转型升级，发展新型文化业态。

（七）通过政府购买、消费补贴等途径，引导和支持文化企业提供更多文化产品和服务，鼓励出版适应群众购买能力的图书报刊，鼓励在商业演出和电影放映中安排低价场次或门票，鼓励网络文化运营商开发更多低收费业务。加大对文化消费基础设施建设、改造投资力度，完善政府投入方式，建立健全社会力量、社会资本参与机制，促进多层次多业态文化消费设施发展。

（八）认真落实支持现代服务业、中小企业特别是小微企业等发展的有关优惠政策，促进中小文化企业发展。

二、关于投资和融资

（九）对投资兴办文化企业的，有关行政主管部门应当提高行政审批效率，并不得收取国家规定之外的任何附加费用。

（十）在国家许可范围内，鼓励和引导社会资本以多种形式投资文化产业，参与国有经营性文化事业单位转企改制，允许以控股形式参与国有影视制作机构、文艺院团改制经营，在投资核准、银行贷款、土地使用、税收优惠、上市融资、发行债券、对外贸易等方面给予支持。

（十一）鼓励国有文化产业投资基金作为文化产业的战略投资者，对重点领域的文化企业进行股权投资。创新基金投资模式，更好地发挥各类文化产业投资基金的引导和杠杆作用，推动文化企业跨地区、跨行业、跨所有制兼并重组，切实维护国家文化安全。

（十二）创新文化产业投融资体制，推动文化资源与金融资本有效对接，鼓励有条件的文化企业利用资本市场发展壮大，推动资产证券化，鼓励文化企业充分利用金融资源，投资开发战略性、先导性文化项目。

（十三）通过公司制改建实现投资主体多元化的文化企业，符合条件的可申请上市。鼓励符合条件的已上市文化企业通过公开增发、定向增发等再融资方式进行并购和重组。鼓励符合条件的文化企业进入中小企业板、创业板、新三板、科创板等融资。鼓励符合条件的文化企业通过发行企业债券、公司债券、非金融企业债务融资工具等方式扩大融资，鼓励以商标权、专利权等无形资产和项目未来收益权提供质押担保以及第三方公司提供增信措施等形式，提高文化企业的融资能力，实现融资渠道多元化。

（十四）针对文化企业的特点，研究制定知识产权、文化品牌等无形资产的评估、质押、登记、托管、投资、流转和变现等办法，完善无形资产和收益权抵（质）押权登记公示制度，鼓励金融机构积极开展金融产品和服务方式创新。在风险可控、商业可持续原则下，进一步推广知识产权质押融资、供应链融资、并购融资、订单融资等贷款业务，加大对文化企业的有效信贷投入。鼓励开发文化消费信贷产品。

（十五）探索建立符合文化企业特点的公共信用综合评价制度。加强对文化企业的分类监管，鼓励各类担保机构对文化企业提供融资担保，通过再担保、联合担保以及担保与保险相结合等方式分散风险。

三、关于资产和土地处置

（十六）发生分立、合并、重组、改制、撤销等经济行为涉及国有资产或产权结构重大变动的文化企业，应当按照国家有关规定进行清产核资，清产核资工作中发现的资产损失经确认后应当依次冲减未分配利润、盈余公积、资本公积、实收资本。

（十七）文化企业改制涉及的原划拨土地，改制后符合《划拨用地目录》的，可继续以划拨方式使用；不符合《划拨用地目录》的，应当依法实行有偿使用。经省级以上人民政府批准，国有文化企业改制为授权经营或国有控股企业的，原生产经营性划拨用地，经批准可采用作价出资（入股）方式配置。文化企业改制为一般竞争性企业的，原生产经营性划拨用地可采用协议出让或租赁方式进行土地资产处置。

（十八）利用划拨方式取得的存量房产、土地兴办文化产业的，符合《划拨用地目录》的，可按划拨方式办理用地手续；不符合《划拨用地目录》的，在符合国家有关规定的前提下可采取协议出让方式办理。

（十九）将文化类建设用地纳入城乡规划、土地利用总体规划，有效保障文化产业设施、项目用地需求。鼓励利用闲置设施、盘活存量建设用地发展文化产业。鼓励将城市转型中退出的工业用地根据相关规划优先用于发展文化产业。企业利用历史建筑、旧厂房、仓库等存量房产、土地，或生产装备、设施发展文化产业，可实行继续按原用途和土地权利类型使用土地的过渡期政策。

四、关于工商管理

（二十）允许投资人以知识产权等无形资产评估作价出资组建文化企业，具体按国家法律规定执行。

上述政策适用于所有文化企业，执行期限为2019年1月1日至2023年12月31日。

参考文献

一、中文文献类

[1] 成刚. 数据包络分析方法与 MaxDEA 软件 [M]. 北京：知识产权出版社. 2014：32-33.

[2] 成刚. 数据包络分析方法与 MaxDEA 软件 [M]. 北京：知识产权出版社，2014.

[3] 魏权龄. 评价相对有效性的数据包络分析模型——DEA 和网络 DEA [M]. 北京：中国人民大学出版社. 2012.

[4] 王家庭，张容. 基于三阶段 DEA 模型的中国 31 省市文化产业效率研究 [J]. 中国软科学，2009 (09)：75-82.

[5] 张仁寿，黄小军，王朋. 基于 DEA 的文化产业绩效评价实证研究以广东等 13 个省市 2007 年投入产出数据为例 [J]. 中国软科学，2011 (02)：183-192.

[6] 蒋萍，王勇. 全口径中国文化产业投入产出效率研究——基于三阶段 DEA 模型和超效率 DEA 模型的分析 [J]. 数量经济技术经济研究，2011 (12)：69-81.

[7] 韩学周，马萱. 基于 DEA 模型的中国文化产业发展效率研究 [J]. 云南财经大学学报，2012 (03)：146-153.

[8] 徐文燕，张玉兰. 基于 DEA 的文化产业投入与产出效率趋势实证研究——以江苏 2004—2010 年文化产业投入产出数据为例 [J]. 南京财经大学学报，2013 (05)：51-55.

[9] 肖卫国，刘杰. 文化产业资源配置绩效评价研究——以中部地区为例 [J]. 当代经济研究，2014（03）：61-66.

[10] 郭淑芬，郝言慧，王艳芬. 文化产业上市公司绩效评价——基于超效率 DEA 和 Malmquist 指数 [J]. 经济问题，2014（2）：75-78.

[11] 陈敦亮. 考虑 R&D 投入的中国文化产业投入产出效率测度及评价 [J]. 湖北社会科学，2014（12）：96-102.

[12] 赵琼，姜惠宸. 文化产业上市公司效率评价及影响因素分析——基于 DEA 模型的分析框架 [J]. 经济问题，2014（9）：52-58.

[13] 黄永兴，徐鹏. 中国文化产业效率及其决定因素：基于 Bootstrap-DEA 的空间计量分析 [J]. 数理统计与管理，2014（03）：457-466.

[14] 王凡一. 中国文化产业投入产出效率的动态演进——基于 DEA 模型与 MI 模型的考察 [J]. 税务与经济，2015（04）：41-46.

[15] 王学军. 基于三阶段 DEA 模型的甘肃省区域文化产业效率研究 [J]. 统计与信息论坛，2015（07）：45-50.

[16] 张桂玲. 基于 DEA 的文化产业投融资效率研究 [J]. 会计之友，2016（21）：80-83.

[17] 杨祖义. 文化产业效率及其影响因素研究——基于 DEA-MI 指数法和 Sys-GMM 法 [J]. 宏观经济研究，2016（06）：96-104.

[18] 郭淑芬，裴耀琳. 中国内地 31 省市文化产业创新绩效区域比较——基于过程视角 [J]. 科技进步与对策，2016（04）：31-37.

[19] 杨晓琳. 中国 31 省份文化产业投入产出效率实证研究——基于三阶段 DEA 模型及超效率模型 [J]. 艺术百家，2017（05）：47-52.

[20] 项玉卿，董晓娟，王晓芬. 河北省文化产业效率实证研究——基于 DEA-Malmquist 模型 [J]. 河北经贸大学学报（综合版），2017（01）：55-60.

[21] 杨博，曹辉. 基于超效率 SBM-Malmquist 模型的我国各地区高校技术创新国际化效率评价 [J]. 科技管理研究，2018（16）：52-56.

[22] 王白雪，郭琨. 北京市公共交通碳排放效率研究——基于超效率 SBM 模型和 ML 指数 [J]. 系统科学与数学，2018（04）：456-467.

[23] 方忠，张华荣．基于 Malmquist 指数的福建文化创意产业效率区域差异分析［J］．亚太经济，2014（03）：128-132.

[24] 周宏，建蕾，李国平，等．不同市场竞争程度与相对绩效评价——基于 2004—2012 年沪深上市公司的实证检验［J］．会计研究，2014（05）：59-66.

[25] 朱尔茜．文化产业上市公司经营绩效评价——基于 81 家公司财务数据的实证分析［J］．技术经济与管理研究，2017（01）：124-128.

[26] 雷原，赵倩，朱贻宁．我国文化创意产业效率分析——基于 68 家上市公司的实证研究［J］．当代经济科学，2015（02）：89-96.

[27] 吴鸣然，马骏．中国区域生态效率测度及其影响因素分析——基于 DEA-Tobit 两步法［J］．技术经济，2016（03）：75-80.

[28] 许立新，杨淼．我国文化产业上市公司经营效率的实证研究——基于 DEA-Tobit 模型的两阶段分析［J］．电子科技大学学报（社会科学版），2014（01）：57-62.

[29] 高军，吴欣桐．文化产业的要素投入与发展效应研究［J］．西南民族大学学报（人文社科版），2016（12）：165-169.

[30] 郭淑芬，郭金花．中国文化产业的行业效率比较及省域差异研究［J］．中国科技论坛，2017（05）：71-79.

[31] 邱淑，杨丽．基于 DEA 的海南文化产业投入产出效率动态评价［J］．当代经济，2017（18）：44-46.

[32] 郭四代，仝梦，郭杰，等．基于三阶段 DEA 模型的省际真实环境效率测度与影响因素分析［J］．中国人口・资源与环境，2018（03）：106-116.

[33] 余诺．华东六省一市文化产业效率的实证研究——基于三阶段 DEA 模型［J］．科技和产业，2016（06）：47-50.

[34] 袁海，吴振荣．中国省域文化产业效率测算及影响因素实证分析［J］．软科学，2012（03）：72-77.

[35] 赵洪涛．网络游戏产业上市公司绩效评价——基于 DEA 模型和 Malmquist 指数［J］．发展改革理论与实践，2017（09）：21-27.

[36] 范晓男，冯冲，张凤海. 中国城市文化产业效率的区域差异性——基于三阶段 DEA 模型的分析 [J]. 开发研究，2017（04）：102-107.

[37] 何里文，袁晓玲，邓敏慧. 我国十大城市群文化产业投入产出效率研究 [J]. 统计与决策，2015（01）：134-137.

[38] 高云虹，李学慧. 西部地区文化产业效率研究 [J]. 财经科学，2017（02）：112-121.

[39] 倪蓉. 江苏省文化产业投入产出绩效研究 [J]. 中国高新技术企业，2015（35）：5-7.

[40] 高乐华，周菲菲. 文化市场绩效评价和影响因素 [J]. 改革，2017（09）：141-148.

[41] 赵阳，魏建. 我国区域文化产业技术效率研究——基于随机前沿分析模型的视角 [J]. 财经问题研究，2015（01）：30-36.

[42] 吴鹤. 民间资本投资文化产业金融体系构建 [J]. 税务与经济，2018（03）：37-41.

[43] 孙燕芳，曹永鹏. 公用事业类上市公司融资效率分析研究 [J]. 山东社会科学，2018（09）：168-173.

[44] 张群，邱玉兴，王丹丹. 文化产业上市公司的融资效率及影响因素研究——基于异质性随机前沿分析法 [J]. 会计之友，2016（20）：55-59.

[45] 刘亚铮，冉娜娜. 文化产业上市公司融资效率评价及优化 [J]. 商业时代，2014（04）：135-136.

[46] 王希刚. 文化传媒产业融资问题的分析与对策 [J]. 出版广角，2008（12）：58-59.

[47] 李兰冰，刘秉镰. 中国高技术产业的效率评价与成因识别 [J]. 经济学动态，2014（9）：56-65.

[48] 王伟，孙芳城. 高技术产业三阶段创新效率变动研究——基于内部非期望产出的 SBM 模型与 EBM 模型 [J]. 科技进步与对策，2018（03）：67-71.

[49] 王伟，邓伟平. 高技术产业三阶段创新效率及其影响因素分析——基于 EBM 模型和 Tobit 模型 [J]. 软科学，2017（11）：16-20.

[50] 邵永同，陈淑珍．基于 DEA 方法的我国上市生物医药企业融资效率实证研究［J］．科技管理研究，2013（02）：174-178.

[51] 邬连东．基于 DEA 方法的创业板企业融资效率评价研究［J］．财会通讯，2017（26）：19-23.

[52] 罗春燕，张品一，李欣，等．基于 DEA 方法的文化金融产业融资效率研究［J］．统计与决策，2016（23）：107-109.

[53] 赵守国，孔军，刘思佳．基于 DEA 模型的陕西上市公司融资效率分析［J］．中国软科学，2011（S2）：245-253.

[54] 应向伟．基于 DEA 模型的浙江省分地市和分行业产学研研发合作效率评价［J］．科技通报，2018（03）：264-270.

[55] 戴俊骋，孙东琪，张欣亮．中国区域文化产业发展空间格局［J］．经济地理，2018（09）：122-129.

[56] 张秀峰，陈光华，杨国梁．基于 DEA 模型的产学研研发合作研发效率研究——以不同所有制企业主导的产学研研发合作研发项目为例［J］．研究与发展管理，2016（05）：82-90.

[57] 姚云浩，高启杰．我国区域产学研研发合作效率评价——基于省际数据的 DEA-Tobit 分析［J］．科技和产业，2014（01）：1-6.

[58] 刘民婷，孙卫．基于 DEA 方法的产学研研发合作效率评价研究——以陕西省制造业为例［J］．科学学与科学技术管理，2011（03）：11-15.

[59] 车维汉，张琳．上海市产学研研发合作效率评价——基于分行业数据的 DEA 分析［J］．科技进步与对策，2010（03）：20-25.

[60] 王天擎，李琪．基于 RS-DEA 的产学研合作效率评价模型［J］．系统科学学报，2018（02）：126-130.

[61] 黄攸立，王茜．基于多系统 DEA 模型的大学产业合作系统 R&D 效率评价［J］．科学学与科学技术管理，2011（10）：80-86.

[62] 王秀丽，王利剑．产学研合作创新效率的 DEA 评价［J］．统计与决策，2009（03）：54-56.

[63] 储安全．文化产业上市公司融资结构与投资行为关系研究［J］．会计之友，2013（31）：52-54.

[64] 秦智，谢杰．我国 A 股市场文化产业上市公司投资价值评价——

基于财务性投资价值实证研究 [J]. 企业经济，2013 (06)：114-118.

[65] 王健. 传媒创意产业投融资发展路径分析 [J]. 湖北社会科学，2015 (12)：194-198.

[66] 车树林，顾江，李苏南. 固定资产投资、居民文化消费与文化产业发展——基于省际动态面板系统 GMM 估计的实证检验 [J]. 经济问题探索，2017 (08)：151-157.

[67] 宋虹桥. "互联网+"推动陕西文化产业投融资模式创新研究 [J]. 中国财政，2018 (02)：45-46.

[68] 王志标. 基于投入产出模型的文化产业投资后向净效应测算——以河南省为例 [J]. 管理评论，2018 (05)：179-186.

[69] 吴鹤. 民间资本投资文化产业金融体系构建 [J]. 税务与经济，2018 (03)：37-41.

[70] 马跃如，白勇，程伟波. 基于 SFA 的我国文化产业效率及影响因素分析 [J]. 统计与决策，2012 (08)：97-101.

[71] 朱伟，安景文，孙雅轩. 我国文化创意产业效率区域差异分析 [J]. 科技管理研究，2018 (11)：166-172.

[72] 李习保. 区域创新环境对创新活动效率影响的实证研究 [J]. 数量经济技术经济研究，2007 (08)：13-24.

[73] 刘新同. 基于因子分析的我国区域研发能力差异比较研究 [J]. 经济问题探索，2008 (06)：14-17.

[74] 白俊红，江可申，李婧. 应用随机前沿模型评测中国区域研发创新效率 [J]. 管理世界，2009 (10)：51-61.

[75] 马红燕. 区域创新研发投入要素与 GDP 的关联度测算研究 [J]. 统计与决策，2009 (16)：17-18.

[76] 晏宗新，董瀛飞. 集群效应、企业研发与产业升级——兼论广东的区域创新政策 [J]. 产业经济研究，2010 (02)：73-79.

[77] 朱承亮，师萍，岳宏志. FDI、人力资本及其结构与研发创新效率 [J]. 科学学与科学技术管理，2011 (09)：37-42.

[78] 孙建，吴利萍. 区域研发、知识溢出与中国经济增长——区域研发宏观效应评价 [J]. 西部论坛，2010 (01)：41-49.

[79] 师萍，宋文飞，韩先锋，等. 我国区域研发技术效率的空间相关性与收敛性分析［J］. 管理学报，2011（07）：1045-1050.

[80] 邹文杰. 研发要素集聚、投入强度与研发效率——基于空间异质性的视角［J］. 科学学研究，2015（03）：390-397.

[81] 陆正华，李瑞娜. 广东省大中型工业企业研发效率区域差异及其收敛性［J］. 技术经济，2012，31（06）：1-8.

[82] 陆正华，李瑞娜，钟伟. 研发效率的区域差异影响因素研究——基于中间—最终产出效率视角［J］. 科学学与科学技术管理，2013，34（06）：102-111.

[83] 梁文群，牛冲槐，杨春艳. 基于异质性随机前沿模型的人力资本创新效应研究［J］. 科技进步与对策，2016（15）：145-150.

[84] 孙鲁云，何剑. 自主研发、技术引进与区域创新发展——基于人力资本视角的实证考察［J］. 工业技术经济，2017，36（09）：130-136.

[85] 姜彩楼，查颖. 我国区域研发效率及其影响因素研究［J］. 华东经济管理，2016（06）：68-71.

[86] 雷海，朱明侠. 自主研发、技术溢出与区域创新［J］. 工业技术经济，2018（05）：119-128.

[87] 张明倩，王洪良. 我国制造业 R&D 活动的动态综合评价［J］. 中国统计，2009（03）：54-56.

[88] 陆立军，赵永刚. 关键共性技术研发：重大技术装备制造行业转型升级的突破口——以浙江为例的实证研究［J］. 科技进步与对策，2010（21）：69-73.

[89] 徐欣，唐清泉. 技术研发、技术引进与企业主营业务的行业变更——基于中国制造业上市公司的实证研究［J］. 金融研究，2012（10）：193-206.

[90] 王然，邓伟根. 研发投入来源、技术溢出渠道与自主创新绩效——基于高技术行业面板数据的实证研究［J］. 科技进步与对策，2011，28（10）：6-9.

[91] 戴小勇，成力为. 研发投入强度对企业绩效影响的门槛效应研究［J］. 科学学研究，2013，31（11）：1708-1716.

[92] 张晓明．文化产业的新形势新思路新战略［EB/OL］．人民论坛网，（2017-11-16）．http：//cul. china. com. cn/2017-11/16/content_40070350. htm.

[93] 中国经济网．年终盘点丨2017年文化产业资本市场全景图．［EB/OL］．（2017-12-27）．http：//www. ccobn. cn/news/sd/10637. html.

[94] 张翼．改革开放40年：文化产业向国民经济支柱产业迈进［EB/OL］．光明日报，［2018-09-15］．http：//www. ci-360. com/wenchanwang/xinwenzhongxin/jiaodianxinwen/2018/0915/64034. html.

二、外文文献类

[1] Ma Xiaolong，Chris Ryan，Bao Jigang. Chinese national parks：Differences，resource use and tourism product portfolios［J］. Tourism Management，2008，30（1）：21-30.

[2] LiShusheng. Culture Industry Development and Regional Economy-Case Study of Tianjin*［J］. Physics Procedia，2012（25）：1352-1356.

[3] Hamed Taheri，Sina Ansari. Measuring the relative efficiency of cultural-historical museums in Tehran：DEA approach［J］. Journal of Cultural Heritage，2013，14（5）：431-438.

[4] Amar Oukil，Nabil Channouf，Asma Al-Zaidi. Performance evaluation of the hotel industry in an emerging tourism destination：The case of Oman［J］. Journal of Hospitality and Tourism Management，2016（29）：60-68.

[5] Kaoru Tone. A slacks-based measure of super-efficiency in data envelopment analysis［J］. European Journal of Operational Research，2001，143（6）：32-41.

[6] Chung Y H，Färe R，Grosskopf S. Productivity and Undesirable Outputs：A Directional Distance Function Approach［J］. Journal of Environmental Management，1997，51（3）：229-240.

[7] Tao Xueping，Wang Ping，Zhu Bangzhu. Provincial green economic

efficiency of China: A non-separable input-output SBM approach [J]. Applied Energy, 2016, 17 (1): 58-66.

[8] H. Ebrahimzadeh Shermeh, Najafi S E, Alavidoost M H. A novel fuzzy network SBM model for data envelopment analysis: A case study in Iran regional power companies [J]. Energy, 2016, 112 (10): 686-697.

[9] Huang Jianhuan, Yang Xiaoguang, Cheng Gang, A comprehensive eco-efficiency model and dynamics of regional eco-efficiency in China [J]. Journal of Cleaner Production, 2014, 67 (3): 228-238.

[10] Reinhard S, Lovell C A K, Thijssen G J. Environmental efficiency with multiple environmentally detrimental variables; estimated with SFA and DEA [J]. European Journal of Operational Research, 2000, 121 (2): 287-303.

[11] Shan Shilian. Chinese cultural policy and the cultural industries [J]. City, Culture and Society, 2014, 5 (3): 115-121.

[12] Lu Wenmin, Kweh Qianlong, He Dongsing. Performance analysis of the cultural and creative industry: a network-based approach [J]. Naval Research Logistics , 2017, 64 (8): 662-676.

[13] Kaoru Tone. A slacks-based measure of efficiency in data envelopment analysis [J]. European Journal of Operational Research, 2001, 130 (3): 498-509.

[14] Hirofumi Fukuyama, William L. Weber. A directional slacks-based measure of technical inefficiency [J]. Socio-Economic Planning Sciences, 2008, 43 (4): 274-287.

[15] Zuhdi U. Analyzing the Influence of Creative Industry Sector to the National Economic Structural Changes by Decomposition Analysis: The Case of Indonesia [J]. Procedia-Social and Behaviora-Sciences , 2012, 65 (12): 980-985.

[16] LisaDe Propris. How Are Creative Industries Weathering the Crisis [J]. Economy and Society, 2013, 6 (1): 23-35.

[17] Fried H O, Lovell C A K, Schmidt S S. Accounting for

Environment Effects and Statistical Noise in Data Envelopment Analysis [J]. Journal of Productivity Analysis，2002，17（1）：157-174.

[18] Abdullahi Iliyasu，Zainal Abidin Mohamed. Technical Efficiency of Tank Culture Systems in Peninsular Malaysia：An Application of Data Envelopment Analysis [J]. Aquaculture Economics & Management，2015，19（4）：38-41.

[19] Huang Jungfu. Effects of Culture Area，Stocking Density，and Shrimp and Fish Polyculture on the Cost Efficiency of Hard Clam，Meretrix meretrix，Culture：A Case Study of Hard Clam Farms in Yunlin，Taiwan [J]. Journal of the World Aquacult Society，2016，47（4）：38-41.

[20] Lawrence T B，Phillips N. Understanding Cultural Industries [J]. Journal of Management Inquiry，2002，11（4）：430-441.

[21] Alex Edmans. Does the Stock Market Fully Value Intangibles? Employee Satisfaction and equity price [J]. Journal of Financial Economics，2011，101（3）：621-640.

[22] Kong L. Culture，economy，policy trends and developments [J]. Geoforum，2000，31（4）：385-390.

[23] Tone K，Tsutsui M. An epsilon-based measure of efficiency in DEA-A third pole of technical efficiency [J]. European Journal of Operational Research，2010，207（3）：1554-1563.

[24] Caves D W，Christensen L R，Diewert W E. The economic-theory of index numbers and measurement of input，output，and productivity [J]. Econometrica，1982（50）：1393-1414.

[25] Färe R，Grosskopf S，Norris M，etc. Productivity Growth，Technical Progress and Efficiency Change in Industrialized Countries [J]. The American Economic Review，1994（84）：66-83.

[26] Comunian R，Chapain C，Clifton N. Creative industries&creative policies：A European perspective? [J]. City，Culture&Society，

2014，5 (2) ：51-53.

［27］ Chen Lin，Ping Lin. Property rights protection and corporate R&D：Evidence from China ［J］. Journal of Development Economics，2010，93 (1) ：49-62.

［28］ Abramo G，Angeloa C D，Costa F D. University — industry collaboration in Italy：A bibliometric examination ［J］. Technovation，2009，29 (11)：498—507.

［29］ SantoroM D，Chakrabartia A K. Firm size and technology centrality in industry-university interactions ［J］. Research Policy，2002，31 (7)：1163-1180.

［30］ Tomas H，Merle J. Evaluating and Managing the Performance of University-Industry Partnerships ［J］. Evaluation，1999，5 (3)：330-339.

［31］ Cooper W W，Seiford L M，Tone K. Data Envelopment Analysis：A Comprehensive Text with Models，Applications，Reference and DEA-Solver Software ［M］. New York：Spring Science & Business Media，2007.

［32］ Andersen P，Petersen N C. A procedure for Ranking Efficient Units in Data Envelopment Analysis ［J］. Management Science，1993 (39)：1261-1265.

［33］ Raj Aggarwal，Colm Kearney，Brian Lucey. Gravity and culture in foreign portfolio investment ［J］. Journal of Banking and Finance，2011，36 (2)：525-538.

［34］ Lewellyn K B，Bao S R. R&D Investment in the Global Paper Products Industry：A Behavioral Theory of the Firm and National Culture Perspective ［J］. Journal of International Management，2015，21 (1)：1-17.

［35］ Victor Hiller，Thierry Verdier. Corporate culture and identity investment in an industry equilibrium ［J］. Journal of Economic Behavior and Organization，2014 (103)：93-112.

［36］ Tone K. A slacks-based measure of super-efficiency in data envelopment analysis [J]. European Journal of Operational Research, 2002, 143 (1): 32-41.

[37] Färe R, Grosskopf S, Lindgren B. Productivity changes in Swedish pharamacies 1980-1989: A non-parametric Malmquist approach [J]. Journal of Productivity Analysis. 1992 (1): 85-101.

[38] Burrus R T, Graham J E, Jones A T. Regional innovation and firm performance [J]. Journal of Business Research, 2018 (88): 357-362.

[39] Nina Evans, Rachelle Bosua. Exploring innovation in regional manufacturing SMEs [J]. Small Enterprise Research, 2017, 24 (2): 149-166.

[40] Laura Barasa, Patrick Vermeulen, Joris Knoben, etc. Innovation inputs and efficiency: manufacturing firms in Sub-Saharan Africa [J]. European Journal of Innovation Management, 2019, 22 (1): 59-83.

[41] Trabelsi Ramzi, Akri Ben Salah. The Determinants of Innovation Capacity in the Less Innovative Countries in the Euro-Mediterranean Region [J]. Journal of the Knowledge Economy, 2018, 9 (2): 526-543.

[42] Douglas Zhihua Zeng. Measuring the Effectiveness of the Chinese Innovation System: A Global Value Chain Approach [J]. International Journal of Innovation Studies, 2017, 1 (1): 57-71.

[43] Thanapol Srithanpong. Innovation, R&D and Productivity: Evidence from Thai Manufacturing [J]. International Journal of Economic Sciences and Applied Research, 2014, 7 (3): 103-132.

[44] Kadígia Faccin, Alsones Balestrin. The dynamics of collaborative practices for knowledge creation in joint R&D projects [J]. Journal of Engineering and Technology Management, 2018 (48) 28-43.

[45] Boles J, Link A N. On the R&D/marketing interface in knowledge intensive entrepreneurial firms [J]. International Entrepreneurship and Management Journal, 2017, 13 (3): 945-952.

[46] YingYing, Liu Yang, Cheng Cong. R&D activities dispersion and innovation: implications for firms in China [J]. Asian Journal of Technology Innovation, 2016, 24 (3): 361-377.

[47] Alexandre Trigo. The Nature of Innovation in R&D - and Non-R&D -Intensive Service Firms: Evidence from Firm-Level Latent Class Analysis [J]. Industry and Innovation, 2013, 20 (1): 48-68.

[48] Song Chiung, Wankeun Oh. Determinants of innovation in energy intensive industry and implications for energy policy [J]. Energy Policy, 2015 (81): 122-130.

[49] Chung Y H, Färe R, Grosskopf S. Productivity and Undesirable Outputs: A Directional Distance Function Approach [J]. Journal of Environmental Management, 1997, 51 (3): 32-40.

[50] Reinhard S, Lovell C A K, Thijssen G J. Environmental efficiency with multiple environmentally detrimental variables; estimated with SFA and DEA [J]. European Journal of Operational Research, 2000, 121 (2): 287-303.